古都西安

秦都咸阳

Xian Yang: The Capital City of Qin Dynasty

「古都西安」

西安出版社

秦都咸阳

Xian Yang:The Capital City of Qin Dynasty

李令福 著

图书在版编目（CIP）数据

古都西安·秦都咸阳/李令福编著. —西安：西安出版社，2010.3（2015.8重印）

ISBN 978-7-80712-596-9

Ⅰ.古… Ⅱ.李… Ⅲ.①西安市-地方史-史料 ②咸阳市-地方史-史料 Ⅳ.K294.1

中国版本图书馆CIP数据核字(2010)第042244号

古都西安·秦都咸阳

著　　者： 李全福
出版发行： 西安出版社
社　　址： 西安市长安北路56号
电　　话： （029）85253740　85234426
邮政编码： 710061
印　　刷： 西安建科印务有限责任公司
开　　本： 850mm×1168mm　1/32
印　　张： 8.875
字　　数： 205千
版　　次： 2010年3月第1版
2015年8月第2次印刷
ISBN 978-7-80712-596-9
定　　价： 18.00元

△本书如有缺页、误装，请寄回另换。

序

崔林涛

西安是享誉国内外的历史文化名城，有着深厚的经济社会根基、丰富的文化底蕴和久远的文明传承。在中华民族发展的历史长河中，古都西安处于极为重要的地位，发挥了重大的历史作用，拓印下无比瑰丽的史诗和波澜壮阔的画卷。

“八川分流绕长安，秦中自古帝王州”。西安古称长安，是中华民族的重要发祥地和文化发源地之一。远古时代，“蓝田猿人”就在这里繁衍生息，六千多年前，半坡先民在这里种植狩猎，开掘出了别具特色的“半坡文化”。自公元前12世纪，周文王在此建立丰京，揭开了西安作为帝王京师历经千年，雄踞华夏，成为统一的多民族国家的政治、经济、文化中心的辉煌历史。西安成为与雅典、罗马、伊斯坦布尔等城市齐名的世界历史古都。直至今天，西安城中的塔与碑，城外的陵与墓，连绵的城垣与宫殿遗址，保存的大量珍贵文物以及周乐秦声、汉风唐韵等文化艺术，仍在昭示着这里曾经呈现过的尊贵和豪华、开放和风流。

“一座城市的历史就是一个民族的历史”。古都西安就像一部活的史书，一幕幕、一页页记录下中华民族的沧桑巨变，见证了“文景之治”“贞观之治”“开元盛世”的鼎盛辉煌，然而，往日这个帝王们希冀长治久安、长久平安的长安城随着朝代更迭，数遭兵燹，令人扼腕地一度衰落了。

衰落的根源值得研究汲取，怎样重新激起奋发向上的精神更应当总结和发扬。英国著名历史学家汤因比曾精辟地分析，任何文明都有其生长和衰亡的过程，而能否勇敢地接受各种挑战决定着这种文明的前途。

我们在研究文明生长的时候，发现它的过程是一连串的挑战和应战。应战不仅解决了挑战所提出来的问题，而且还在它每次胜利地解决了一个挑战问题以后，又提出了新的挑战。这样，文明生长的性质的最核心的成分便是一种新的活力、不断的创新。历史在前进，文明在曲折中发展。

西安，曾经创造过昔日的辉煌，西安也曾经历过衰落，西安又迈向创造新的文明的征途。江泽民同志在分析古希腊文明、拜占庭文明盛极而衰时说过，不能紧跟世界发展的潮流，就必将落后。他在西安论述中国实施西部大开发战略时还说过，中国曾有过盛唐时期的辉煌，但安史之乱后衰落了。现在我们的任务是要实现中华民族的伟大复兴。因此，他多次强调我们的各级领导干部和年轻一代要多学习和了解一点历史，从历史中汲取文化的养分。尤其是在改革开放和现代化建设取得巨大成就的今天，面对世界多极化、经济全球化和科学技术迅猛发展，要使中华民族在全球范围内的竞争中不断发展、走向繁荣，就要审视自己的历史和文化传统，继承和发扬民族优秀传统文化，增强民族凝聚力，学习借鉴世界文化优秀成果，始终代表先进文化的前进方向，才能与时俱进，战胜前进道路上的各种艰难险阻，立于不败之地。

先进文化是现代人集古今中外之大成、并且面向未来的创造，是传统与现代、继承与创新的产物。我们有责任大力弘扬先进文化，因为这是永葆历史文化名城活力的根本所在。研究历史，分析现状，面向未来，西安要走向世界，让世界更加了解西安，在社会主义的先进文化中保持优良的文化传统，增强民族的认同感，提高自信心，为经济发展和社会进步提供精神动力与智力支持，成功地应对前进中的每一次挑战。我想这是每一个西安人和关注西安发展的人们不断思索的命题。工作和生活在古都西安的人们要有一种气概，重开现代丝绸之路，重振汉唐雄风，把西安建设成既葆有古都风貌，又具现代文明和时代精神的大都市。

编著《古都西安》这套大型丛书，正是想让人们对西安有更深刻的了解，能够触摸到西安的历史脉络和文化特征，感受到它的灵魂，让西安走向世界，再架起一座中西文化交流的桥梁。丛书按照从古至今、全面系统的原则分篇编排。每篇或按时序，或分类论述，但总的体例大致划一，以求系统、准确、全面而又有重点地介绍西安。丛书在保证学术水准的前提下，尽可能为更广泛的读者所接受，使史学走向大众，更具有严谨的科学性、渊博的知识性和艺术感召力。

有关古都西安的著述很多，但系统地编著一部大型丛书，立体全景地展现西安历史，却是首次。我有幸在西安工作十多年，西安的文化积淀实在是丰厚，这座城市最大的魅力在于它的历史文化。在两个文明建设的实践中，我们深切地感受到，弘扬优秀传统文化，建设社会主义精神文明，有必要也有责任组织和推动一批专家、学者，编撰一部详尽介绍古都西安的大型丛书。为此，我曾多次与史念海先生等专家交流，共同策划。从制定规划、内容、体例讨论论证、专题编著分工、编审等，工作展开已近五年时间，现在要陆续出版了。本丛书的宗旨是崇尚征实，弃绝浮言，全面系统，提倡寓新颖观点于详密材料的治学风格。参与编著丛书的每位作者都在理论阐释和材料整理方面，做出了很大的努力，都有全新的开拓。这是全体作者的心血，更是史念海老先生留给世界、留给当代与后人的一份呕心沥血的遗嘱。这套由他主要审定的丛书陆续与读者见面了，而史先生却已无法全部看到。鲁迅先生曾说过，拿着故人的遗稿，就像手里攥着一把火。这套丛书的问世正是史先生传承给我们的希望之火，也是对他最好的纪念。

望着雄伟壮观的古城墙和高楼林立、华厦争辉、桥涵飞虹、通衢溢彩、万车竞速的西安，感受到汉唐雄风开阔的底蕴，体味着这方水土赋予西安人开拓创新的激情，我们有理由相信，有着强大自我更新能力、包容进取精神的西安人，在中国共产党的领导下，坚定地走有中国特色的社会主义道路，乘着西部大开发的东风，一定能够在这片土地上再创造出新的历史奇迹！

2007 年 5 月 4 日于西安

目　录

绪　论

秦都咸阳是中国古代最伟大的改革家商鞅主持创建的，自秦孝公十三年（前349年）秦国迁都于此，至秦二世三年（前207年）秦亡，咸阳为秦都凡历8君143年，经历了战国时期的秦国到我国第一个统一的中央集权秦王朝这两个阶段。这期间，咸阳作为中国政治斗争的历史舞台，演出了一幕幕脍炙人口流传千古的悲喜剧，如蔺相如完璧归赵、荆轲献图刺秦王、赵高指鹿为马。同时，许多影响着中国历史发展进程的惊心动魄的重大事件也发生在咸阳，商鞅变法革新，始皇帝焚书坑儒，尤其是秦始皇以咸阳为指挥中心，扫灭六国，统一天下，并在咸阳宫制定了一整套较为完备的统一的中央集权制度，影响深远。废除分封，推行郡县，书同文，车同轨，统一度量衡，统一法律，统一货币等等，“百代皆行秦制度”。秦都咸阳上承西周丰镐，下启西汉长安，是西安都城发展链条中重要的一个环节，在中国古都发展史上也占有重要的地位。

商鞅最初兴建的咸阳城，位于今咸阳市东二十里渭城区窑店镇附近。处于渭水北岸，九嵕山之南，按古代中国人的阴阳观念，具有“山水俱阳”的地理特点，故名咸阳。后来城市规模随秦国力的强盛不断向南扩展，《三辅旧事》载：“咸阳宫在渭北，兴乐宫在渭南，秦昭王欲通两宫之间，作渭桥”，说明昭襄王时咸阳城扩大到了渭水南岸。至秦始皇兼并天下，徙天下豪富12万户于咸阳，在北阪修建各具特色的“仿六国宫”与风景幽雅的兰池宫，“秦每破诸侯，写仿其宫室，作之咸阳北阪上”；又于渭水南岸今西安市北郊与西郊修建了富丽堂皇的信宫（极庙）、甘泉前殿与规模空前的阿房宫。据《史记》记载，规划建设中的阿房宫前殿，“上可以坐万人，下可以建五丈旗”；同时把渭河两岸林立的宫殿用复道、阁道或甬道连接起来，形成了“渭水贯都以象天汉，横桥南渡以法牵牛”的宏伟壮观景象。咸阳作为秦王朝政治、经济、军事、文化、交通的中心城市，其规模之宏大，经济之发达，文化之繁荣，是先秦任何朝代的国都皆无法比拟的。

当大家面对秦始皇死后陵园的几个陪葬坑——兵马俑坑而惊呼发现了世界第八大奇迹时，您是否想过，如果这千古一帝生前生活的都城——咸阳能整个地呈现在您面前，您将会怎样的惊喜与诧异呢！可惜的是，秦朝末年，项羽率兵进入咸阳，率性地屠城焚宫，使这座极具辉煌的都城顿成废墟①。

沧桑巨变二千余年，今天的我们，已经很难从历史的陈迹中寻觅到秦都咸阳当年的恢宏。在渭水南岸，兴乐、甘泉、章台、信宫均位于汉长安城范围，后人的脚步似乎踏碎了秦人的每一片砖瓦；而随着汉代以来渭水河道的不断北移，濒临渭水北岸的秦都咸阳城遗址则被大面积冲蚀而去，成为人类文化遗产中永远无法弥补的损失。

当然，经过考古工作者几十年来的辛勤勘探与发掘，仍然发现了秦都咸阳不少的建筑基址和文化遗物。在牛羊村与姬家道北塬发现一个长方形宫城，考古人员发掘了其中的三处夯土

① 西汉建立后，咸阳旧都处设置渭城县，后来直到北朝时代秦都咸阳仍然有一定的遗存。《晋书》卷一一二《前秦苻生载记》：“又宴群臣于咸阳故城”。苻生在位前后两年，相当于355－357年。《周书》卷七《宣帝纪》：大象二年（580年）四月壬午（二十七日），宣帝以天旱，“幸中山祈雨，至咸阳宫雨降。甲申（二十九日），还宫。”北周宣帝在祈雨过程中于咸阳宫停留两三天。只是当时出现的“咸阳故城”或者“咸阳宫”，应该都是在废墟上新建的。

建筑基址，复原后的高台宫殿建筑巍峨壮观，似为咸阳宫主体建筑之一部分。宫城西部与北部发现夯土建筑遗址 19 处，似为仿六国宫室所在。在柏家嘴一带发现夯筑基址 6 处，并出土有著文“兰池宫当”的瓦当，可判定为兰池宫所在。在长陵车站附近出土有陶井百余口及数处陶制地下排水管道，陶器上印有“咸阳”“咸里”“咸亭”等戳印。在聂家沟与胡家沟之间发现有大规模的制砖瓦、冶铜、铸铁作坊遗址，在其西侧约 4 公里长的范围内分布着大量的小型秦墓。在渭水南岸今西安市三桥镇西南钻探发现了近 20 处夯土建筑基址，足以使人想象出阿房宫地区秦代上林苑中“五步一楼，十步一阁”的建筑景象。

在前人研究的基础上，本书充分运用考古文物资料与历史文献记载，试图探求秦都咸阳一百余年的兴起发展、布局演变及其重要贡献。全书分七章展开论述，共分四个层次：第一章分析秦都咸阳兴起的历史背景与自然地理基础。具有导入主题的作用，为后面各章的研究做出铺垫；第二章论述咸阳的扩展过程与城郊范围，第三章复原秦咸阳全盛时期的平面布局及其内部基础设施，第四章讨论秦都咸阳郊区的陵墓、苑囿与离宫建设。这三章主要从时间发展与空间布局两个方面，对秦都咸阳城郊的物质文化特征作出系统研究；第五章探讨了秦都咸阳在思想文化的开放与专制，第六章以具体例证研究了秦都咸阳科技与艺术的发展。这两章则从思想、科技与艺术领域入手，着重探讨了秦都咸阳在精神文化方面的成就；第七章叙述了秦都咸阳的急剧毁灭与历史地位，结束全文。

秦都咸阳是中国古代史上极具辉煌，又最为沉重的都城。本书的研究只能算作一个尝试，如果能引起读者诸君注意，在脑海里勾勒出毁弃了二千多年的古都轮廓，思以去秦都咸阳宫遗址实地进行考察，以追索昔日的秦风秦韵，进而发奋在现实中来重振秦人雄威，那将是笔者最大的安慰。

第一章

秦都咸阳兴起的历史地理背景

背山面水的咸阳位居关中平原的中部，控制着东南趋向函谷关与武关的交通大道，是秦人东进逐鹿中原的理想指挥中心。锐意变法，志在一统天下的秦孝公选择咸阳作为都城有着深刻的历史地理战略眼光，而最终咸阳也成就了秦人扫灭六国的重任。

第一节　秦都咸阳的自然地理环境

秦都咸阳最初兴建于今咸阳市东渭城区窑店镇，正位于渭水北岸，九嵕山之南，按古人的阴阳观念，山之南，水之北这些日照时间较长的地方属“阳”，而咸阳具有“山水俱阳”的地理特点，故名①。到了昭襄王时，咸阳逐渐向南扩展，越过渭水成为横跨渭水两岸的大都会。秦人之所以选择咸阳作为最后的都城，自然地理条件优越显然是一个重要因素。这里所说的地理条件优越，包括从宏观上看咸阳所在的关中平原在全国

① 《元和郡县图志》卷一《京兆府·咸阳县》谓咸阳在北山之南，而《长安志》引《三秦记》则谓在九嵕山之南。实际上北山是今礼泉、泾阳、三原诸县以北东西向山脉的泛称，也包括九嵕山，两说并不矛盾。

有利的地理形势，也包括从微观上看咸阳地区在关中平原所独具的地理特征。都城系国家安危所在，其防守要看大形势，不在近郊，唯关中平原在全国的重要地位在本丛书别的书中有详细论述，这里只论与咸阳具体相关的地理条件。

一　地理位置与交通条件——关中腹地与交通枢纽

秦都咸阳位居关中平原中部。关中平原包括渭河中下游地区，南倚秦岭山脉，北临北山山系，东部宽阔，有三四百里，逐渐向西减少为百十里宽；西起宝鸡以陇坻为界，东至潼关以黄河华山为限，东西约八百余里。《三辅黄图》所谓“北至九嵕、甘泉，南至鄠杜，东至河，西至汧渭之交，东西八百里，南北四百里”，基本也是指关中平原的范围而言。

关中是一个平原、台原、谷地、山地相连且相对封闭的地貌单元，整体地形西高东低，渭河自西向东横穿中部，由河床向南北两侧地形逐渐增高，为不对称的阶地与台原。阶地地势平坦，台原地面广阔，自古有“八百里秦川”之称。

关中的地理位置十分优越。第一，它位于中国地形大势第二阶梯黄土高原的东南部，雄居黄河中游，对下游各地形成居高临下之势，古人云：“自古帝者必居上游”，就是说国都要能够起到高屋建瓴的作用。杜佑《通典·州郡典》曰：“夫临制万国，尤惜大势，秦川是天下膏腴，关中为海内之雄地。”因而，就有了“秦川自古帝王都”的美谈。

第二，关中处于我国华北、西北、西南和华中几大地区的交界之地，地理位置十分重要。它西北通戎狄，西南连巴蜀，东北接三晋，东南达荆楚，东出函谷关与中原相接，为天下之雄。《战国策·秦策》就有类似的说法，其中苏秦说秦惠王曰：关中“西有巴蜀、汉中之利，北有胡貉代马之用，南有巫山黔中之限，东有崤函之固，沃野千里，地势形便，此所谓天府，天下之雄国也。”

秦都咸阳不仅位居关中盆地的中部，而且也处于关中四通八达交通的枢纽位置，号称“天下辐辏，并会而至”，而这也是秦咸阳城市兴起的基本地理条件。横贯关中东西的交通大道滨渭而行，其形成很早，可以追溯到新石器时代。渭河两岸仰韶文化遗址的分布有以下特征，即在秦咸阳以东渭河南岸比较密集，而在其西部则多分布在渭河北岸。这种差异说明了这条大道当时已经形成，而且同后来的路线一样，是在咸阳附近跨渡渭河的①。咸阳以东通往函谷关的大道沿渭河南岸延伸，在咸阳以西，渭河南岸与秦岭之间在先秦时代水道纵横，有碍行旅，而渭河北岸则是咸阳原与周原连绵相接，较为平坦，容易开辟成道路；而且渭河在咸阳附近呈现出西南东北的转折，大道由此渡渭最为便捷。咸阳自古是重要的渡口，“咸阳古渡”正反映了这一情况（参见图 1－1. 秦都咸阳在关中的地理形势及交通条件示意图）。

到了春秋时代，沿渭河北岸东出蒲津关的道路也已开辟，而且也是经过咸阳附近的。秦穆公二十四年（前 636 年），秦穆公令公子挚送晋国公子重耳回国，当时秦晋公室常常联姻，结成所谓的“秦晋之好”，公子挚的母亲是重耳的姐姐。公子挚送其舅舅由当时的国都雍城一直送到了渭阳，然后歌咏相别。《诗·国风·秦风》载其诗歌曰：“我送舅氏，曰到渭阳。何以赠之，路车乘黄”。渭阳即渭水之北，朱熹在《诗集传》中说：“渭之阳，盖东行送之于咸阳之地也。”如此看来，咸阳不仅是控制着关中东西干道的渡口，而且也控制着东出蒲津趋向三晋的道路。

① 史念海先生《古代的关中》，载《河山集》，三联出版社 1963 年版。同时该文还详细分析了形成东西干道在咸阳附近渡渭的地理原因。

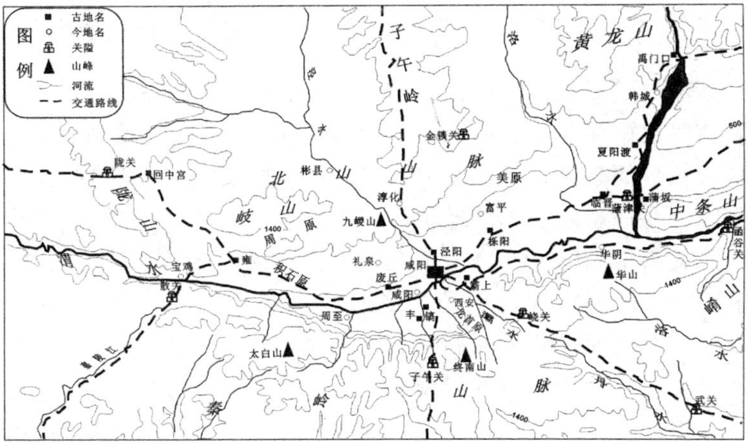

图 1－1. 秦都咸阳在关中的地理形势及交通条件示意图

沿霸水与丹水谷地东南行穿越秦岭的道路是沟通关中与荆楚的最便捷通道，秦人后来在此路线上设置有峣关、武关，说明了秦人对此道路特别重视。这条道路受地形限制，只能在灞河下游与函谷道相交，也离秦都咸阳很近。秦徙都咸阳之前，已在峣关外的商地筑塞，预作攻楚的准备①，徙都咸阳没过几年，封商鞅于此，开始了沿此道路东南攻楚的战争。可见，东出函谷与南下武关两条大道的交点也是确立咸阳城址的交通条件。秦都咸阳可以控制东出函谷、蒲津，东南下武关，西至岐雍的多条重要交通干线，到了秦统一全国以后，以这几条干线为基本框架，兴修驰道、直道，形成了以咸阳为中心的全国统一的交通网。咸阳的交通枢纽位置是秦定都于此的重要地理条件之一。

① 在秦迁都咸阳前的秦孝公十年（前 352 年），“城商塞”，见《史记》卷一五《六国年表第三》。

二　山原形势与军事地位——名山环峙形胜地

秦都咸阳兴建于咸阳头道原畔，北倚九嵕山，后又逐渐扩展到渭水南岸的龙首原上，阿房宫更“表南山之巅以为阙。”从远郊形势来看，咸阳东控崤华，西挟陇坻，名山环峙，四塞为固，易守难攻，军事地位尤其重要。

咸阳附近分布有许多黄土台原，对咸阳城的选址与建设影响很大。所谓黄土台原是关中渭河两侧呈阶梯状倾斜的台状地，具有高而平的原面和明显的台坎；其组成物质下部为第三或第四系早期的洪积冲积湖积物，表层为后来的风成黄土或冲积黄土。台原土质深厚肥沃，水草较丰美，同时又地形高亢，不受河水泛滥之灾。秦都咸阳的主要宫殿如咸阳宫、仿六国宫、章台宫、兴乐宫、阿房宫等都建筑在渭北的咸阳原与渭南的龙首原畔，而灞浐之间的白鹿原则成为咸阳东南侧的军事形胜之地。

咸阳原在今咸阳市区北部，是渭河与泾河的分水岭。据唐朝李吉甫《元和郡县图志》的记载：“原南北数十里，东西二三百里”[①]。由于泾河与渭河夹处，东头很窄，只有三里。地势西北高，东南低，中南部略有起伏，海拔由527米下降到422米，有头道原与二道原之分。南缘与渭河阶地有陡坎相接，高差在20米左右。原面开阔，地下水深约20～50米。由于秦时宫殿建筑盛行高台基址，故咸阳头道原地区就成为宫殿与墓葬的最佳选择（参见图1－2. 秦都咸阳周边山川地形示意图）。

咸阳原随时代的不同或原上主要地名的变更出现不少异名。秦时又称“池阳原”，亦谓之“咸阳北阪”。其后由汉至

---

① 《元和郡县图志》卷一《关内道·咸阳县》。

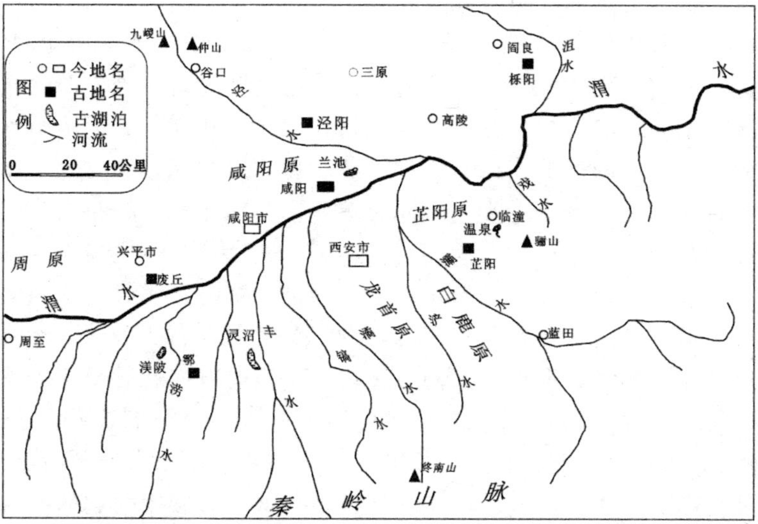

图 1－2. 秦都咸阳周边山川地形示意图

唐，原的名称屡有变异，其中也有一些只是地区性的称谓，已经很难考证清楚了①。

龙首原，又叫龙首山，是指从南山北麓伸向渭河的诸高冈梁原的统称。长六十里，呈南北走向，南起樊川，北至渭水南岸。《水经注》引辛氏《三秦记》曰：“龙首山长六十里，头入渭水，尾达樊川。头高二十丈，尾渐小，高五六丈，土赤不毛。昔有黑龙从山出，饮渭水，其行道因成土山”。是说，古时候有条黑龙从终南山出来，要到渭河饮水，它所经过的地方

① 汉朝改秦咸阳故城为渭城，更其名曰渭城北阪，西汉后期因五个西汉皇帝陵邑分布于此原之上，又多称五陵原。晋因平陵置始平县，亦称始平原，后时因咸阳更名石安，又称石安原。隋唐时称洪渎原，亦多称其为毕原。

形成了一条土山，形状如龙，故名。其实，它是由多条山岗构成的，其中最北部的一条土岗似龙头高昂，在今西安市区北部，故又有单指此为龙首原者。由于秦宫多高台建筑，而此原又不太高，疏原为台基，不假板筑，省力又壮观。故秦咸阳章台、兴乐、阿房渭南诸宫等都是建于龙首原北麓，汉唐也是倚龙首原营建都城。可知龙首原对秦咸阳与汉唐长安的布局营建影响甚大。

白鹿原位于今西安市东南灞水与浐水之间，北起西安东郊纺织城，南至秦岭北麓。南北长约二十公里，东西宽约六七公里，东南稍高，向西北倾斜。传说周平王时有白鹿游于此，古代视白鹿为吉祥动物，为纪念白鹿的降临，故取名白鹿原[①]。其地势高亢，海拔高600～700米，为古代咸阳东南的制高点，又控制着函谷关与武关两条交通要道，故成为咸阳附近的战略要地。白鹿原与其东的芷阳原分据灞水两岸，居灞河渡口之上游，故谓之霸上。刘邦即是由武关道攻入关中，屯兵于霸上，然后西取咸阳，并向东取函谷关，以扼项羽之师。此地为历代兵家必争之地，军事地位很重要。

秦都咸阳所在的关中四面环山，山谷中设关置隘，东有崤山、函谷关，南有终南山、峣关与武关，北倚北山山脉，西控陇坻，四塞为固，金城千里，为天下形胜。

关中东部的崤山位于今河南灵宝市一带黄河南岸，为秦岭向东伸延的支脉。中有谷道，东西相通一二百里。因为黄河北岸横亘着险峻的中条大山，故崤山谷道就成为关中东通中原的唯一道路。谷道两边悬崖陡壁，苍松翠柏遮天蔽日，使其更显险要。春秋秦穆公时秦军劳师远道东出崤山，冀偷袭郑国，不成，还至崤谷，遭晋人伏击，全军覆没。这场著名的秦晋崤之

① 《水经注》卷一九《渭水下》。

战击溃了秦穆公争霸中原的野心，只有退而经营后方，称霸西戎。战国时秦占有崤山以后，为控制东西交通，在今河南省灵宝市东北弘农河畔的王垛村置关。关城在山谷中，而谷道又深险如函，因命名为函谷关[①]。崤山、函谷为秦国的东方门户，闭关以守，一夫当关，万夫莫开，号称天险；启关东进，直指中原腹地，六国佥受其害（见图 1－1. 秦都咸阳在关中的地理形势及交通条件示意图）。

终南山，也称中南山，据说是因为古人以国都作为天下之中，而此山在周秦之都的南方，故有此称。终南山是丰镐南部一个著名的山峰，同时又是横亘关中南边的山脉总称。它东西绵延八百余里，山坡北陡南缓，山势巍峨壮丽，为秦国南部的天然屏障，故后人通称之为秦岭。南山有许多峪口可以沟通荆楚与汉中、巴蜀，其中东南趋向楚国的大道上，秦人设置有峣关与武关，成为防卫京师的要塞。峣关设在今陕西省商州市西北牧护关附近，因近峣山而得名；又因其位于秦时蓝田县境内，亦称蓝田关。武关设在陕西省丹凤县东南的丹水河谷地，是历代兵家必争之地。战国时苏秦说楚威王："（秦）一军出武关，一军下黔中。若此，则鄢、郢（楚国都城）动矣"[②]。可见武关在战略上的重要地位。

北山是关中盆地北部一系列山脉的总称，耸立于咸阳北部的有九嵕山、仲山与嵯峨山。九嵕山在今礼泉县东北，东隔泾水河谷与仲山相接，最高峰海拔 1271 米，今名笔架山。《太平寰宇记》谓九嵕山："山高六百五十丈，周回十五里"。后来的唐太宗李世民看中这块风水宝地，卜为葬地，称昭陵。仲山在

① 史念海先生《关中的历史军事地理》，载《河山集》四集，陕西师大出版社 1991 年 12 月版。

② 《战国策》卷一四《楚一·苏秦为赵合纵说楚威王》。

今泾阳县西北约35公里，海拔高1614米，东北隔冶峪河与嵯峨山西麓相接。嵯峨山三峰耸立，最高峰海拔1423米。北山构造上属鄂尔多斯地台南缘的断褶带，山体走势南陡北缓。从关中盆地望去犹如一条气势磅礴的黄龙，首饮黄河，尾衔西天，为咸阳北方屏障。

陇坻，又称陇山、陇坂，指今六盘山脉。位于今陕西陇县西北，南北延伸于陕甘宁边境，北连朔漠，南带汧渭。山势陡峻，海拔2000米左右，为秦中与陇西高原的分界。张衡《西京赋》谓"右有陇坻之隘"，即指关中西部的这个天险。

咸阳所在的关中南有秦岭，西有陇山，北面有北山接黄土高原，东有崤华，四面都有天然地形屏障，犹如一座规模庞大的天然城堡，更加上人们在险要处立关设隘，所以战国时就有了"四塞之国"的说法。汉初娄敬说："秦地被山带河，四塞以为固"，而张良则谓"金城千里"，意思都是说关中具有易守难攻的军事地理形势①。咸阳居关中之中部，守险在数百里之外，"阻三面而守，独以一面东制诸侯"，进可以并天下，退

① 秦汉时代的关中有广义与狭义之分。广义者指函谷关以西的秦国故地，也包括汉中、巴蜀之地，《史记·货殖列传》曰："故关中之地，于天下三分之一"，《汉书·地理志》则作："故秦地天下三分之一"；狭义者指今陕西关中盆地，《史记·货殖列传》谓："关中自汧（今陕西陇县）雍（今陕西凤翔）东至河华（今黄河华阴）。"由于汉时在四周山上广置关隘，于是"关中"之"关"就有了具体所指，或以二者之间释之，如潘岳《关中记》谓："东自函谷，西至陇关"，《三辅旧事》则以为："西以散关为界，东以函谷为界"；或以四关甚至五关之中释之。徐广曰："东函谷，南武关，西散关，北萧关。"胡三省注《资治通鉴》则曰："西有陇关，东有函谷关，南有武关，北有临晋关，西南有散关"。今天多是以汉时关中的狭义概念来使用的。

足以封函谷，确保都城安全。这一点早在战国时就有人看到了，范雎就曾说："秦四塞以为固，北有甘泉、谷口，南带泾渭，左陇蜀，右关阪，此霸王之业也。"

三 水文、植被与经济地位——八水环绕天府国

咸阳附近河湖水系密布，原隰相间，物产丰富，得到了"陆海"与"天府之国"的美誉。这种水文经济状况奠定了秦立都于此的物质基础。

咸阳初建于泾渭之间，而后扩展于渭南，东有灞浐，南有潏滈，西有沣涝，形成了"荡荡乎八川分流"，横贯环绕的局面。

渭河发源于甘肃省东部渭源县鸟鼠山，东流至宝鸡进入陕西境，东西横贯关中盆地，于潼关县汇入黄河。渭河是黄河的最大支流，在关中盆地的流域面积达 330 平方公里。渭河是条羽状河流，像一棵大树的主干，而关中其它诸河则如这棵大树上的大小枝条。渭河在咸阳附近属游荡性河型，战国秦代时期的渭河流路与今日有着显著的不同，在秦都咸阳以南大致向北偏移了七八里，这在后面各章节中会有详细论述。古代渭河水量丰沛，咸阳以下河段可以航行大船，春秋时期著名的泛舟之役，秦由雍都向晋国运送粮食，其中部分就是走的渭河水路[①]（参见图 1－2．秦都咸阳周边山川地形示意图）。

泾河是渭河最大支流，发源于宁夏六盘山东麓，东南流经陇东高原，由长武进入陕西，至高陵县南注入渭河。泾河为多泥沙河流，战国时已是渭清泾浊，秦于谷口凿渠引水，修郑国渠，引泾注洛，淤灌其下游盐碱沼泽地四万余顷，使其下游平

① 秦穆公十三年（前 647 年），"晋旱，来请粟……卒与之粟。以船漕车转，自雍相望至绛"，见《史记》卷五《秦本纪》。

原得到开发，成为供应京师衣食之需的农业基地。

灞河原名滋水，春秋时秦穆公为显示其称霸之功，改称霸水。它发源于秦岭北麓，循白鹿原之东，接纳西南流来的浐水后，北流入渭。关中东西交通在渭河南岸的道路必须横渡灞河，灞河渡口或桥梁以上灞河两岸古称霸上，为咸阳战略要地。

潏水原称泬水，发源于终南山大义峪，流经路线基本同今天的皂河。滈河位于潏水之西，今名太平河，先入镐池，池水北出注入渭河。古时候二河水量丰沛，曾为秦在上林苑营建的阿房宫的水源，杜牧《阿房宫赋》歌之曰："二川溶溶，流入宫墙"。

沣河也称丰水，发源于终南山的沣峪，北流注入渭河，周文王所建的丰京就在沣水西岸。涝河又称潦河，发源于户县西南秦岭北坡，北流入渭。沣涝二水都是秦上林苑中的重要河流，今天仍是西安市的较大河流。

咸阳城附近除了有密如蛛网的河流外，还有繁若群星的池泽，上林苑的牛首池、滮池、滈池、皇子陂，宜春苑中的隑州(后称曲江池)，兴乐宫中的酒池，咸阳东郊的兰池等很早就见于文献记载。它们既提供了咸阳附近地区的生产与生活用水，又为秦离宫苑囿带来了秀丽的风景。

战国秦时，咸阳附近植被良好，《诗·小雅·鹿鸣》一则曰："呦呦鹿鸣，食野之苹"，二则云："呦呦鹿鸣，食野之蒿"，三则说："呦呦鹿鸣，食野之芩"。鹿在原野上觅食的苹、蒿、芩等皆为草本植物，可证丰镐周围的黄土台原上应是稀树草原景观。

当然这也不能否认咸阳附近分布有大面积茂密的森林这个事实。《禹贡》曰："终南敦物"，《诗经·秦风》云："终南何有？有条有梅"。都是说终南山林木资源特别丰富。而广大的河流阶地及冲积平原上也都生长着较大范围的森林。从《诗·小雅·甫田之什·车辖》与《诗·大雅·荡之什·桑柔》可以证明，丰镐附近有平林，也有中林，而泾水西边则有棫林。秦咸阳附近的许多离宫就以树木命名，如长杨宫、五柞宫等，还有以树种为名的地方，如樗里等。大量天然森林植被的存在为野生动物的生存创造了条件，这也是秦都咸阳以后在渭南建成上林苑囿的自然基础。

良好的自然环境提供了丰富的动植物资源，《荀子·强国篇》就称颂咸阳附近："山林川谷美，天材之利多。"《汉书·地理志》称秦汉时代的咸阳渭南部分物产富饶，"其民有先王遗风，好稼穑，务本业，故《豳诗》言农桑衣食之本甚备。有鄠、杜竹林，南山檀柘，号称陆海，为九州膏腴。"颜师古注曰："言其地高陆而饶物产，如海之无所不出，故曰陆海。""陆海"物产的浩瀚可以就近满足国都经济的多种需求，其中竹与粟两项尤为当地大宗物产，司马迁曾说：一个人能在渭川拥有千亩竹林或千棵栗树，其经济收入就会与千户侯相等①。

秦定都咸阳的另一重要条件是经过人们的辛勤劳作，咸阳周围水利发达，土壤肥沃，人民殷富，经济繁庶。《禹贡》在综合评价全国各大区农田状况时把各地土质分成九等，而关中所在的雍州，"厥土唯黄壤，厥田上上"，被鉴定为全国最好的。同时关中地势平旷，河流众多，也有利于农田水利工程的兴建。《诗·大雅·鱼藻之什·白华》曰："滮池北流，浸彼稻田"，说明很早以前渭水南岸就有了灌溉事业，并种有水稻。战国时代郑国渠的开凿不仅改良了大片荒凉盐碱地，而且开始了大范围的农田水利灌溉事业，受益面积四万余顷，"收皆亩

① 《史记·货殖列传》曰："渭川千亩竹"，"秦千树栗"，"此其人皆与千户侯等"。

一钟，于是关中为沃野，无凶年，秦益富强，卒并诸侯[①]”。苏秦早在秦定都咸阳不久时即赞颂关中，“田肥美，民殷富，战车万乘，奋击百万，沃野千里，蓄积多饶，地势形便，此所谓天府，天下之雄国也”[②]。富饶发达的关中经济是秦咸阳立都的物质基础。

第二节　秦人东进与定都咸阳

秦人具有勇敢进取不断开拓的精神，能够审时度势迁徙自己的都城以适应政治军事形势的变化。于是秦春秋时称霸西戎，战国时崛起关中，最后完成了统一六国的历史使命。秦定都咸阳就是秦人在变法图强，欲东出函谷逐鹿中原形势下所作出的理想选择。

一　入主关中与秦人卜居雍城

据《史记·秦本纪》，秦为颛顼帝的后裔，商代末期，秦之先祖中潏一支归于周室，迁居渭水上游的天水地区，“在西戎，保西垂”，成为周王室镇守西部边境的部族，部族活动中心在西犬丘。至西周中叶，因非子善于养马，为周王室主马政立下大功，周孝王打算让他继承大骆为“適嗣”，但因“申侯之女为大骆妻，生子成为適”，故申侯极力反对此举。孝王只得“分土”封非子“为附庸，邑之秦”，亦“不废申侯之女为骆適者，以和西戎。”这就形成了以成与非子各为宗主的两个支系，也出现了西犬丘与秦并立的两个城邑。

西犬丘是秦人世代相承的宗邑，至少从非子起，每当西犬

---

① 《史记》卷二九《河渠书》。

② 《战国策》卷三《秦策一·苏秦始将连横》。

丘遭犬戎攻击出现危险或陷落时，秦人就会不分宗系，不论彼此，能够团结一致去保卫它，甚至为此而献身，体现了秦人内部极其牢固的民族凝聚力。《史记·秦本纪》载，非子传三世至秦仲，“秦仲立三年，周厉王无道，诸侯或叛之，西戎反王室，灭犬丘大骆之族”。秦仲奋起反抗，也被戎人杀死。秦仲的儿子庄公誓报父仇，率兄弟五人与周王室所与兵七千人合力猛攻，终于击破西戎，收复了西犬丘。宣王鉴于大骆一系已经覆灭，遂将西犬丘划归庄公，封其为“西垂大夫”，庄公也从秦邑移居西犬丘。

西犬丘，也叫西垂[①]，到了秦迁都关中后改称西邑，战国秦时称西县。由于为秦历代祖先大宗所居，成为秦人在陇西的最重要政治中心。秦襄公始列为诸侯也居于此，并“立西畤，祠白帝”。后人解释曰：“畤，止也，言神灵之所依止也[②]”，说明了西犬丘在秦人心目中的地位非常重要。秦王朝建立后，《史记·封禅书》曰：“西亦有数十祠，”仍然是一个宗教神圣之地。

西犬丘的具体地点现已可以大致判定。早几年在甘肃省礼县永坪乡大堡子山发现的秦早期墓葬群，以其形制之巨大，墓葬规格与出土文物等级之高引起了海内外考古文物与历史学者的广泛关注。虽然墓主为谁大家尚有争论，但把它作为秦先公

① 西垂一名有广狭两义。广义泛指西方边陲边境之地，非具体地名，如中潏“在西垂，保西垂”，“西垂大夫”者也；狭义者指一具体城邑，与西犬丘同义，如《秦纪》载：“襄公既侯，居西垂”，死后“葬西垂”，文公也是“居西垂宫”。

② 《史记》卷一五《六国年表第三》，又见《史记》卷五《秦本纪》及其后《索隐》。

陵区即西垂陵区的学术认定是公认的[1]。近年考古工作人员又在礼县大堡子山秦公陵园附近，发现了大型的周代城址，总面积约25万平方米。城内目前已钻探出夯土建筑基址26处，已探明规模最大的一座建筑基址南北长102米，东西宽17米，平面形状呈回字形；另一座东西长70米，南北宽13.5米，形制与前者基本相同。城内还有秦公大墓、车马坑及祭祀坑等古代遗存[2]。有这些考古发现，再结合当地优越的地理环境，可推知西犬丘即在今礼县永坪乡大堡子山一带，这也与文献记载方位一致。

秦邑所在，徐日辉曾撰文认为秦亭在张家川县城南的瓦泉一带[3]。瓦泉位于清水（秦水）的岸边，从文献上来讲符合秦邑位于清水县东北的记载。同时这一带发现了大量的秦墓，出土了大量的文物。

秦人在同西戎的斗争中逐渐发展壮大起来，庄公之子襄公

① 礼县大堡子山秦公陵墓文物是被人盗掘出土的，最早由李学勤与韩伟分别在纽约、巴黎看到并分别撰文给以介绍和论析。见李学勤《最新发现的秦公壶》与《探索秦国发祥地》，分别刊于《中国文物报》1994年10月30日与1995年2月19日；韩伟《中国文物仍流失海外：北京猿人下落有新说》与《论甘肃礼县出土的秦金箔饰片》分别刊于《文博》1994年5期与《中国文物》1995年6期。其后有陈昭荼、王辉、陈平、卢连成诸先生对礼县秦先公墓地主人及其相关问题展开的探讨，具体论文名称，发表刊物，此不赘述。

② 早期秦文化联合考古队《2006年甘肃礼县大堡子山21号建筑基址遗迹发掘简报》，《文物》2008年11期。

③ 徐日辉《秦亭考》，见《秦州史地》，陕西人民美术出版社，1994年。

立二年（前776年），“徙都汧”[①]。汧城是秦人由陇西涉足关中所建立的第一个都邑。经过考古工作者的辛勤努力，汧城具体位置也已基本清楚，它位于今陕西省陇县县城东南13里左右的磨儿塬上。这儿不仅有城墙遗迹与春秋早期的陶罐、陶鬲等遗存，而且其附近的边家庄有八座以青铜礼器为基本组合的春秋早期大型秦墓[②]。汧城所在为汧河谷地，宜于农牧，又有汧山为屏，河谷作通道，进能直指岐雍之地，退可入保陇西，确实是入关与犬戎争战的理想据点（参见图1－3．关中地区秦人都邑与迁徙路线示意图）。

其后不久，由于周幽王无道，招致西夷犬戎的入侵，丰镐被攻陷，幽王也身死骊山之下戏地，平王东迁洛邑建立了东周。秦襄公将兵救周与护送平公东迁，立下了大功，被周封为诸侯，“于是始国，与诸侯通使聘享之礼”。周室东徙以后，关中大部分地区被戎族控制，平王赐秦岐西之领地，并对秦襄公说：“戎无道，侵夺我岐丰之地，秦能攻逐戎，即有其地”，这就为秦人伐戎占领整个关中找到了合法的理由[③]。

秦人随后开始了对关中诸戎的征伐，不断地向东开拓领土，而都邑也随之逐渐东移。据《史记·秦本纪》，襄公十二年（前766年），“伐戎而至岐。”惜其当年死去，没能在关中站稳脚根。其子文公在西垂即位，立三年（前763年），“文公以兵七百人东猎。四年，至汧渭之会……乃卜居之，占曰吉，即营邑之，”建立了秦人入关的第二个都邑。

---

① 《帝王世纪》曰：“秦襄公二年徙都汧”，见《史记·秦本纪》襄公二年下《正义》引《括地志》。

② 《陕西陇县边家庄五号春秋墓发掘简报》，《文物》1998年11期；张天恩《边家庄春秋墓地与汧邑地望》，《文物》1990年5期。

③ 《史记》卷五《秦本纪》。以下凡不注出处者皆同此。

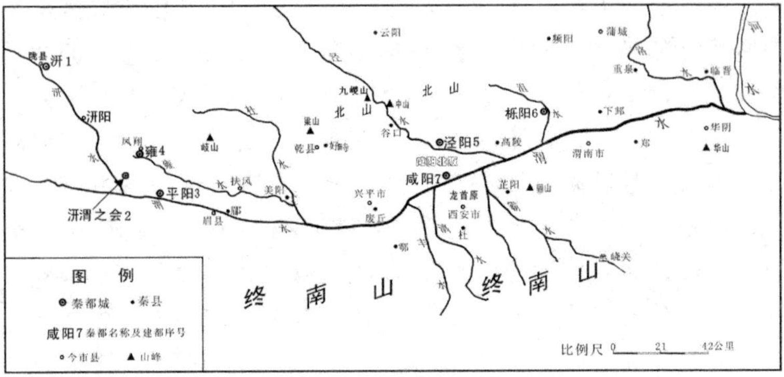

图 1－3.　关中地区秦人都邑与迁徙路线示意图

汧渭之会，顾名思义当为汧水、渭水相汇处。但其具体所在，却由于地理的变迁和文献的疏略，至今仍然没有相对统一的认识。有学者认为在今眉县附近，也有学者认为在今宝鸡市和宝鸡县的交界处。后者在具体地望判断上又有不同的看法，或曰宝鸡市东卧龙寺，或曰汧水以东的千河镇魏家崖，或曰汧河西岸的李家崖。

魏家崖一带地形高平，其西为汧河，其南为渭河，在此建都，才进可攻，退可守；考古人员在此也找到了一些秦人建都的线索，发现过不少秦时的金器、铜器和陶器[①]。从现有资料来判断，我比较赞同秦“汧渭之会”在千河镇魏家崖的说法。这里与雍地诸戎直接对峙，实为文公进取犬戎的前哨重地。其后至“十六年，文公以兵伐戎，戎败走。于是文公遂收周余民有之，地至岐，岐以东献之周”。整整用了 12 年时间，秦人才彻底击溃了诸戎在岐雍的势力，完全占据有岐山以西的封地。

① 焦南峰、田亚岐《寻找“汧渭之会”的新线索》，《中国文物报》2004 年 3 月 5 日。

秦宪公承文公之位，立二年（前714年），又有迁都之举，“徙居平阳”，建立了秦人入关后的第三个都邑。平阳故城在今宝鸡县杨家沟乡、阳平镇一带，这里南临渭水，北倚凤翔塬，为渭北第一级台地，土肥水美，实为建都立邑的好去处。迁都平阳的当年，宪公“遣兵伐荡社。”秦人势力推进到关中中部今三原、咸阳、西安一带。其后武公立，元年（前697年），“伐彭戏氏，至于华山下。”秦人势力范围已经扩大到关中东部的华山脚下。

秦在东进关中的过程中，选择了汧、汧渭之会、平阳这三个都邑，受当时军事形势所迫均设置在汧、渭两河的河谷台地上，虽然易守难攻，但地窄土狭，发展的空间不大，更缺乏控制整个关中的气势，所以都是临时性的。经过四世八十余年对关中诸戎的征伐，秦人取得了关中的大部分土地，于是，选择建立一座地势开阔，既可固守又利于控制关中全局的大型都城就势在必行！

当秦人走上雍岭，眼前展现出一片辽阔的原野。这里位处周原西部，不仅地势较高，向东具有俯冲之势，还位居西去汧陇、南下巴蜀的交通枢纽；加之西周时代为周王畿腹地，人文荟萃，有深厚的经济文化基础。这样，秦人入关后第四个都城——雍都就兴运而生了。德公元年（前677年），“初居雍城大郑宫”，其后至献公二年（前383年）东迁栎阳为止，秦人实质上都雍城294年，建都时间最长。

雍城是一座经过精心设计的都城，总体格局由城区、秦公陵园与国人墓地组成。城区位于今陕西省凤翔县城南，南垣之下雍水自西北向东南流去。雍城的平面似方形，单边长度均超过3000米，总面积约11平方公里，其规模之大超过了当时作为全国政权象征的东周洛阳王城。雍水之南为国人墓地，再南三畤原便为秦公陵园区。经过考古人员的辛勤工作，已探明秦公陵园区内大小陵园13座，各种类型的大墓43个。其中规模最大的一号墓，连墓道全长三百米，墓主似为秦景公。雍城内许多考古发现在全国颇具典型性，意义重大，同时也为我们研究秦都咸阳的城市设施提供了参考，如城北部“市”遗址的发现为研究先秦市的形制提供了实证，城西部凌阴遗址的发现全国还是罕见的，马家庄以北由祖庙、昭庙、穆庙、中庙、围墙等组成的宗庙遗址是目前发掘出来保存最完整的大型先秦礼制性建筑，而秦公陵园是迄今发现的范围最大、内涵最丰富的先秦诸侯陵地[①]。

雍城是秦国历史上极为重要的一座都城，司马迁在《史记·秦本纪》中记述德公居雍后，接着说，“后子孙饮马于河”，《正义》也说“卜居雍以后，国益广大，后代子孙得东饮马于龙门之河”。确实，秦国建都于雍，既占据了有利的地理条件，又吸收了西周的文化遗产，使秦国的政治、军事实力和社会经济得到了比较迅速的发展，征服了周围许多部族，建立起一个强盛的奴隶制国家。后来孝公曾说：“穆公自岐雍之间，修德行武，东平晋乱，以河为界，西霸戎翟，广地千里，天子致伯，诸侯毕贺，为后世开业，甚光美”。秦穆公十五年（前645年），秦晋两国发生了著名的“韩原之战”，秦大败晋军，还生俘了晋惠公。后秦穆公应周天子与自己夫人（晋惠公夷吾之姐）的请求，释放了晋惠公夷吾，“夷吾献其河西地”，从此秦国的领土扩展到黄河岸边。

秦穆公既得全有关中，更欲效齐恒、晋文故事称霸中原。但是晋国在殽山与彭衙两次打败秦军，虽然后来秦军在王官及鄗之战中取得了胜利，但穆公也自知无力染指中原，乃“用由

① 韩伟、焦南峰《秦都雍城考古发掘研究综述》，《考古与文物》1988年5、6合期。

余谋伐戎王，益国十二，开地千里，逐霸西戎，天子使召公过贺缪公金鼓。”秦国向西北征伐戎国，扩张领土，巩固了后方，秦穆公也因此成为春秋五霸之一。

二 东争河西与献公迁都栎阳

随着春秋战国时代铁制农具的普及与牛耕的推广，社会生产力得到了较大的提高，新兴的地主阶级逐渐发展壮大，开始建立起自己的新型政权。在齐国，田氏夺取了政权，而在中原，韩赵魏三家越来越强，最后瓜分晋国形成三大独立的专制政权。这样，经过春秋以来的长期兼并战争，逐渐形成了齐、楚、燕、韩、赵、魏、秦七个势力范围强大的国家，史称“战国七雄”。

新兴地主阶级为巩固和扩大既得利益，对旧有的经济基础与上层建筑进行了自上而下的社会改造，首先在中原各国掀起了大规模的变法运动。这些变法虽带有很大的妥协性，有些甚至遭到失败，但符合历史发展和人民根本利益的革新措施在不同程度上打击了旧贵族，建立了新秩序，像魏文侯用李悝实行变法，废除世卿世禄制度，推行“尽地力之教”与“平籴法，”颁布封建法典，使魏国经济迅速得到发展，成为战国初年最早富强起来的国家。齐威王任用邹忌为相，“谨修法律而督奸吏”，招收流民开荒，发展农业，也使得“齐国大治”，“田野辟，民人给，官无留事，东方以宁”，成为与魏抗衡的东方强国。楚悼王以吴起为令尹主持变法，废除了旧贵族的特权，使楚国开始走向富强，也曾“南收杨粤，北并陈蔡”①。

战国初期，地处关中的秦国却变化不大，经济改革远远落后于中原各国，比如鲁国“初税亩”实行186年以后，秦国才

① 杨宽《战国史》，上海人民出版社1980年。

开始实行相同性质的“初税禾”；同时，由于世卿世禄制度的存在，国政大权落入宗室贵族手里，连国君的废立也完全由“庶长”们掌握，故孝公在求贤令中说：“会往者厉、躁、简公、出子之不宁，国家内忧，未遑外事。三晋攻夺我先君河西地，诸侯卑秦，丑莫大焉”[①]。所谓“不宁”与“内忧”自然是指国家内政人事出现摩擦，怀公立四年（前425年），遭庶长与大臣围攻，被迫自杀，而后拥立怀公之孙灵公。灵公死，太子献公居中不得立，反从晋国迫立怀公之子简公。其后又拥立惠公只有四岁的儿子出子，政权实际上落入母后与宦官之手。出子立二年（前385年），庶长改“杀出子及其母，沈之渊旁”，而从晋地迎来了灵公之子献公。其间所置国君，有怀公、简公、献公三人来自晋国，也可知秦在外交上受制于人。

由于政局动荡，内乱迭起，秦国经济文化处于落后状态，中原各国很瞧不起秦，“夷翟遇之”，连诸侯间的会盟也不让秦参加。更有甚者，由于军事上的劣势，秦人被动挨打，大片国土被人侵占。灵公六年（前418年），魏国在河西筑少梁城（今陕西韩城市南少梁村），以图控制黄河渡口。秦国虽然派兵击之，但没有作用。其后二年，魏人终于建成了少梁城，在黄河以西建立起稳固的军事据点。秦简公时，魏开始向河西大规模扩展，先是围攻繁庞（今韩城市南），移当地秦民，又夺秦临晋与元里二城，并进行重新扩建。临晋在今陕西大荔县东，原名王城，为秦灭大荔戎改称；元里在今陕西澄城县南。接着又西南攻秦，向南直攻到渭水南岸的郑县（今陕西省华县），并在洛阳（一说洛阴）与郃阳筑城。洛阳在今陕西大荔县西洛河岸边，郃阳在今陕西郃阳县东南黄河侧畔[②]。这样魏人就抢

① 《史记》卷五《秦本纪》。以下未注出处者同。

② 《史记》卷一四《魏世家》。

占了黄河与洛水之间大片的秦国领土，并在这里设置河西郡，任名将吴起守之。秦惠公十一年（前 374 年），秦倾全国之力，出兵 50 万来攻魏阴晋城，竟被吴起五万锐卒，“兼车五百乘，骑三千匹击败”①。

面对魏国咄咄逼人的军事压力，秦人也早有抵抗之举。秦灵公很注重东方的防务，为了直接面对敌人，曾经东迁都城至泾阳②。当魏军越过黄河始筑少梁城时，秦军即来攻击之，使其当年并没有成功。当然，由于秦国本身内乱削弱了战斗力，在魏军第三次大规模攻势下只有节节败退，一直退到洛水西岸。秦简公七年（前 408 年），在洛水西岸修筑重泉城作为防守的军事据点，居中调动；同时，“又堑洛”，沿洛水西岸筑起长城作为防线，才基本阻止魏国的西进步伐③。

秦献公是灵公的太子，因内乱曾被迫流浪到魏国，他亲眼见到魏国革新变法国力日强的情形，也真切感受到落后保守就要挨打削地的痛苦，于是锐意改革秦国内政。献公元年（前 384 年），他上台伊始就发布了“止从死”的法令，废除了自秦武公（前 697－前 678 年在位）以来实行长达 294 年的人殉制度。次年，修筑栎阳城，把都城迁到这里，使都城靠近了秦

① 《吴子·励战》。

② 《史记·秦本纪》后附《秦纪》，据说是秦史官所记最原始的秦国史，其说“灵公居泾阳”，不能无因。从当时形势与秦人的传统分析，泾阳应该是秦人的一座临时都城，其地望在今陕西省泾阳县西北三里。

③ 据史念海先生的调查与研究，堑洛是利用洛河西岸天然地形，削成陡壁以作防守，这在当时时间紧迫形势危急的情况下确实是一个省工又有效的防御方法。当然在有些平坦地段仍是筑起高墙防守的，今天在洛河西岸仍有不少“堑洛”长城的遗存。见《黄河中游战国及秦诸长城遗迹的探索》，载《河山集》（二集），三联书店 1981 年。

魏前线，以便与魏人争夺河西失地。同时，献公还颁布了一些新的社会经济法令，推广县制，设置了蓝田、栎阳、蒲、善明氏等县；“为户籍相伍”，控制人口，加强国君对地方的行政权力；又“初行为市”，实行集中市制，不仅有利于手工业与商业的发展，而且也便于国家的管理①。

栎阳城位于今西安市阎良区武屯东北，是秦在今西安市境内建立的第一个都城。献公把栎阳作为临时都城主要是为了便于指挥对东方魏国的战争，因为旧都雍城偏处关中西部，容易贻误戎机，而都城离前线较近，则能够及时注意敌人的动向，达到攻守得当，而且足以显示其必胜的信心和昂扬的斗志。同时，栎阳东临沮水（今称石川河），用水便利；栎阳城交通便利，《史记·货殖列传》称其：“北却戎翟，东通三晋”，位于渭河北岸交通枢纽，可以兼顾东与北两方面的利益。

有关栎阳城形制的文献记载甚少，仅可从北宋学者宋敏求《长安志·栎阳县》中了解其“东西五里，南北三里”的大致规模。根据1980年中国社会科学院考古研究所栎阳发掘队的勘探与试掘，栎阳城呈长方形，东西长约2500米，南北宽约1600米，与文献记载基本相符。三条东西向干道横贯全城，东西城墙相应各辟有三个城门；三条南北向干道只有二条通向城外，南北城墙似相应各辟有二个城门。城东南二三里外为墓葬区域，据《水经注·渭水》记载，秦孝公陵在栎阳城附近。秦都栎阳平面布局参见图1－4．秦都栎阳遗址平面图②。

当时正值战事频繁，献公、孝公又锐意变法，没有大规模修建栎阳城及其城内建置，但城内宫室、市场、手工业作坊及居民住宅建筑还是齐备的。唐代李泰《括地志》云：“秦栎阳

---

① 马非百《秦集史·国君纪事十三·献公》，中华书局1982年8月版。

② 《秦汉栎阳城遗址的勘探和试掘》，《考古学报》1985年3期。

宫在雍州栎阳县……秦献公所造。”献公既居栎阳，当然城中要修宫室，名叫栎阳宫也未尝不可。1980 年陕西省眉县文化

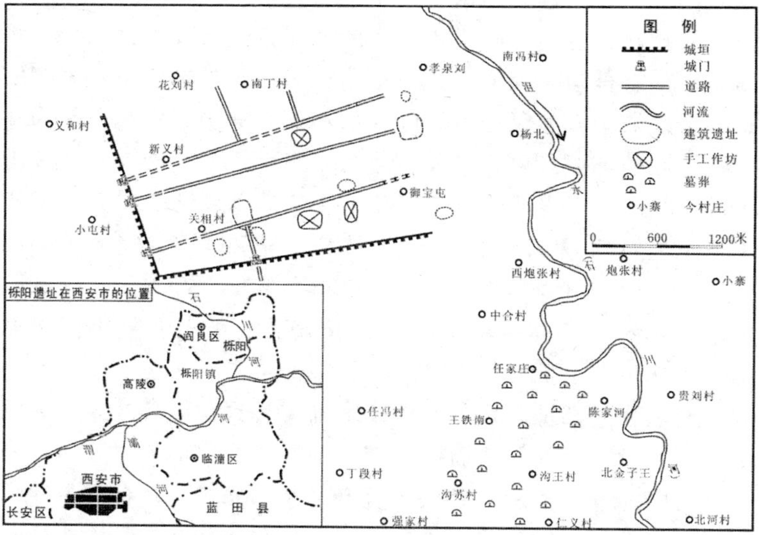

图 1－4.　秦都栎阳遗址平面图

馆征集到一件铜鼎，自身有铭文曰“栎阳高平宫金鼎，”当是栎阳城中高平宫之物。高平宫可能是栎阳宫这个组群宫室中的一个。据徐卫民博士研究，栎阳宫建在城的中部①。

栎阳城中有市的设置，还有不少手工作坊。就已勘探和试掘的部分遗址及出土遗物判断，栎阳城内的手工业包括冶铁、制陶等生产部门，作坊规模中等，主要布置于城之东南部。自秦徙都咸阳至秦亡百余年间，栎阳作为秦都咸阳的东北门户，

① 徐卫民《秦都城研究》页 102，陕西人民教育出版社 2000 年 1 月版。

仍然保持有较高的农业与手工业地位。据《云梦秦简·仓律》，一般县城仓储谷物万石一积，只有栎阳两万石一积，仅次于都城咸阳。又，传世或新出土的秦惠文王（前337－前311年在位）的相邦樛斿戈、昭王十四年的相邦冉戈与秦二世元年丞相斯戈上都有栎阳工师的铭文，说明栎阳一直是秦代军工生产的重要产地。秦末楚汉相争之际，项羽三分关中，栎阳曾作为塞王司马欣的都城。汉王二年（前205年），汉王刘邦率军进占关中，扫灭三秦，乃安排太子守栎阳，“令诸侯子在关中者皆集栎阳为卫。”刘邦又以栎阳为都城，向东挺进，完成了统一全国的大业。直到高祖七年（前200年）长乐宫成，“自栎阳徙都长安[①]”。汉高祖由栎阳徙都长安后，汉太上皇仍留居栎阳。由此可知，栎阳是秦汉时代关中的重要都市之一。

秦献公迁都栎阳及其初步改革确实收到了显著效果，秦国出现了积极向上的新局面，对魏国的军事战争形势也开始向有利于秦国的方向发展。献公十九年（前366年），秦军主动出击魏韩联军，初战告捷。隔了一年，秦军伐魏，赵救之，战于石阿（今山西运城西南）。秦大获全胜，“斩首六万”，使关东诸侯震惊，连徒具“天子”虚名的周显王也给予祝贺，并赐以“伯（霸）”的称号。其后秦军连年攻击魏之少梁城，在献公二十三年（前362年），俘虏了魏国守卫河西的高级将领太子痤，收回了庞城。魏国被迫采取防御措施，在洛水东岸，“魏筑长

① 《汉书》卷一《高帝纪》。

城自郑滨洛以北，有上郡”[①]。

尽管秦献公的改革取得了一定的成功，自厉公以来秦国积贫积弱的局面有所改观，但献公还没有完全实现自己的抱负就死去了，当时秦国仍没有从根本上摆脱困难的处境。从国内来说，旧制度没有彻底废除，旧贵族势力仍相当强大，新兴地主阶级的社会经济制度没有健全推广，经济发展举步维艰；从国外来说，魏国在惠王的领导下仍然是当时最强盛的国家，河西仍在魏国之手，一旦魏兵西出长城，冲破秦的“堑洛”防线，就会直逼泾渭地区，不但新都栎阳难保，就是旧都雍城也将岌岌可危。继位的秦孝公（前 361－前 338 年在位）能充分认识到这一点，认为没有能收复河西失地，“诸侯卑秦，丑莫大焉”，自己也是“常痛于心”。于是即位的当年（前 361 年），就公开发布“求贤令”，表示要继承献公未竟之志，重振穆公之业，继续发奋图强。他提出无论是国内臣民还是外来宾客，“有能出奇计强秦者，吾且尊官，与之分土。”这道广泛招揽人才的求贤令很快传播开去，当时在魏国的商鞅看到孝公礼贤下士立志变法的决心，就带着李悝的《法经》赶到了秦国。

商鞅是卫国没落贵族的后裔，故又称卫鞅，因当时国君的儿子称公子，其后裔又称公孙，故而卫鞅又称作公孙鞅。所谓商鞅乃是其入秦变法有功封于商邑（故城在今陕西省商州市东八十五里）而得名的。商鞅“少好刑名之学”，年青时热心学习和钻研李悝、吴起等人的法家学说，得到了法家的精髓。由

① 史念海先生实地考察，魏长城南起今陕西华阴市东南，北渡渭河，沿洛河东岸向北延伸，在大荔县许原的长城村，曲而东北，经澄城、郃阳两县北抵韩城市南黄河之滨，有些地方为双重城垣，至今不少遗址仍存于地面。见《黄河中游战国及秦诸长城遗迹的探索》，载《河山集》（二集），三联书店 1981 年。

于得不到魏王的赏识和重用，跑到秦国来大展身手。他先在朝廷上舌战保守派的代表甘龙、杜挚，阐述了变法的意义，坚定了孝公变法的决心，也打击了权贵们反对的气焰。后在栎阳市门“徙木赏金”，向秦国百姓显示其执法如山、令出必行的原则，才从容不迫地颁布了第一部变法令。

首先，废除原有的世卿世禄制，按军功确定爵位与等级；其次，实行奖励耕战政策以富国强兵，重视耕织，抑制工商业，按军功行赏，严禁私斗；第三，改革户籍，实行编户制与什伍连坐法，鼓励兄弟分家[①]。这样就打破了僵化保守的旧思想，从政治经济上摧毁了奴隶制贵族存在的基础，确立了新兴地主在秦国的统治，发展了社会经济，壮大了军事实力，秦国出现了蒸蒸日上的新局面。在与魏国争夺河西的战斗中逐渐居于优势地位。孝公七年（前 355 年）秦孝公与魏惠王在杜平（今陕西澄城县东）相会，谋求和平收复河西之地，未获成功。次年，秦向魏展开大规模军事进攻，“战于元里，斩首七千，取少梁”，取得了变法以来对魏战争的第一次胜利。其后商鞅亲自率军乘魏国与齐赵大战中原之机，攻陷魏都安邑（今山西夏县）与军事要塞固阳（今内蒙古固阳），秦军威复振，打得魏军只有招架之功。于是商鞅转而经营国内事务，大刀阔斧地进行第二次变法，而这次变法的一个重要举措就是把国都从栎阳迁到咸阳。

三　逐鹿中原与孝公迁都咸阳

秦孝公变法图强的目的不仅在于收复河西之地，更在于富国强兵东进中原与六国争雄。据《史记·商君列传》记载，当

① 《史记》卷六八《商君列传》，又参阅马非百《秦集史·人物传三之二·公孙鞅》。

商鞅入秦初次见到秦孝公时，为试探孝公他大讲五帝之道，孝公根本不感兴趣，听得直打瞌睡。商鞅第二次求见孝公时改为宣扬儒家仁政王道思想，孝公仍然听不进去，而且还十分生气地对推荐商鞅的大臣景监说："你的客人太迂腐了，我怎能用他呢!"商鞅因此摸透了孝公的思想，知道孝公不愿意实行德政王道，而是希望秦国尽快富起来称王称霸。于是商鞅第三次、第四次见到孝公时，就畅谈自己最精通的"霸道"，也就是法家学说中的富国强兵求霸之术，这下子可抓住了秦孝公的心。孝公对商鞅的此番理论非常感兴趣，听着听着就不知不觉地把身体都靠了过去，俩人谈得特别投机，连续谈了好几天，孝公还觉没有谈够。这个故事说明了孝公任用商鞅变法，其志不仅在于河西一隅，更在于关东六国也。

实际上，秦孝公的这种称霸思想也有一定渊源。据《史记·封禅书》记载，秦献公十一年（前374年），周太史儋见秦献公曰："秦始与周合，合而离，五百岁当复合，合十七年而霸王出焉"[①]。这是周太史对献公变法秦人复兴所作的箴言。据《正义》的解释，秦与周都是黄帝的后裔，西周时秦为周守西土，是其"合"也。因非子为周王养马有功，周封之为附庸，邑之秦，始有秦之称，是"合而离"也。"五百岁当复合者"，是说从非子邑秦开始至秦孝公二年（前360年）周显王致文武胙于孝公，复与之亲近，秦人历二十九君正五百年也，是"复合"也。"十七年霸王出"是指秦孝公十九年（前343年）周显王致伯，"是霸出也"，由孝公三年（前359年）算起正十七

① 《史记》卷五《秦本纪》也有几乎相同的记载。

年也。而后秦惠文君改称秦王，是“王者出焉”[①]。

还有其他一些解释，多是秦人当继周有天下的意思。周史官所作的这种秦人不久当有霸王出甚至取得天下的预言，更令立志变法的孝公踌躇满志。故汉人贾谊《过秦论》就说出了孝公志在天下的雄心：“秦孝公据殽函之固，拥雍州之地，君臣固守，而窥周室，有席卷天下、包举宇内、囊括四海之意，并吞八荒之心。”

当时，商鞅主持变法，秦国力渐强，在河西夺取了一些失去的领土，确立了对魏作战的优势，同时魏国把国都从河东的安邑迁往大梁（今河南开封），到中原扩张势力，这也减轻了在河西对秦的威胁。秦人基本上实现了变法图强的第一阶段目标，而为了逐鹿中原与六国争雄的更高目标，今后军事斗争的焦点应该由河西转移到函谷关外的中原与武关外的江汉流域。同时，还应看到商鞅前期的变法多在破除旧制度与耕战方面，如何建立新制度，完善和巩固新兴地主阶级在秦的统治还需要新的改革措施。秦国的这种长远目标与变法现实，促使秦人考虑要建设一个能够照顾全局的新兴城市作为都城。在这种情况下，咸阳就应运而生了。

秦都咸阳最初兴建于今咸阳市东渭城区窑店镇，其后扩展到渭河南岸的今西安市范围。从位置上看，咸阳较栎阳偏西。秦人都城由栎阳向西转移到咸阳，是经过认真比较后做出的重

① 张守节《正义》曰：“秦周俱黄帝之后，至非子末别封，是合也。合而离者，谓非子末年，周封非子为附庸，邑之秦，是离也。五百岁当复合者，谓从非子邑秦后二十九君，至秦孝公二年五百岁，周显王致文武胙于秦孝公，复与之亲，是复合也。十七年霸王出焉者，谓从秦孝公三年至十九年，周显王致伯于秦孝公，是霸出也；至惠王称王，王者出焉。”

要选择，咸阳在地理条件、交通位置、军事形胜方面较栎阳确实具有很大的优势。

从地理条件上分析，栎阳处于石川河西岸，地势稍低，又东近“泽卤之地”，生活生产条件不甚理想。而咸阳位于关中平原中心地带，倚北山而临渭水，原隰相间，田野开阔，河川环绕、水源丰富，有营建大都市的优越自然条件；同时，渭河南岸更有大片早已开发的良田沃土，是一个物产富饶的天府之国，更兼山川秀丽、草木繁盛、可供游乐，为咸阳今后的发展提供了广阔的空间地理条件。

从交通位置上分析，栎阳处于渭水以北，距离渭水还有一段距离，无法控制渭河航运。固然它正当东越黄河通往三晋的大道上，北趋戎翟也很便利，可是由栎阳去函谷关却不那么便当，东南去武关则更显得迂远。随着对魏争夺河西之地重要性的下降，时过境迁，栎阳难以保持都城的地位是理所当然的。咸阳正位于东出函谷与西去雍陇大道的渭河渡口上，直接控制着贯通关中平原东西的主干道，东出函谷关，与诸雄逐鹿中原更加近便，这条交通线对秦统一全国具有决定性意义。咸阳还控制着东南翻越秦岭到达荆楚的武关大道，可以与强楚争夺中南的战略要地，对其统一全国有重要作用。与此同时，咸阳在东向三晋与北通戎翟两方面的交通优势并没有削弱，在渭北跨黄河至三晋的蒲关道是经过咸阳附近的，而北越泾河趋向鄂尔多斯也很方便，秦始皇为北逐匈奴，修建北至九原（今内蒙古包头西）的道路名曰直道，南面直通咸阳城，可知也。还应看到，沿渭河东下黄河的漕运码头也在咸阳附近，因咸阳上游的渭河水浅沙多，已不太适于航行。总之，咸阳正当水陆津要，为关中的交通枢纽，“天下辐辏，并会而至”，具备有进退战守的军事意义和立国守成的政治作用，无疑符合营建照顾全局的大都市的条件。

在军事形胜方面，栎阳位居平原，近郊少险可凭。而咸阳山环水绕，平原与河流构成一道道天然军事防线，如东南近郊骊山、芷阳原、白鹿原与戏水、灞水等自然川原，其旁的戏亭、鸿门、芷阳、霸上等皆成为屯军御敌的重要场所。论其近郊攻防地形条件，整个关中内部无出其右者。还应看到，咸阳在西周旧都丰镐近旁，周人以丰镐为根据地统一天下，并建都于此，治理全国数百年，秦人也认为“此帝王之都也”，建都于此处有一种心理优势。

还有一个原因，从秦孝公与商鞅这些变法革新者的角度思考，雍都是贵族旧势力盘踞的旧都，又偏处关中西部，而栎阳是献公东争河西营建的临时都邑，建立新都咸阳可以完全摆脱旧势力，避免其干扰，减少改革的阻力，更便于新法的迅速推广。更为重要的是变法者标新立异，希望营建一个新型的地主阶级都市，而这种宏伟的都市蓝图应该放在崭新的土地上进行设计描绘，正可谓一张白纸好画最新最美的图像。确实，商鞅在咸阳大筑冀阙，营建高台宫殿，进行里亭规划，都与雍都、栎阳完全不同。可以说，迁都咸阳不仅是秦人变法自强的结果，更是商鞅继续深入变法的一个环节。

由于咸阳所在地区的自然环境在关中最为优越，故秦人在变法图强、有志中原之时把都城选定于此。这与周人有志东进灭商由周原迁居丰镐所走过的路线基本相同。稍有不同的是，周人直接迁往渭河南岸的丰，而秦人初以渭北为建都基础，其后才逐渐扩向渭河南岸。这当然是与秦人迁都咸阳时的历史背景有关。当时秦人虽走上变法富强之路，在对魏国的战争中居于主动进攻的有利位置，但魏国占据的河西大片领土仍未夺回。秦在关中仍有强敌驻扎于东北方的渭河北岸，时刻要对这些魏军有所攻防准备，定都渭北和栎阳一样可以照应黄河西岸，故不能贸然渡渭。而周人之所以直接迁居渭河南岸，乃因为其敌人主要集中于渭南，如此更容易直接对敌。

第二章

秦都咸阳城市的扩建过程与城郊范围

从社会历史发展来讲，咸阳为秦都城经历了战国时期的秦国到我国第一个统一的中央集权秦王朝这两个阶段。从其城市发展过程来看，秦都咸阳分为商鞅创建、昭王拓建与秦始皇扩展的三个阶段，最终形成了“渭水贯都以象天汉，横桥南渡以法牵牛”的宏伟壮观局面。秦都咸阳的建设缺乏统一规划思想的指导，城郊范围处于不断扩展变化之中，在这一点上可以说是一个开放性城市，就是其被复仇主义烈火焚烧的时候仍然是个没有完全建成的城市。本章主要研究秦咸阳城的扩展过程、城市形态和城郊范围。

第一节　从山南水北到渭水贯都——秦都咸阳的扩建过程

秦都咸阳在它存在的近一个半世纪里，经历了从战国时期的秦国到统一天下的秦帝国这两大时代，各时代都对咸阳进行了扩建，加上孝公时商鞅的创建，秦都咸阳的建设过程共分成三大阶段，最后形成“渭水贯都”“横桥南渡”的宏大规模。

一 商鞅的创建——渭北冀阙、宫廷

咸阳最初兴建于今咸阳市东渭城区窑店镇，位处渭水北岸与九嵕山之南。按古人的阴阳观念，山之南、水之北属“阳”，咸阳具有“山水俱阳”的区位特点，故名。宋敏求《长安志》引辛氏《三秦记》就是这么解释的：“咸阳，秦都也，在九嵕山南，渭水北。山水俱阳，故名咸阳。”唐人说法不同，但实质都是相同的，李吉甫《元和郡县图志·关内道·咸阳县》谓：“在北山之南，渭水之北，故曰咸阳。”实际上北山是今礼泉、泾阳、三原诸县北部东西向山脉的统称，也包括九嵕山在内，故两种说法并不矛盾。

秦初建咸阳城的史实主要记录于司马迁的《史记》中，其中《秦本纪》载：“（孝公）十二年，作为咸阳，筑冀阙，秦徙都之。”《秦始皇本纪》所附《秦纪》云：“（孝公）其十三年，始都咸阳。”《商君列传》谓：“以鞅为大良造，将兵围魏安邑，降之。居三年，作为筑冀阙宫廷于咸阳。”这些记载基本上说明了秦都咸阳营建的时间、主持人、首期重要工程等。

史籍所载时间相差一年，《秦本纪》是秦孝公十二年（前350年），而《秦纪》则是孝公十三年，《商君列传》所说时间与《秦纪》相同，因《史记》明载商鞅为大良造在孝公十年，后三年应是十三年。这种差异是秦咸阳城营建与迁都时间不同造成的，并不矛盾。《史记·正义》曰：“十二年作咸阳，筑冀阙，是十三年始都之，”就是说孝公十二年开始营建咸阳城，次年正式迁都于此。基于此，本文就是把秦都咸阳之兴建时间定于孝公十二年，把其定都时间定于孝公十三年的。

秦都咸阳的营建是中国历史上著名的变法改革者商鞅主持的。商鞅当时是秦国的大良造，掌握有军政大权，深受秦孝公信赖，他主持设计与兴修咸阳城是完全正常的。后来商鞅自诩治秦之功时也说："始秦戎翟之教，父子无别，同室而居。今我更制其教，而为其男女之别，大筑冀阙，营如鲁卫矣。"[①]明确地提出自己营建咸阳的事实，而且把它提高到与改革变法并列的高度。

咸阳的首期营建工程，史籍提到了两个，即冀阙与宫廷，其中尤以冀阙为标志性建筑，商鞅自己也颇为自豪地用"大筑冀阙"来代表咸阳城的修建。

冀阙是修建于咸阳宫廷外侧的高大门阙，除具有神圣的象征意义外，商鞅又赋于它具体的实用功能，在其上公布新颁法令，让官民来此学习，使之成为宣传新法的地方。《史记·正义》云："冀犹记事，阙即象魏也"；《史记·索隐》解释说："冀，记也。出列教令，当记于此门阙。"都对其公布法令的功用说得很明确。实际上，阙的这种教化功能早已存在，《周礼·天官·大宰》有云："正月之吉，始和，布治于邦国都鄙，乃悬治象之法于象魏，使万民观治象，挟日而敛之。"意思是说，大宰在正月朔日，布王治之事于天下，至正岁又书治象之法于象魏（阙），使万民来观，十天后收藏起来。《周礼·天官·小宰》有与此相关的记载："正岁，帅治官之属，而观治象之法，徇以木铎曰：'不用法者，国有常刑'。"意思是，正岁时，小宰帅其属官及万民至阙下，观看学习大宰所悬当年治政新法，其时小宰徇以木铎，警示众人说：不能遵守法令者，将受到惩罚。商鞅是法家，主持秦国的变法革新运动，当然特别重视普及法令，在文化不发达、宣传媒体缺乏的秦国时，他利用阙这种大型建筑来作为宣传道具确实具有巨大的轰动与持久效应。况且阙原本还具有某种神圣庄严的意义，商鞅又把冀阙造得雄伟高大。

① 《史记》卷六八《商君列传》。

阙的产生很早，最初往往配合建筑群体的入口来使用，于是城阙、宫阙成为最普遍的形式。《诗经》中已有“城阙”的出现，《三辅黄图·杂录》则说：“阙，观也。周置两观以表宫门，其上可居，登之可以远观，故谓之观。人臣将朝，至此则思其所阙。”为体现其神圣庄严，阙多建设得巍峨壮观，外表装饰得奇异瑰丽，令人肃然起敬。郑司农云：“阙，高巍巍然”。《古今注》谓：“其上皆丹垩，其下皆画云气仙灵，奇禽怪兽，以昭示万民焉。”

阙的神圣意义使其成为身份等级的标志物之一，据说双阙本是周天子京城的象征，诸侯国不能设置，只能建单阙。春秋战国时期，周王室衰微，鲁昭公在国都建置双阙，被认为是诸侯僭于天子。秦建咸阳，公然“大筑冀阙，营如鲁卫”，表明其所建立的冀阙像鲁卫那样是双体结构，而且巍峨高耸，十分壮观，也表明了秦孝公有统一天下的雄心壮志。

冀阙作为咸阳这个变法者之都的标志性建筑，确实具有特殊的意义。它建立于咸阳宫廷之外侧，处于宫室与万民的连接点上，除了表征宫廷的神圣外，最主要的功能是宣传新法。商鞅在咸阳实行的第二次变法只所以普及很快，迅速深入人心，史称秦国“境内之民皆言治，藏管（仲）、商（鞅）之法者家有之”，甚至连妇女儿童也能言“商君之法”，应该与冀阙这个特殊建筑有关，怪不得商鞅自己对“大筑冀阙”也那么自豪。

商鞅初建的咸阳宫廷，其后称作咸阳宫。据史书载，当时咸阳“因北陵营殿”，陵即大土山，也就是说建在咸阳北坂上，今天考古钻探发现的咸阳宫城遗址即在头道原上。1973 年底至 1974 年初，考古工作者对现存于地面以下夯基密集的聂家沟一带的塬上塬下，进行了旨在寻找城垣的大面积钻探。钻探表明，在这一带的地面以下，遗存着一处东西向长方形的夯土城垣。学者们推测这就是咸阳初建时的咸阳宫城。

探求的城垣基本如下，除暴露于沟坎断崖者外，墙基全部遗存于地面以下，现存基面距地表 0.8～3.5 米，夯层厚 0.1～4.6 米不等。墙基呈东北——西南向的长方形，钻探实测周长为 2747 米。参见图 2－1. 秦都咸阳宫城垣范围及其建筑遗址分布图。

东墙位于姬家道沟的南端，南起芦苇坑西缘，北迄沟口稍北。墙基仅存南半部 256 米，复原长 426 米。

南墙东起东墙南端，与东墙呈 97°斜角向西南延伸至 13 号公路终止。全长 902 米，整个墙基保存情况很差。早在西汉时期，南墙西段就被许多砖瓦窑和灰坑所破坏。

西墙位于今 13 号公路东侧，南接南墙，呈 82.5°斜角北行，与北墙西头相接，全长 576 米，整个墙基几乎全被 13 号公路所压。墙基呈阶梯式，由塬下向塬上逐步升高。在由北向南 173 米处的墙下，安装着东西走向的圆筒形陶管排水道一处，管道距地表 1.9 米，管口直径 55 厘米。

北墙西接西墙，呈 93°斜角东行，至姬家道沟西断崖止，现存长 843 米。墙基除暴露于姬家道沟西断崖外，西经赛家沟和牛羊沟坎上也都有出现。夯墙为“五花土”版筑，其间杂有少量木炭渣和秦筒瓦、板瓦残块。夯层上部较薄，一般层厚 6～8 厘米，最薄层为 3.5 厘米，质坚硬；下部则厚达 10 厘米，质较松。现存墙基总厚一般为 2.6～3.5 米，最深（厚）处 6 米，夯窝直经约 8 厘米。墙基以上的堆积层中包含着红烧土、木炭、夯土块、秦汉粗细绳纹的筒、板残瓦和云纹瓦当残块。

由于宫城墙遭到严重破坏，其城门自然也就不会例外，据初步探悉，现存城门仅有南门和西门各一处。

南门位于西墙以东 496 米、东墙以西 330 米处，适在南墙中部偏东。残存门址距地表 45 厘米，门宽 7.2 米。地层堆积共四层，上层为耕土，厚 45 厘米；下三层均为路土，第一层

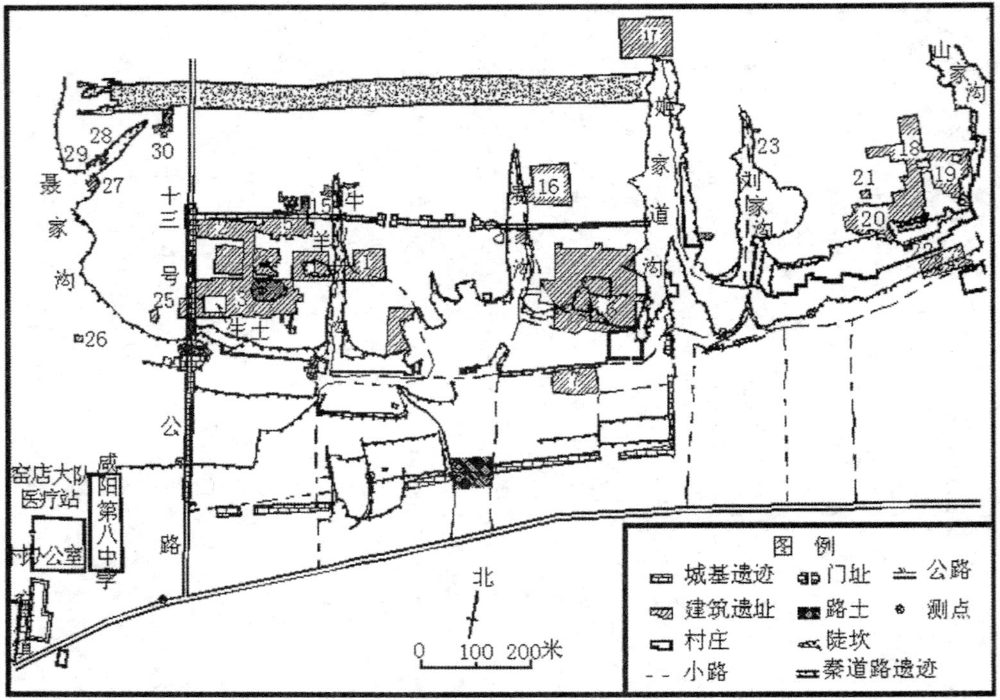

图 2-1. 秦都咸阳宫城垣范围及其建筑遗址分布图

路面距地表 45 厘米，路层厚 50 厘米，其间杂有小石块和沙子，是为近代通道；第二层距地表 95 厘米，路层厚 70 厘米，内含瓦面抹光、瓦沟为布纹的筒瓦残块，以及砖块、木炭等遗物，是为汉以后之路面；第三层距地表 1.65 米，路层厚 1 余米，钻探中未发现此层任何遗物，应为与城墙同时代之遗迹。当地长者云，此处地形原北高南低，呈坡状，1971 年，附近工厂修筑公路在此取土时，出现未加工的大型河卵石 6 块，至今尚留存一块，直径 70 厘米，厚 35 厘米，表面平整，此石应为城门之遗物。

西门位于今牛羊村之正西，南距西墙转角 277 米，北距西墙转角 282 米，适在西墙的正中部位。现存门基距地表约 1 米，门宽 17～18 米，门道长 3.85 米。城门左（南）右（北）两侧有夯土门墩各一，右侧已被群众取土破坏，仅存部分残迹；左侧保存较好，仅东南角和西侧中间被破坏。门墩为长方形夯台，从西侧破坏部分观察，墩基由南向北呈阶梯形，下宽上窄，计南北 30 米，东西（即门道）长 38.5 米。西南角现存高 2.1 米，门道偏西遗存路土二层，上层距地表约 1 米，路层厚 4～5 厘米，下层距地表 2.20 米，路层厚 35 厘米。在紧靠门墩的东南（即城墙里侧）部位，钻探出草泥土和秦砖瓦残块，推测为城门南侧的建筑遗存。

在钻探西墙和北墙时，发现城墙内外均有与夯墙同一方向的城壕遗存。西城壕在西墙北段的墙体内外，壕深 2～2.6 米，西北角较深，为 2.4～3 米。墙外部分地段，壕深达 4 米余，宽 1.8～2.4 米。城壕内堆积为二层，上层厚约 1 米，内含汉以后之砖瓦残块，个别地段砖瓦特多，致使探孔无法下伸；下层发现有黑色胶泥淤土，内含秦细绳纹筒、板残瓦，并杂以红烧土块、木炭及夯土块。城壕底部均为生黄土，此层为秦文化层堆积。

北城壕在牛羊沟以东约150米处，墙基内外两侧，城壕深一般为2.4～3米，个别地段深达4.2米，牛羊沟西至西墙转角约250米之墙基内外，壕深一般为2～2.6米，壕宽2.7米左右。壕内有淤泥，其底为生土①。

20世纪80年代考古工作者还发掘了宫城内牛羊沟旁的三处建筑遗址，并从地层学与器物学角度证明其初建于战国时代，也就是秦定都咸阳的初期，同时对出土遗物进行的C^{14}与热释光年代测定数据也证明了这一点。

一号建筑遗址是多层高台建筑，由殿堂、过厅、露台、卧室、盥洗室、浴室、迴廊等组成，有取暖用的壁炉，冷藏用的窖穴，有蓄水、排水设施，室内通风采光较为合理。二号建筑遗址在一号的西北，是以夯土为台基的大型台榭式工程，台上有方形殿堂，台下有一周迴廊贯通。迴廊中有插立旌旗之类的竖管11处，为其它殿址所未见，据此推测这里可能为处理政务的宫室。三号遗址在一号的西南，亦属高台基建筑，规模宏大，但破坏严重。仅发掘了总面积的9%，清理出廊道两条，屋宇二室。过廊东西壁均饰壁画，能辨认出车马出行图、仪仗图、麦穗图、殿堂图等。从建筑布局与出土器物分析，这三座建筑遗址似为咸阳宫的一部分，并不是主体建筑②。

从三处建筑遗址的遗存和发掘资料分析，秦都咸阳初建时的宫廷建筑有一个最大的特征，就是普遍采用了高台基建筑方式。

秦人好大喜功，有营建大型土木工程的传统，秦穆公在雍

---

① 陕西省考古研究所编著《秦都咸阳考古报告》之《第二章城址调查与现存状况》，科学出版社2004年。

② 陕西省考古研究所编著《秦都咸阳考古报告》之《第五章宫城内宫殿遗址的发掘》，科学出版社2004年。

都始大宫室，西戎使者由余观之不禁感叹：“使鬼为之，则劳神矣；使人为之，亦苦民矣。”雍城、栎阳两都范围的宫殿基址已经发现多处，虽皆夯土，但皆不太厚，算不上完整意义上的高台基建筑。到了商鞅兴修咸阳宫廷时，才开始了秦人“高台榭，美宫室，以鸣得意”的历史。高台基建筑的营造方法是，先建夯土台基，按建筑平面大小堆土行夯，达到单间宫室要求高度后为一层，其上依次夯筑第二层与第三层，皆按房间进深面积收缩，最高可达十几米；其后在各层夯土台基上按预留面积或开挖空间设立梁架结构，建成宫室。这样建成的每个房间都坐落在夯土台基上，除顶层外，各层布设的房间至少有一边，有时也可有二边或三边的墙壁用夯土台作支撑；上下层房间不直接重合，却房檐相叠，外观上构成金字塔式的二三层或更高层的群体建筑，显得特别高大宏伟。

高台基建筑方式是木结构建筑技术不太发达时代建构高大多层组合式宫殿的最佳选择，它依靠高大结实的夯台取得层叠巍峨、空中楼阁的效果，让人望而生畏，起到从视角上加强君主集权的目的，也反映出以商鞅为代表的新兴地主阶级追求崇高、唯我独尊的思想意识。在实用方面，它宜于防水，利于通风，显示出卫生功能的优越性；而且在防御上也可以达到最佳境界，因其居高临下，便于瞭望，适于守卫。

从冀阙、咸阳宫廷两大主体建筑的特征来看，咸阳城兴建伊始就不同凡响，显现出变法革新者横空出世的气魄，昭示出咸阳城的前途未可限量。

二　昭王的拓建——渭南宫台庙苑

秦孝公二十四年（前 338 年），孝公卒，其太子驷继位为惠文君（前 337 - 前 311 年在位）。商鞅因功高震主而遇害，但商鞅虽死，秦法未败。惠文君及其后继者，“蒙故业，因遗册”，继续贯彻秦孝公时制定的招纳贤士、富国强兵、向东称雄的基本国策，使秦国社会经济快速发展，在兼并战争中不断取得重大胜利，而都城咸阳也在商鞅初建基础上获得较大发展。到昭王（前 306－前 251 年在位）时代，渭河南岸已建成兴乐宫、甘泉宫、章台、诸庙、上林等王室建筑，咸阳城市建设已经跨越渭河，扩向渭南。

惠文君即位后频繁向魏国用兵，连取大捷，六年（前 332 年），魏国被迫将渭水南岸的阴晋城交给秦国，秦人改名宁秦（在今陕西省华阴市西岳庙东侧）。两年后，魏国又献出原占领的河西之地，又过了两年，“魏纳上郡十五县。”至此，黄河以西全为秦有。秦的西北方面缺少强敌，此时秦南有秦岭与楚相隔，东依黄河、函谷关天险，在战略上处于进可攻、退可守的不败之地。惠文君十三年（前 325 年），改称王，即惠文王。

惠文王又越过秦岭，西举巴蜀，南兼汉中，开疆扩土，秦益强盛。公元前 316 年，秦人乘巴蜀相互攻击之机，派司马错伐蜀，先后灭蜀、苴与巴国，占有了今四川、重庆的广大地区。后又用张仪计谋，数败楚军，攻取楚人汉中之地，使秦国本土与新占巴蜀连成一片，奠定了强盛的后方基地。

除开拓疆土外，惠文王在咸阳都城建设方面也有大的举措，其“取岐雍巨材，新作宫室”，“广大宫室，南临渭，北临泾，”在商鞅初建咸阳的基础上，进一步完善充实了渭北咸阳的城市建置。有人根据《三辅黄图·序》，认为惠文王“复起阿房，未成而亡”，其咸阳城已经“南临渭，北逾泾，至于离宫三百”。不仅说阿房宫是惠文王初修的，而且把咸阳城范围扩大到泾水以北。此观点实际上很难成立，似为传抄致误[①]。

惠文王之后的武王（前 310 – 前 307 年在位 ）孔武尚力，发兵攻占了韩国的重镇宜阳（今河南宜阳县东北），打开了通向中原之路。武王到达洛阳，实现了“通三川，窥周室”的愿望。可他乐极生悲，在洛阳与力士竞举龙纹之鼎，绝膑身亡，享国仅四年。

继武王之位的昭王在位 56 年，秦国东进趋势已不可阻挡，大败楚国，数困三晋，长平之战坑杀赵卒 40 余万，东方六国的有生军事力量基本上被摧毁。至此，由秦完成统一天下的宏伟大业几成必然。

伴随着对外战争的顺利发展，秦都咸阳也开始跨越渭河，向南扩展。渭河以南地面开阔，交通便利，众水环绕，风景优美，营建大都市的自然地理条件超过渭北。秦初都咸阳时尚不能忘怀于屯驻于河西的魏军，故尚局促于渭北，现形势大变，秦人顺应地理环境向南发展也就顺理成章。

昭王时代，渭水南岸至少已有兴乐宫、甘泉宫、章台、诸庙、苑囿等秦王室重要建筑的建成。

《史记·孝文本纪》《正义》引《三辅旧事》云：“秦于渭南有兴乐宫，渭北有咸阳宫，秦昭王欲通二宫之间，造横桥。”据此推断，兴乐宫至迟应建于秦昭王时代。秦兴乐宫建于咸阳渭南的长安乡，即今西安市北郊的龙首原北部，程大昌《雍录》曰：“长安也者，因其县有长安乡而取之以名也。地有秦兴乐宫，高祖改修而居之，即长乐宫也。”汉长乐宫是对秦兴乐宫的旧殿改修而成的，《关中记》与《三辅黄图》都说：“长

① 《三辅黄图·序》云：“惠文王初都咸阳，取岐雍巨材，新作宫室。南临渭，北逾泾，至于离宫三百。复起阿房，未成而亡。”此序有误，见本章第三节关于咸阳城郊范围的论述。

乐宫，本秦之兴乐宫也。”考古学者已经勘察出汉代长乐宫的遗存范围，其位居汉长安城东南，占有今西安市未央区未央宫乡与汉城乡的大片土地，秦兴乐宫就在其南半部。

甘泉宫，始建年代不详，但秦昭王时已经存在也是可以肯定的。《后汉书·西羌列传》记载，昭王即位时，义渠王来咸阳祝贺，与当时执掌朝政的昭王母亲宣太后私通，生有二子。昭王三十五年（前272年），“宣太后诱杀义渠王于甘泉宫，因起兵灭之，始置陇西、北地、上郡焉。”宣太后精明强干，风流大胆，史称战国四后之一，其不为私情所惑，毅然诱杀情夫义渠王，为秦立下奇功。《史记·秦始皇本纪》载秦王政九年（前238年）因嫪毐叛变而贬王太后出咸阳宫廷。次年，秦王政接受齐人茅焦的劝说，把太后从雍城接回来，“入咸阳，复居甘泉宫”。《史记集解》引徐广曰：“表云咸阳南宫也”。从秦昭王母亲宣太后到始皇母亲帝太后皆居甘泉宫来看，甘泉宫是太后居住的宫殿，而且无疑也位于渭水南岸。现代学者根据《关中记》“桂宫，一名甘泉”的记载，判断西汉桂宫即是在秦甘泉宫基础上兴建的，遗址位于汉长安城中部偏西[1]。

章台是秦都咸阳在渭河南岸的主要宫室建筑之一，在秦昭王七年（前300年）即已建成，因为《史记·樗里子列传》记载此年死去的秦国名相樗里疾“葬于渭南章台之东”。昭王时章台成为朝廷政治外交活动的重要场所。《史记·楚世家》载，昭王初年，楚怀王被骗至武关，遭秦兵虏掠，“西至咸阳，朝章台，如蕃臣，不与亢礼”。秦昭王在章台以蕃臣之礼节接见楚王，挟胁其割让巫、黔中之地。楚王不许，被留居于灵台，后回国无门，竟死于秦国。《史记·廉颇蔺相如列传》记载，赵

① 何清谷《关中秦宫位置考察》，《秦文化论丛》（2）页167，西北大学出版社1993年版。

王得和氏璧，秦恃强凌弱，诈称愿以十五城换取之。蔺相如不畏强秦，毅然出使秦国，“秦王坐章台见相如，相如奉璧奏秦王”，相如勇敢机智地与秦昭王周旋，最后完璧归赵。这一著名历史剧的主要舞台就在章台。《史记·苏秦列传》记有苏秦游说楚威王的话：“今乃欲西面而事秦，则诸侯莫不西面而朝于章台之下矣，”说如果楚王也屈服于秦国，则东方各国无不西面而朝拜于秦国章台之下。这些都把章台当作了秦人宫廷的代名词，说明章台已经与一般的离宫别馆性质不同，它已经成为咸阳都城的重要组成部分。

章台属于战国时流行的高台宫殿建筑，《史记·秦始皇本纪》明载其在渭南，其具体位置，刘庆柱先生从文献与考古发掘两方面进行了论证，认为今仍存在的汉未央宫前殿基址即是章台故址。因为《论衡·实知篇》云，樗里子葬于渭南章台之东，“长乐宫在其东，未央宫在其西，武库正直其墓，”说明樗里子墓在秦章台、汉未央宫之东，则章台正与汉未央宫位置重叠。未央宫中汉朝时有章台街，以张敞下朝后“走马章台街”著称。考古工作者曾于未央宫前殿建筑基址之下发现有被叠压着的秦砖、瓦、瓦当等建筑材料，推测为秦章台之遗物①。

据《史记·秦始皇本纪》，秦国的“先王庙或在西、雍，或在咸阳。”在咸阳的先王庙即建于渭河南岸。史籍所见最早的是昭王庙，位于樗里疾的居室之东。樗里疾居于渭南阴乡樗里，故昭王庙必在渭南，推测具体位置在汉长安城南部的微偏东地方。

昭王时秦有五苑，为秦王室贵族狩猎游乐之处。据《汉书·地理志》，盩厔县“有长杨宫，有射熊馆，秦昭王起”，明确

① 刘庆柱、李毓芳《秦都咸阳“渭南”宫台庙苑考》，《秦汉论集》页56，陕西人民出版社1992年11月版。

记载为秦昭王兴建。又据《三辅黄图》卷六引《列士传》，秦昭王时已有兽圈，为集中畜养百兽的地方，相当于今日的动物园。其具体位置虽不明确，却可知必在渭水以南、灞水西岸一带。长杨宫游猎区与兽圈后来成为秦上林苑的重要组成部分。

昭王时代，渭南的宫台庙苑王室建筑已经初具规模，又建有渭河大桥连接南北，基本形成《史记·秦始皇本纪》所载的“诸庙、章台、上林皆在渭南”的咸阳城市布局。

三　始皇帝的扩建

——大一统秦帝国都城的渭水贯都规模

秦昭王五十六年（前251年），在位56年的秦昭王去世，其后短短数年间，秦国先后有三位国君相继登位，他们分别是孝文王、庄襄王与秦王政。孝文王享国不过三天，庄襄王在位也仅仅三年（前249－前247年在位）。秦王政于公元前246年13岁即王位，九年后才正式亲政，执掌大权，他就是历史上叱咤风云、并吞六国、开创中国中央集权大一统帝国的千古一帝秦始皇。秦都咸阳也由战国时七雄之一的国都上升为中国历史上第一个统一大帝国秦王朝的首都，成为当时全国政治、经济与文化的中心，市政建设不断扩展，盛况空前，影响深远。

在秦王政亲政前的十余年时间内，秦国经历了太后干政、权臣弄事的非常政局。初期，太后委政于吕不韦，继续对中原各国用兵，灭东周君，消除了周王室的残余，后来形成太后重用嫪毐、嫪氏与吕氏争权的局面。嫪毐以私通太后得宠，其势力恶性膨胀，被封为长信侯，可以任意使用王室的宫室车马衣服苑囿，朝廷大小事务皆决之。至秦王政亲政前，秦国政坛上吕氏与嫪氏两大集团的权势之争已十分激烈，以致咸阳城内从执法的高官到驾车的小吏都议论：“与嫪氏乎？与吕氏乎？”

秦王政九年（前238年），秦王政22岁，按秦国制度，他到雍城祖庙举行冠礼，然后就可以从太后手中接过大权，亲理国事。嫪毐害怕秦王亲政后权势被削，乃铤而走险，决定先发制人进行武装叛变，纠集死党企图奔袭雍城杀害秦王政。秦王获悉后，马上调发军队包围叛军，大战于咸阳。嫪毐兵败溃逃，至好畤县（今陕西乾县）被擒身亡，其宗族及其追随者皆被消灭。事情并没有到此完结，接着秦王政又对吕氏集团进行了清算，先以荐举嫪毐的罪名，下令罢免吕不韦的相国职务，并把他从京师咸阳驱逐到其封邑居住。后又亲赐诏书，令吕不韦与亲属徙处蜀地。吕不韦自感难免一死，饮鸩酒自尽。至此，秦王政初出茅庐就显示出非凡的政治才能，不仅结束了太后干政的局面，而且陆续清除了嫪毐与吕氏两大集团，牢牢地控制了秦国的军政大权，为实现其统一天下建立专制帝国的抱负创造了条件①。

秦王政独掌大权后，继承了秦人招贤纳士、重用客卿的传统，使秦国军政人才济济一堂，虽然郑国事件一度给其人才政策蒙上阴影。原来，韩国在秦强劲攻势下施行疲秦之计，遣水工郑国来秦，劝秦兴修引泾入洛的大型水利工程。王政十年（前237年），此阴谋被发觉，秦王大怒，“欲杀郑国”。秦宗室大臣皆说，诸侯人来事秦，大多从事间谍活动有害于秦，“请一切逐客”，即把东方六国所来之客卿全部驱逐出境。秦王纳其议。楚人李斯也在驱逐之列，他在出咸阳时上书谏止此举，这就是著名的《谏逐客书》。秦王政读此书后大悟，立即“除逐客令，复李斯官”，并宽宥了郑国，“卒使就渠”。渠成后命名为郑国渠，经济效益特大，为秦统一奠定了物质基础。此风波平息后，关东客卿在秦依然得到重用，如大梁人尉缭向秦王

① 《史记》卷六《秦始皇本纪》。其下引此不注出处。

献破坏诸侯合纵之谋，“愿大王毋爱财物，赂其豪臣，以乱其谋。不过三十万金，则诸侯可尽。”秦王善之，任其“为秦国尉，卒用其计策”。当时活跃在咸阳秦朝廷的著名客卿人物，除上述李斯、郑国、尉缭外，还有齐人蒙骜、茅焦，魏人姚贾、李信等，他们都对秦国军政建设起到过重要作用。

秦王政亲理朝政后，勤于国事，“躬操文墨，昼断狱，夜理书。”其对法家思想情有独钟，当他读到法家著名思想家韩非所著《孤愤》《五蠹》等文章后，大为赞赏，由衷感慨道：“嗟乎，寡人得见此人，与之游，死无恨矣。”于是急攻韩国，韩急，遣韩非出使秦都咸阳。后秦王听信李斯、姚贾之言，下韩非于云阳狱中。韩非虽死于狱中，但其提出的思想主张如法术势相结合、四方权力集于中央、“以法为教，以吏为师”等无不为秦王政所施行。

秦王政即位时，秦国已控制有大半个中国的疆土，其军队装备精良，战无不胜，追亡逐北，志在天下。因此，当他君临朝政并稍作准备以后，便以旷代政治家的远大眼光，“奋六世之余烈，振长策而制宇内”，用金戈铁马把六国君王无情地扫进历史的角落。从公元前 230 年（秦王政十七年）灭韩开始，经过十年，秦王政以首都咸阳为指挥中心，以秋风扫落叶之势迅速地消灭六国，尔后马不停蹄地拓疆到周边地区，构筑起当时世界上广土众民罕有其匹的大一统帝国。

秦王政十七年（前 230 年），秦派内史腾率师攻韩，“得韩王安，尽纳其地”，韩国亡。十八年，秦兵分两路攻赵，名将王翦率上地郡兵主攻井陉关，杨端和率河内郡兵进围赵都邯郸，次年秦破邯郸，俘赵王，赵国亡。二十年，因燕太子丹派荆轲来咸阳献图行刺，王政大怒，令将军王翦、辛胜攻燕，次年攻取燕都蓟城。燕王喜退守辽东郡，至二十五年，秦将王贲、李信率军攻下辽东，俘燕王喜，燕国亡。二十二年，秦军主力结束灭赵攻燕的军事行动，由将军王贲率领进围魏都大梁，决引黄河、鸿沟之水灌注大梁，三月后城坏，魏国假请降，魏国亡。二十三年，王翦率六十万秦军伐楚，次年俘获楚王负刍，楚国亡。二十六年，秦将王贲从燕故地南下，长驱直入齐都临淄，齐王不战而降，齐国亡。

秦王政采取大规模的军事行动完成了扫灭六国、统一天下的雄伟大业，其后又废除分封制，从中央到地方建立了新的皇帝制、三公九卿制、郡县制等行政制度，来加强中央集权统治，改称秦始皇。还实行了一系列巩固统一的政治经济文化措施，统一法律，统一货币，统一度量衡，统一文字，实行车同轨、书同文、行同伦，把秦文化传布到全国。秦王朝这种大一统的中央集权制的建立，开创了中国历史的新纪元。正如《史记·秦始皇本纪》所说："海内为郡县，法令由一统。自上古以来未尝有，五帝所不及"。而作为秦王朝首都的咸阳城也一跃而成为全国的政治、经济与文化中心。

为了政情的迅速上行下达及有效地征发各地物质财富，秦统一六国后的第二年（前220年），秦始皇下令在全国范围内修治驰道。据《汉书·贾山传》，秦驰道"东穷燕齐，南极吴楚，江湖之上，滨海之观毕至。道广五十步，三丈而树，厚筑其外，隐以金锥，树以青松。"形成了以首都咸阳为中心的全国陆路交通网，具体来说，咸阳至三川郡为函谷关大道以通东方，咸阳至南阳郡为武关道以达东南，咸阳至汉中、蜀郡为秦蜀栈道，咸阳至北地、陇西郡为回中道以通西方，咸阳经云阳林光宫北达九原郡为直道。驰道、直道交通网四通八达，遍布全国各地，像神经脉络那样与咸阳这个中枢首府连接起来，秦王朝中央集权的加强与巩固，秦始皇五次巡游全国各地，咸阳物质文化财富的集中与各项巨大工程的建设能够顺利进行，都有赖于此。

早在统一之前，咸阳秦王室的生活就因为众多的外来物质文化产品而相当丰富多彩。据李斯《谏逐客书》，秦王当时拥有“昆山之玉”“随和之宝”“夜光之璧”“犀象之器”“太阿之剑”“江南金锡”“西蜀丹青”“骏良駃騠”“宛珠之簪”“傅玑之珥”“阿缟之衣”“锦绣之饰”“郑卫之女”，《郑》《卫》《桑闲》《昭》《虞》《武》《象》等异国之乐。这么多来自北方草原的快马、东方中原的音乐、南方的珍禽与西域异邦的宝物，反映出咸阳已经成为中国物质文化交流的中心都市之一。后来随着秦对六国的统一，各地物质、精神财富及各种人才更源源不断地汇集到京师，使咸阳成为全国最大的物质文化中心。始皇二十六年（前 221 年），“徙天下豪富于咸阳十二万户”，每破诸侯，掠夺其王室财富，所得诸侯美人钟鼓甚多，皆运之咸阳，还征召东方文人学者来京充当博士，逼迫各地百姓 70 余万人来咸阳修治阿房宫与郦山。

秦始皇建立起千古伟业，志高意满，为夸耀其功，对首都咸阳进行了更大规模的扩建。《三辅黄图·咸阳故城》记载：“始皇穷极奢侈，筑咸阳宫，因北陵营殿，端门四达，以则紫宫，象帝居。渭水贯都，以象天汉；横桥南渡，以法牵牛”。说明秦统一天下后对都城咸阳进行了全面改造，在渭水南北两岸扩建旧宫，营建新殿，使首都咸阳的城市规模盛况空前。在渭河北岸，秦始皇扩建咸阳宫，凭借着咸阳原高亢的地理形胜，大兴土木，使其规制更加宏伟，宫殿正门与渭北宫区东西南北的大道相连，成为人间帝王居住与主宰臣民的政治中枢，就像天帝常居的紫微宫那样。

《史记·秦始皇本纪》记载，在长达十年的统一战争中，“秦每破诸侯，写放（仿）其宫室，作之咸阳北阪上，南临渭，自雍门以东至泾渭，殿屋复道周阁相属”。《后汉书·皇后纪》亦云：“秦并天下，多自骄大，宫备七国。”仿六国宫的位置史籍明言在“咸阳北阪上”，可知应在渭北北阪宫殿区内，即今咸阳市东侧的渭城湾到杨家湾之间的原隰之间。其与咸阳宫同处一区，目前很难弄清其具体所在。

兰池宫也因秦始皇帝的出游而始载史册，很可能是始皇帝为游览兰池修建而成。唐学者李吉甫所著《元和郡县图志》卷一《京兆府·咸阳》曰：“秦兰池宫，在（咸阳）县东二十五里。”唐时咸阳县城在秦杜邮亭处，在咸阳宫城西十里，当今咸阳市东三姓庄附近。唐1里合今523米，25里折今13公里强。按其方位、里程，兰池宫应在今柏家嘴一带。而此处正有大型夯土基址多处，并采集到刻有“兰池宫当”字样的瓦当。文献记载与出土实物均证明兰池宫当在此处。

始皇帝除在渭北扩建咸阳宫，修建各具特色的仿六国宫殿与风景秀丽的兰池宫外，渭南地区更成为其规划建设的重点，先是修建了信宫（极庙）与甘泉前殿，最后甚至决定把皇宫从渭北迁出，在渭南上林苑中兴建新的施政中心——朝宫（阿房宫）。

据《史记·秦始皇本纪》，始皇帝二十七年（前220年）也即秦统一全国后的第二年，“作信宫渭南，已更命信宫为极庙，象天极。自极庙道通丽山。作甘泉前殿，筑甬道，自咸阳属之。”信宫是一个重要的宫殿，故《三辅黄图》曰：“信宫，亦曰咸阳宫。”后改为极庙，成为始皇帝的生前宫庙。信宫（极庙）在渭南的具体地望尚不得确证。据专家推测，汉长安城中的北宫可能是在极庙的废墟上建立起来的，而汉北宫的位置已经勘测出来，在汉武库以北、桂宫之东一段距离，相当于今西安市北郊施家寨一带。此与史籍所载渭南昭王庙的地点相近，故这一推测是有道理的[①]。

秦始皇在渭南甘泉宫、兴乐宫中都有诸多新的建置，在甘泉宫中新修其宫主体建筑甘泉前殿，并筑甬道与渭北诸宫相连，在兴乐宫中则兴修了鸿台、酒池之类辅助建筑。

秦始皇三十五年（前212年），始皇帝嫌渭北咸阳宫太小，遂开始在渭南上林苑中动工营建一座规模更为宏伟的组群建筑，并决定建成后将作为新的朝宫，来体现统一帝国的非凡气魄。《史记·秦始皇本纪》详细地记载了朝宫修建的时间与地点、指导思想与总体设计、主体建筑的规模与进展状况："（始皇）三十五年……始皇以为咸阳人多，先王之宫廷小，吾闻周文王都丰，武王都镐，丰镐之间，帝王之都也。乃营作朝宫渭南上林苑中。先作前殿阿房，东西五百步，南北五十丈，上可以坐万人，下可以建五丈旗。周驰为阁道，自殿下直抵南山。表南山之颠（巅）以为阙。为复道，自阿房渡渭，属之咸阳，以象天极阁道绝汉抵营室也。阿房宫未成，成，欲更择令名名之。作宫阿房，故天下谓之阿房宫。隐宫徒刑者七十余万人，乃分作阿房宫，或作丽山。发北山石椁，乃写蜀、荆地材皆至"。至秦二世覆亡前，仍在陆续修建，尚未完全峻工。由此可见其设计规模极其宏伟，如果不是秦王朝二世而亡，那么咸阳的中心区域一定会转移到渭水南岸。

阿房宫是一座自成规模的宫殿群，可惜其前殿没有能够建成秦王朝就灭亡了。但其周边宫室建筑已经建成不少，有些已经开始使用，承担起中央政府的相关行政工作职能。据现有考古调查资料，阿房宫周边范围南起西安市丰镐路南王寺村，北至陇海铁路北的新军寨，南北长超过五公里；东至滗河岸，西

① 何清谷《关中秦宫位置考察》，《秦文化论丛》（2）页166，西北大学出版社1993年版。

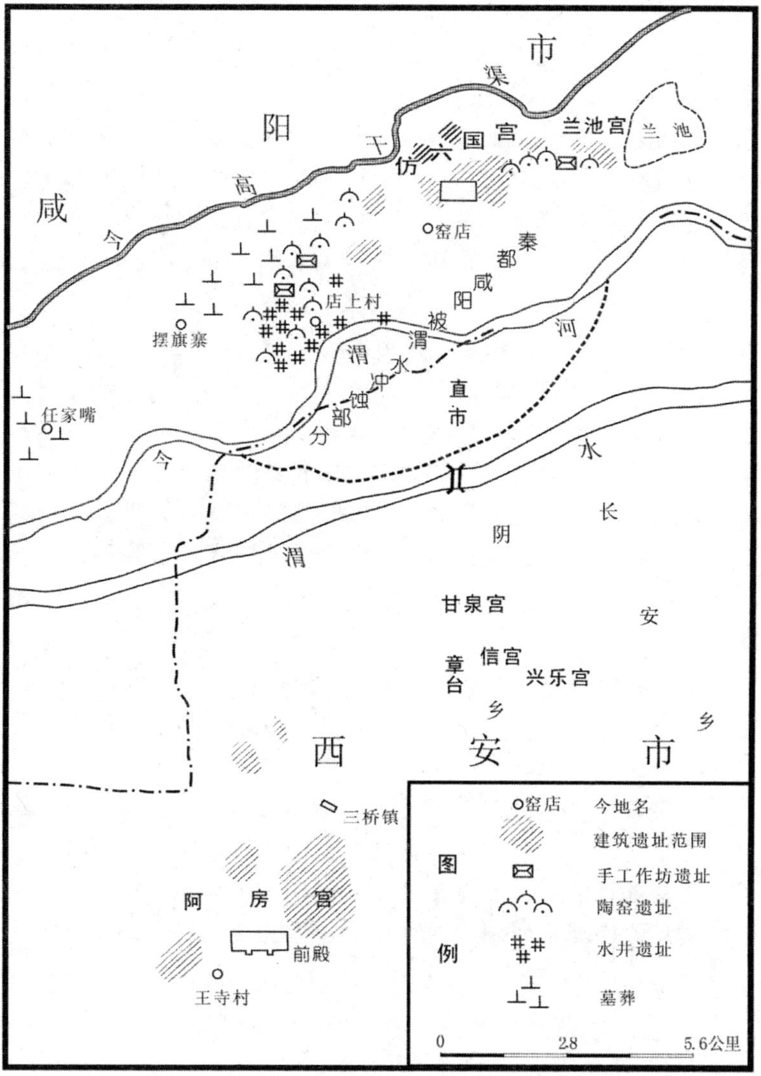

图 2－2.　秦咸阳城平面布局示意图

至纪阳村，东西宽约四公里。这里位处西周镐京之北，地势高平，水源丰沛。始皇帝选择这片原地营建阿房宫，作为规模恢宏的帝都中心，别具匠心。

咸阳兴修于渭水北岸，为战国时秦的都城，后来秦统一全国，咸阳也升格为中国第一个大一统的中央集权秦帝国的都城，且随着渭南章台、兴乐宫、甘泉宫尤其是阿房宫这样的宫殿与昭王庙、极庙等礼制性建筑的兴修，又通过渭桥、复道、甬道、阁道把它们与渭北连接起来，在秦汉人的都市观念中，渭南已经被视作都城咸阳不可分割的一部分，甚至还把皇家陵园与上林苑这样的郊区设施也划入都城之范围。司马迁在《史记》中就认为秦初统一全国时，咸阳已扩向渭河以南，“诸庙、章台、上林在渭南”，是秦都咸阳的重要组成部分。《三辅黄图》描述秦都咸阳规模时说：“渭水贯都，以象天汉；横桥南渡，以法牵牛，”也认为秦都咸阳已经横跨渭水南北两岸。秦都咸阳规模巨大，基本范围见图2－2. 秦咸阳城平面布局示意图。

第二节　秦都咸阳的非城郭性质

有学者认为秦都咸阳市是城郭制的城市，而且还具体论证出其是东城西郭的布局。这种观点在学界影响很大，直到现在很多学者都在沿用，值得在此专门提出论辩。最早提出秦都咸阳西城东郭说的是咸阳市博物馆的逸人先生，后来杨宽先生把此观点发扬光大，更加详细地展开论述[①]。此说的主要依据有两个：一是由文献推知成都城市布局是按照咸阳模式的，而成都城则是少城（即小城）大城西东连接的；二是模仿都城咸阳的秦始皇陵园也是坐西朝东的，西面建筑陵寝与陵墓的双重城墙可以看作小城，而东面包括兵马俑坑在内的部分则为外郭。其实，只要仔细分析，这两个证据都是很难成立的，而且这种西城东郭的观点也与30多年有关秦都咸阳的考古成果不相符合。所以，本节首先对此观点进行深入地考辨，并论述秦都咸阳是非城郭制的城市。

一　从战国秦成都的城市布局推测

秦成都城市布局是秦都咸阳西城东郭说建立的最重要证据，其推理过程共分二部分，首先从古代文献中得出“成都布局确是按照咸阳模式的”的结论，其次由秦成都少城大城西东连接推断秦都咸阳的构造必定是西城东郭。实际上，其推理的每一部分都不够严密，致使其结论失去了说服力。

首先，从古代文献中很难得出“成都布局确是按照咸阳模式的”这样的结论。古代文献关于秦成都与咸阳相关联的记载共有5则，现详细摘引如后，供大家分析。晋人常璩《华阳国志》卷三《蜀志》曰：

> （秦）惠王二十七年，（张）仪与（张）若城成

① 逸人《汉唐长安城建筑设计思想初探》，刊陕西省文物局1982年印刷《陕西省文物考古科研成果汇报会论文选（一九八一）》；杨宽《中国古代陵寝制度史研究》与《中国古代都城制度史研究》，两书由上海古籍出版社1984年与1993年出版，其中前书与后书的上编均是首先译成日文在日本刊行的，学术影响很大。

都，周回十二里，高七丈；郫城周回七里，高六丈；临邛城周回六里，高五丈。造作下仓，上皆有屋，而置观楼射兰。成都县本治赤里街，若徙置少城内[城]，营广府舍，置盐铁市官并长丞，修整里阓，市张列肆，与咸阳同制。

《太平寰宇记》卷七二引扬雄《蜀王本纪》曰：

秦惠王遣张仪、司马错定蜀，因筑成都而县之。成都在赤里街，张若徙置少城内，始造府县寺舍，令与长安同制。

《太平御览》卷一九三引《郡国志》曰：

成都郡，秦惠王二十七年张仪筑，以象咸阳，沃野千里，号曰陆海。

北魏郦道元《水经·江水注》曰：

秦惠王二十七年，遣张仪与司马错等灭蜀，随置蜀郡焉，王莽改之曰导江也。仪筑成都，以象咸阳。

明人董说《七国考》卷一四《秦琐征·小咸阳》曰：

扬雄云：秦使张仪作小咸阳于蜀。按《郡国志》，秦惠王二十七年使张仪筑城，以象咸阳，沃野千里，号曰陆海，所谓小咸阳也。

经过详细考证，我认为上述文献中，以《华阳国志》与《蜀王本纪》的记载最为准确，因为他们成书年代最早，记载也最为明确，而且二文内容并无矛盾之处，可以相互印证补充。《蜀王本纪》所说的“与长安同制”实际上等同于《华阳国志》的“与咸阳同制”，因为在汉代人的心目中，“长安，故咸阳也”①。而《蜀王本纪》所说“始造府县寺舍，”就是《华阳国志》中的“营广府舍”。相对而言，《郡国志》与《水经注》属晚出文献，对史料进行了省略地转述，使其具有了双重意义。《七国考》则是利用后者进行的判断，故含义也不太明确。

由上述对文献的判断可以得出如下结论，秦成都“与咸阳同制”的不是规模大小，不是城市布局，而是“营广府舍，置盐铁市官并长丞，修整里阓，市张列肆”，是指政治、经济上推行的秦国制度，它表示成都是秦人建立的咸阳式的新型城市，不仅包括新建的府舍市里，而且还包括设置各级行政与经济管理长官，甚至还有市场的形制，都“与咸阳同制”②。杨宽先生在不同的论著中也有类似的结论，如在 1980 年再版的《战国史》中说：“秦惠王时蜀守张若在成都建设城市，‘市张列肆，与咸阳同制’，还设置有盐铁市官”③；在《中国古代都城制度史研究》中也认为：“成都‘与咸阳同制’，就是包括把县治‘徙置少城内城，营广府舍，置盐铁市官并长丞，修整里

① 《史记》卷九三《韩信卢绾列传》。又，汉魏时也有称咸阳为长安者，如《三秦记》即说：“始皇都长安，引渭水为长池”。

② 李令福《秦成都“与咸阳同制”考辨》，刊《陕西师大学报》1998 年 1 期。

③ 杨宽《战国史》，页 101，上海人民出版社 1980 年 7 月版。

阓，市张列肆’”①。

但是，为了得出自己的结论，杨宽先生置最早最明确的史料而不顾，却用一句模棱两可的话语把人们引到了后来的省略文献上，他说“《郡国志》所说张仪筑成都‘以象咸阳’，就是《华阳国志》所说‘与咸阳同制’”。“以象咸阳”与“咸阳同制”字面意义上并没有大的差异，但其前面具体修饰的部分却差异很大，故两者绝对不能等同起来。细读上引史料原文，这一点非常明确。同时，杨先生还利用《七国志》的记载，认为“成都既然有‘小咸阳’之称，可知成都布局确是按照咸阳模式的”。其实，成都又称“小咸阳”并非在于成都与咸阳城市布局相似，而是因为蜀地物产富饶，商业较发达，成都为其盐铁商贸中心，其富可比咸阳也。这一点也从《郡国志》引文可知，即把《郡国志》句读为：“成都郡，秦惠王二十七年张仪筑。以象咸阳沃野千里，号曰陆海。”也未尚不可。这也正符合《七国考》所谓“小咸阳”得名的原因分析。

“成都布局确是按照咸阳模式的”，是杨先生第二段推论的大前提。如上所论，这个前提是很难成立的，则其最终结论当然不能与实际相符。现在退一步讲，假若这个前提能够成立，看其“秦都咸阳西城东郭”的最终结论是否正确。我以为答案依然是否定的。

秦成都城的布局是比较清楚的，张仪既筑成都大城，一年后又筑少城，大城在东，少城在西，且相互接连，少城东垣用的即是大城西墉。这在古代文献中有明确记载，如左思《蜀都赋》曰：“亚以少城，接乎其西。”李膺《益州记》亦曰：“少城惟西、南、北三壁，东即大城之西墉。”现代学者刘琳利用

① 杨宽《中国古代都城制度史研究》，页102，上海古籍出版社1993年12月版。

文献与考古资料考证出秦成都大小城的具体分布，见图 2-3 所示[①]。杨宽先生由此即推断出成都的祖型咸阳也是小城大郭相接连的布局，更具体地说是西城东郭的形式。这里明显地遗漏了一个必要的论证步骤，即为什么少城是内城的性质，大城具有外郭的性质，仅用面积大小作为区分标准显然是说不过去的。

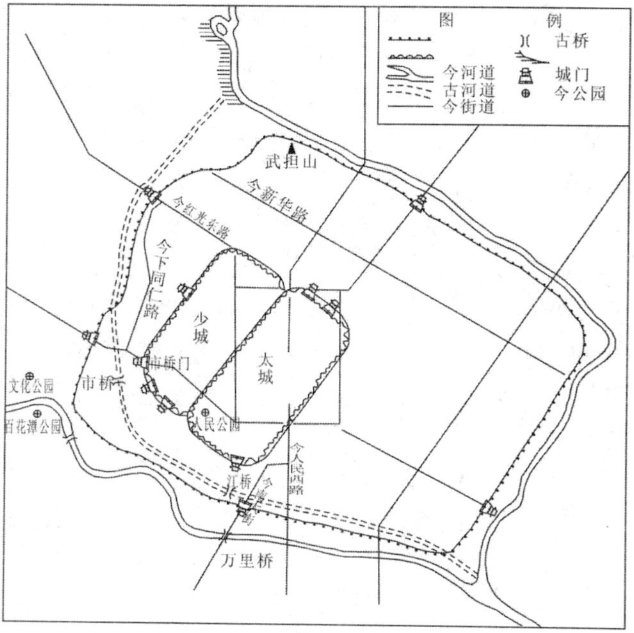

图 2-3. 秦成都城布局平面图

城郭的划分标准很明确，正如《吴越春秋》所说："筑城以卫君，造郭以居民"[②]。这是一般诸侯国的形制。而秦筑成

① 刘琳《成都城池变迁史考述》，刊《四川大学学报》1978 年 2 期。
② 《太平御览》卷一九三引。

都时，蜀侯仍然是存在的，同时又设置了郡县，即秦对蜀的统治方式是分封制与郡县制并行，谭其骧先生《秦郡新考》与刘琳先生《华阳国志校注》均持此观点[①]。张仪等筑成都城，先筑大城，内设蜀侯、蜀郡与成都县之官署。由于当地盐铁交换活动迅速发展，商贸之民集于大城西墉之外，民户渐繁，故有少城之续筑，即少城原为保护商民、整齐市场而设。张咏《创设记》引《图经》曰筑少城“以处商贾”[②]。直到汉晋时代，少城一直是工商发达之区，左思《蜀都赋》：“亚以少城，接乎其西。市廛所会，万商之渊。列隧百重，罗肆巨千。贿货山积，纤丽星繁。”是可知，成都大城乃为捍卫官寺，与国都相比有内城性质，而少城乃“以处商贾”，为工商发达之区，具有外郭城之性质。从建筑时间上看，大城在先，少城于后，也符合先城后郭的建筑顺序。

秦所筑成都大城少城性质既明，则可知即使秦都咸阳与成都城市布局相同，也无法得出“西城东郭”的结论。

二　从秦始皇陵园的布局推测

杨宽先生还从秦始皇陵园的布局推测秦都咸阳的建筑格局。在《中国古代陵寝制度史研究》页 190 中，他根据《吕氏春秋·安死篇》所载：“世之为丘垄也，其高大若山，其树之若林，其设阙庭，为宫室，造宾阼也，若都邑”，从而推断说：“看来秦始皇陵园的布局就是按照国都咸阳设计的，也就是和张仪等人设计的成都城差不多，把双重围墙的陵寝造在陵园的西部，陵墓造在陵园的西南角，就是按照咸阳和成都小城（即

① 谭其骧《长水集》，页 2，人民出版社 1987 年 7 月版；刘琳《华阳国志校注》，巴蜀书社 1984 年版，页 194。

② 《蜀中名胜记》卷四引。

宫城）造在大城西边布局的。”在《中国古代都城制度史研究》中，也把秦始皇陵园双重夯土城垣“内外城”（或曰大小城）说成是“双重小城”，具有咸阳宫城的性质，而“陵园东部直到兵马俑相当于咸阳东面的大郭，三个兵马俑坑象征着咸阳守卫东郭门一带的屯卫军”。二书观点是基本相同的。

我认为这种推论缺乏充足的理由，也难以成立。首先，从陵园建设“若都邑”这个原则来看，我同意秦始皇陵园的建筑项目诸如寝殿、城垣、门阙、苑厩、驻军等参照了秦都咸阳的现实制度，所谓“事死如事生”也。但是，这些应该属于“仿照”或“象征”的性质，正如一直领导秦始皇陵考古工作的秦史专家袁仲一先生所说：秦始皇陵地宫象征着咸阳宫，双重夯土城垣象征着京师的内外城，兵马俑坑象征守卫京师的宿卫军，马厩坑象征着京师的宫廷厩苑，珍禽异兽坑象征着上林苑，铜车马坑象征着宫廷的乘舆等[①]。

但这绝不是都城布局结构的机械缩小与位置移动。这也很好理解，一是秦都咸阳与秦始皇陵所处的地理环境各具特色，其布局形制在很大程度上受其制约，比如秦都咸阳渭北部分，地势北高南低，因此宫城只有建在北部才有利于防守，而始皇陵位于骊山北麓，地势南高北低，故地宫及寝殿位于陵园南端。二是秦都咸阳随时代发展而不断地扩展，据《史记·秦始皇本纪》，始皇初并天下，“徙天下富豪于咸阳十二万户。诸庙及章台、上林皆在渭南。秦每破诸侯，写仿其宫室，作之咸阳北阪上，南临渭。自雍门以东至泾渭，殿屋复道周阁相属，所得诸侯美人钟鼓以充入之”，秦都咸阳发展成“渭水贯都”的规模。秦始皇三十五年（前212年），又兴建了兰池宫、信宫、甘泉前殿等宫室，更在上林苑中开始修建规制空前宏大的朝宫

① 袁仲一《秦始皇陵考古纪要》，刊《考古与文物》1988年第6期。

(阿房宫)，准备修成后迁政治中心于此。秦始皇陵园的建设虽然也随着时代发展增加有新的内容，比如兵马俑坑的建置即不是原来规定的“章程”，而是在秦统一战争胜利大局初定时筹建的。但是其绝对不可能也没有必要与秦都咸阳的不断扩展在空间上保持一致，在内容上逐一对应。三是陵园以礼制性地下建筑为主，这也决定了其无法完全效法实用性地面建筑为主的都城的布局形制。例如都城内为保障皇家贵族百官的生活需要而应有手工业作坊与商品交易市场，故相应地形成了面积广大的外郭城区，而在陵园地下建置中都城外郭区的一切对于皇帝来说全都会显得无关紧要，即使皇帝陵园布局若都邑也仅只要照搬都邑中的宫城部分即可达到“事死如事生”的目的。实际上前述《吕氏春秋》所谓陵园“若都邑”的都是地上建筑，即“设阙庭，为宫室，造宾阼”，意思只是说明原来陵上没有大型建筑，而今天却像都邑那样出现了高大的门阙、坚固的城阼与雄伟的宫室，其中绝没有陵园制度模仿城郭制都城的含义。

其次，杨宽先生把陵园的“双重小城”视作具有宫城性质，不仅与成都少城形制迥不相同，而且在先秦时代中国都城史中也无法找到如此形制的宫城。秦始皇陵园的布局经过考古工作者的辛勤努力已经基本搞清楚，如图 2－4. 秦始皇陵园遗址平面布局示意图所示。其中杨先生所谓的“双重小城”呈南北长方形，平面布局像个“回”字，同时，内城还被城墙分成南北大体相等的两区，北区又以城墙隔成东西两部分。这种内外城相套中间又隔成若干区域的格局是与上节所述成都小城无法类比的，同时，在已知的夏商西周与春秋战国各时代的宫城布局中，均未见到如此的格局①。

实际上，秦始皇陵园这种长方形回字式城墙形制却可以在

① 曲英杰《先秦都城复原研究》，黑龙江人民出版社 1991 年版。

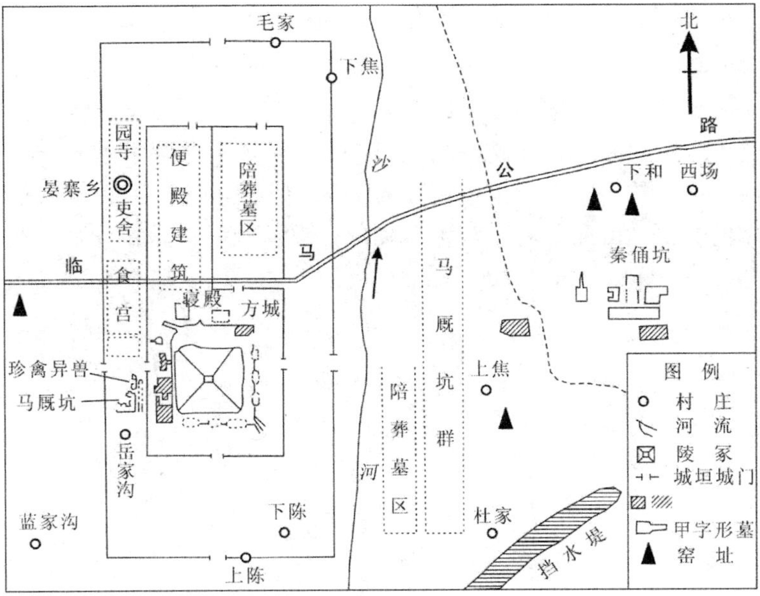

图 2-4. 秦始皇陵园遗址平面布局示意图

先秦的陵寝制度上找到渊源。1950 年在河南辉县固围村发掘出的战国魏王陵园即是横长方形回字式墙垣的格局①。1978 年在河北平山县战国中山王陵的发掘中，出土的一个铜版上雕刻有王陵的平面图，学者们称之为《兆域图》，见图 2-5. 中山王陵兆域图②，其所绘陵园也是长方形回字式的。它们都与秦始皇陵园布局相同绝不是偶然的，说明秦始皇陵内外双重城垣的布局是承袭战国时代诸侯王陵园制度的。

这一情况在秦国本身陵园发展过程中也是非常清楚的。在

① 《辉县发掘报告》，科学出版社 1956 年版。

② 河北省文物管理处《河北省平山县战国时期中山国墓葬发掘简报》，《文物》1979 年第 1 期。

秦都雍城附近发现的属于春秋与战国初期时代的秦先公陵区形制已经基本探明，整个陵区围有一个大的隍沟，其中十三个独立的陵园四周也都围以双层的或单层的隍沟，不少构成了长方形或略近正方形回字式格局[①]。同样，在临潼县范家乡发现的秦东陵，其中的三座秦公陵园各自都以宽 10 米、深 6 米的隍沟包围着。由此看来，秦始皇陵园的双重城垣只是春秋以来秦公王陵双重隍沟的延续，只不过由地下之隍沟变成了地上之城垣。

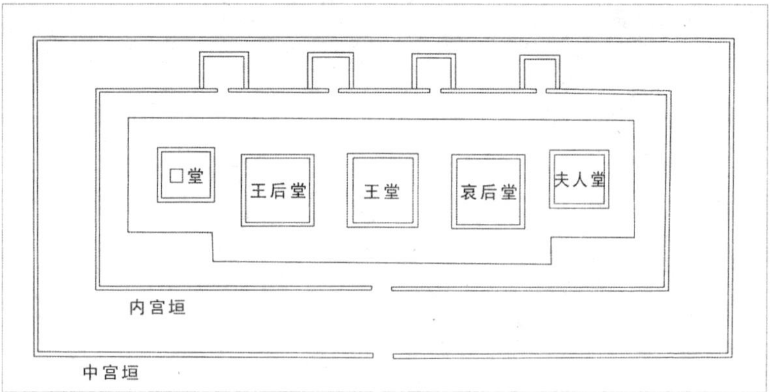

图 2－5.　中山王陵兆域图（原图部分文字被省略）

总之，陵寝制度的发展是有其独特规律的，秦始皇陵双重夯土城墙之形制是在继承前代陵园形制基础上变革发展而形成的。绝不是模仿秦都咸阳之宫城布局的。

第三，杨宽先生说“兵马俑坑正当在大郭的东门之内”，似乎认为秦始皇陵在内外城垣之外还会有一个范围更大的外城垣，而且具有都城的郭城性质。在中山王陵出土的铜版《兆域

① 《凤翔秦公陵园钻探与试掘简报》，《文物》1983 年第 7 期。

图》中，内外城垣还具体注明各自的名称，曰“内宫垣”与“中宫垣”，以此推定，似乎应该有个“外宫垣”，虽然图版中没有画出来。兆域图上的城垣与始皇陵的区外城基本相同，故有人推测秦陵也应有个外城垣，并指出兵马俑坑东边千余米处有个双阙的夯土台基，可能是外垣的东门。需要说明的是，目前的考古资料还没有发现外垣夯土围墙的任何踪迹，所谓的双阙夯土台基现在还很难肯定。而且，即使有一个外城垣，它也绝不具有外郭城性质，由《兆域图》所谓内、中宫垣推测，应叫做“外宫垣”，整个陵园只具有都邑之“宫城”性质，绝无有如杨先生所说的外郭城性质。

综上所述，从秦始皇陵园布局是无法推测出秦都咸阳西城东郭的。

三　西城东郭说与考古成果不相符合

“筑城以卫君，造郭以居民”①，说明了春秋战国时代多数国家的都城建置为适应城市规模不断扩大而采用了城郭制度，同时外郭城也是判断古代都市范围的重要依据。所以，秦都咸阳考古工作站自成立以来一直把寻找咸阳外郭城作为一个重要课题。几十年来多次大范围的踏勘与发掘，虽然收获很大，共发现各类遗址遗迹 230 余处，出土和采集文物五千余件，但“地上地下至今仍未发现有外郭城的任何遗迹”②。这不能不使人反省咸阳有无外郭城的问题。杨宽先生考证秦都咸阳布局都

---

① 《太平御览》卷一九三引《吴越春秋》。

② 陈国英《秦都咸阳考古工作三十年》，《考古与文物》1988 年 5、6 合期。文中还记有其“踏查范围，东自红旗乡，西至仁家嘴，南起渭河，北迄泾水，计东西 15 公里，南北 11 公里”。又参见陕西省考古研究所编著《秦都咸阳考古报告》，科学出版社 2004 年。

是从其他地区的文献与考古资料进行推断的，所得结论是否正确应该落实到实地进行检验才能知道。把秦都咸阳西城东郭的观点放到咸阳故城地区则无论如何也不符合 30 多年来的在此区考古发现的大量与秦都咸阳密切相关的各类遗址遗物，此又可知其观点无法成立。

第一，考古工作者在咸阳市东窑店镇以北的塬上发现了 20 多处大型秦代宫殿建筑遗址，范围西起毛王沟东至柏家嘴，北起高干渠南至咸铜铁路，东西 12 里，南北 4 里。在牛羊村至姬家道之间夯土高台宫殿建筑遗址分布最密集，规模也最大，而且发现有东西近二里，南北约一里的宫城，宫城内存在有大型夯土的建筑基址近十处，其中有三座重要的遗址已经科学发掘。从地层学与器物学角度可以证明已发掘的三处宫殿初建于战国时代，也就是秦定都咸阳初期，同时对出土遗物进行的 C^{14} 与热释光年代测定数据也证实了这一点[①]。从建筑规模、器物特征与测定年代分析，这三座宫殿应为咸阳宫的构成部分，同时这也与《三辅黄图》所记秦咸阳“因北陵营殿”是一致的。而建立秦都咸阳西城东郭说的学者置这么多的考古材料而不顾，而先设置了这样一个前提：“咸阳南靠渭水，因为渭水不断北移，故城遗址受到冲决，目前已经看不到城址踪迹”。“秦都咸阳的布局，既然由于遗址的被冲决，无法用考古方法来查明，那么，只有依据文献及其他考古资料来探索了”[②]。

① 《秦都咸阳第三号宫殿建筑遗址发掘简报》，《考古与文物》1980 年第 2 期；《陕西省考古研究所三十年来研究工作的主要收获》，《考古与文物》1988 年第 5、6 合期；陕西省考古研究所编著《秦都咸阳考古报告》，科学出版社 2004 年。

② 杨宽《中国古代都城制度史研究》，页 101，上海古籍出版社 1993 年 12 月版。

由上述众多的考古勘察成果可知，这种秦都咸阳完全被渭水冲蚀而去的前提是站不住脚的[①]。

第二，考古工作者在今长陵车站附近的长兴村、滩毛村与店上村等渭河北岸的断崖上发现了大面积的手工作坊遗址，现存有许多制陶窑址以及大量制成品和半制成品的盆罐等陶器，附近还有数以百计的水井与不少排水管道。水井三五成群，排列密集（具体考古遗址分布请参见附图2-2. 秦咸阳城平面布局示意图）。这些足以说明此区是秦都咸阳重要的手工业作坊区与市民居住区。同时，在长陵车站附近还发现了三处铜器与铁器“窖藏”，曾长期从事秦都咸阳考古工作的著名考古学家刘庆柱先生依据窖藏中的遗物与商业活动关系密切的特征，推断这是一处商业区[②]。连杨宽先生自己都承认：“今咸阳市东北约二十华里的长陵车站附近滩毛村一带，发现有冶铜、制陶作坊遗址”。而按其西城东郭的观点，东部郭城应该分布“有市区、手工业以及官僚、地主和一般市民的居住区”，则此区应为外郭城区，秦都咸阳宫城范围应位于长陵车站以西才行。而这一点与文献记载的咸阳宫位置相距甚远。据《太平寰宇记》卷二五：“长安，盖古乡聚名，在渭水南，隔渭水北对秦咸阳宫，汉于其地筑未央宫”，是说渭北咸阳宫与汉未央宫南北相直。汉代未央宫前殿今天仍巍然屹立，位于今西安市北西马寨与大刘寨村之间，其北的咸阳宫无论如何都应在长陵车站以东才对。这一点由秦渭桥的位置也可以得到证明，据《史

① 秦都咸阳如果被渭水全部冲蚀而去，则宫殿应该修建在滨渭地带，而渭北滨水地带却是土薄沙厚，这样的地质条件无法支撑大型宫殿的建筑。

② 刘庆柱《论秦咸阳城市布局形制及其相关问题》，刊《文博》1990年第5期。

记·孝文本纪》正义引《三辅旧事》:“秦于渭南有兴乐宫，渭北有咸阳宫，秦昭王欲通二宫之间，造渭桥”。秦渭桥汉时仍然存在，因位于汉长安城横门外故习称横桥，《三辅黄图》曰:“长安城北出西头第一门曰横门……门外有桥曰横桥”，“渭桥在长安北三里，跨渭水为桥”。横门遗址在西安市六村堡乡相家巷附近，其北三里为秦渭桥所在，咸阳宫又在渭桥以北，与西城东郭说要求的长陵车站以西的位置相差甚远。

第三，按照西城东郭说的理论，整个咸阳城是坐西朝东的，这不仅与秦都咸阳实际发展方向不相符合，而且也不利于宫城的安全防卫。据《史记·秦始皇本纪》，秦始皇在统一天下过程中，“每破诸侯，写放其宫室，作之咸阳北阪上”，而在渭南修筑了信宫（极庙）、甘泉前殿与阿房宫，其都城向南向北不断扩展，其中尤以向渭南的扩展趋势成为主流。虽然同时在东边也有修筑兰池宫之举，但此宫建于风景佳丽的兰池之畔，并不属处理政务之宫，不影响秦都咸阳南北发展成“渭水贯都、横桥南渡”的局面。在渭河以北，宫殿向北部塬上扩展，可保证其地势居于全城制高点，有利于皇宫的安全防卫。如果都城向东扩展，渭河西南向东北的流向致使越向东滨渭的范围越狭小，增多的城市设施就要向北部塬上发展，对宫城形成踞高临下之势。这样不仅对皇家宫室的安全构成了极大的威胁，而且其上市民的生产与生活垃圾会随水汇流而下，造成对宫城区的污染。这是无论如何也不允许发生的事。

根据我的初步研究，秦都咸阳是一个以宫殿为主体的城市，根本没有修筑外郭城，采用的不是城郭制度。由于地势地质的影响，渭北咸阳形成坐北朝南的布局，宫殿区分布在北阪高阜之上，临渭低地由于土薄沙深，不适宜修建大型宫殿，而发展成为手工业、商业重地与居民区[1]。

四　秦都咸阳没筑外郭城

我们从古代文献记载与秦建咸阳建设的时代背景上分析看，咸阳似乎从来没有存在外郭城。

先从文献记载来看，最权威的《史记·秦本纪》记秦徙都咸阳曰：“（孝公）十二年，作为咸阳，筑冀阙，秦徙都之”。《史记·商君列传》同，其它文献也查不到定都咸阳以后有筑城的记载。而《史记》记述各国首都建城之曰：“营邑”或“治”，如《周本纪》：“营周邑于洛邑”，《齐太公世家》：“治临淄”等。即在秦都咸阳之前的秦人都城，《史记》也说得明白，《秦本纪》载，文公四年，至汧渭之会，“乃卜居之，占曰吉，即营邑之”，“德公元年，初居雍城”。咸阳如筑有外郭城，咸阳市绝对应该包括城内，那么在城垣高耸、城门严守的情况下，惠王、昭王时代二次“狼入咸阳市”的记载就难以理解了[2]。

然则《史记》及其它史籍中还多次提到咸阳有城与城门，这应该如何解释呢？我认为秦都咸阳虽不筑郭城，但却筑有宫城。宫城已由考古工作人员探查出来，在今咸阳市窑镇乡牛羊村与姬家道北面，呈长方形，附图2－2秦咸阳城平面布局示意图中有标志。经过对北墙中段的试掘，从出土遗物可判定此

① 李令福《秦都咸阳形制若干问题的探索》，刊中日历史地理合作研究论文集第1辑《汉唐长安与黄土高原》。

② 董说《七国考》卷一三引《洪范五行传》。

夯土墙垣应是战国时代修建的咸阳宫城①。

文献所载的城与城门均系指宫城而言，这从文献内容本身也可以找到证据。史籍记载秦都咸阳的城门共有三个，全都是指宫城门。《史记·项羽本纪》："章邯恐，使长吏欣请事，至咸阳，留司马门三日"。《集解》曰："凡言司马门者，宫垣之内，兵卫所在，四面皆有司马，主武事。总言之，外门为司马门也"。很明显，此司马门指宫庭之外门。《史记·绛侯周勃世家》还记有一个"棘门"，《正义》也明言："孟康云：'秦时宫门也'，《括地志》云：'棘门在渭北十余里，秦王门也'"。

《史记·白起列传》记载的"西门"稍微复杂，但仔细分析，也绝对不是指咸阳外郭城门。原文谓"武安君既行，出咸阳西门十里，至杜邮……秦王乃使使者赐之剑，自裁"。其中说杜邮在咸阳西门外十里之地，那么，求出杜邮的位置即可推定此西门的大致位置。唐人《括地志》曰："今咸阳县，古之杜邮，白起死处"，《史记·索隐》也曰："杜邮，今在咸阳城中"，《史记·正义》与《元和郡县图志》等唐人著作皆认为唐代咸阳县城正建在秦杜邮亭上。如此，考证出唐咸阳县的位置则即是秦杜邮的地望。据《元和郡县图志》，唐咸阳县城北距汉义陵八里，西北距渭陵七里，西北距康陵九里，西北距延陵十三里②。汉朝这四个皇帝陵位置今天仍很明确，以这四个间距在陕西省民政厅 1987 年编制的五万分之一《咸阳市行政区划图》上量算，唐咸阳县城位于今咸阳市渭城区渭城乡三姓庄附近，也就是说秦杜邮地望亦即在此。据笔者实地调查，三姓

① 陈国英《秦都咸阳考古工作三十年》，《考古与文物》1988 年 5、6 合期；陕西省考古研究所编著《秦都咸阳考古报告》，科学出版社 2004 年。

② 《元和郡县图志》卷一《京兆府·咸阳县》。

庄西有当地人所谓的白起墓，这也从另一侧面证明了上述判断。由此处向东十汉里，汉十里约折今4170米，基本与今考古人员勘查出的咸阳宫殿区西界相当。如果把此文献中的西门看作外郭城西门，则与今考古资料不相符合，在今长陵车站附近发现了大量的水井与手工作坊遗址，证明此处为秦咸阳手工业发达地区，按“造郭以居民”的原则，咸阳如筑郭城，现应在此以西。而长陵车站遗址发现处距三姓庄不足千米，不到秦汉里程的三里[①]。这有力地说明文献所说的城或城门绝不是指外郭城，而应指宫城。

从秦迁都咸阳的社会历史背景分析，秦迁都咸阳之初，魏国仍据有黄河以西的不少土地，即在关中东部拥有军事据点，秦与魏国的战争也是互有胜负，如孝公十八年（前344年）魏国联合宋卫鲁等国西向攻秦，秦无力应付，只得派商鞅说服魏惠王称“王”，来讨好魏国[②]。但当时魏国的注意力在关东，旋即东徙其都于大梁，与齐国、赵国争战，后多次被齐国军队打败，大伤元气，已很难构成对秦人的威胁。新都咸阳是由临时都城栎阳后撤修建的，地理位置上向西南转移了不少，前有长城与洛水，后有军事重镇栎阳与泾水作为首都的防卫线，故咸阳的军事压力不会太大。更重要的是秦人变法图强，蓬勃激昂，国力也不断增强。自献公锐意改革，在军事上积极进取，

① 文献中有关杜邮与咸阳城的距离还有二种不同说法，一是《史记·樗里子甘茂列传》所说的“去咸阳七里，”一是《水经·渭水注》所说的“去咸阳十七里”。秦汉时代，“十”与“七”字形相近，容易混淆，据《汉官旧仪》卷下：“设十里一亭，亭长，亭侯；五里一邮，邮间相去二里半”。杜邮也称亭，具有邮亭性质，故上述诸说中当以“出咸阳西门十里”为确。当然，即使用最短间距七里之说，仍不改变本文的结论。

② 《战国策·齐策五》。

旨在收复河西失地，重振雄风，当时已东渡洛水，对魏国采取了攻城略地的攻势。孝公继承乃父遗志，任用商鞅变法图强，大力推行耕战政策，逐步走向富国强兵的道路。在这种精神风貌下，秦人不可能为修建咸阳城而兴师动众，劳民伤财。

惠王以后，秦国对东方六国的优势慢慢确立并逐渐扩大，席卷天下、囊括四海的宏图大志已成为秦人为之奋斗的目标。各诸侯国对秦只有招架，并无还手之力，几次合纵攻秦，皆未能攻入函谷关即已鸟散。特别是昭襄王与秦王政时代，秦对六国犹如秋风扫落叶，最后秦终于灭掉六国，统一天下。这一段时间内，秦军东出关外，转战各地，自然无暇更无必要修筑以防御为目的的咸阳外郭城啦！

秦王政统一全国，自以为功过三皇，德超五帝，始改称皇帝。秦始皇好大喜功，北逐匈奴，修长城；南征百越，凿灵渠；“表河以为秦东门，表汧以为秦西门”，后来甚至“立石东海上朐界中，以为秦东门”，修阿房宫“表南山之颠以为阙”[①]。此时他心目中规划的咸阳城是多么恢宏、庞大，更不会用一条人工的墙垣来限定都城的范围啦。

总起来说，根据现在的资料来分析，我认为秦都咸阳仅修筑有宫城，似乎从来没有过外郭城的修建。

第三节　秦都咸阳的城郊范围

在研究秦都咸阳的时候，首先应该确定的就是秦都咸阳的具体范围，历史文献关于秦都咸阳城位置、规模、范围的记载很多，且有很大差异。现代学者因对秦都城内涵理解的不同也产生了不同观点，或在渭北寻找咸阳城，或承认咸阳城为渭水

① 《史记》卷六《秦始皇本纪》。

贯都的规模，却在范围大小上又有不同说法。今特叙述古籍文献记载与现代学者的观点，分析其合理成份，希望寻找出最符合实际的观点。

一　渭北咸阳城的范围

秦都咸阳最初兴建于今咸阳市东渭城区窑店镇，位处渭水北岸，九嵕山之南。著名考古学家刘庆柱先生根据实地调查、钻探与发掘资料，结合历史文献记载，于 1976 年首先考证出秦咸阳城的大致范围："东自柏家嘴（若包括兰池和兰池宫遗址应自肖家村），西至毛王沟；北由高干渠，南到西安市草滩农场附近（即秦代渭河北岸，由于河道变迁现已变成渭河南岸）。都城东西 6 公里（若以肖家村记，为 7.5 公里），南北 7.5 公里[①]"。后来刘先生又作了进一步的补充和修正，认为"秦咸阳城的范围东自柏家嘴村，西至长陵车站附近，北起成国渠故道，南至汉长安城遗址以北约 3275 米（因渭河北移，今渭河北岸距汉长安城遗址北部约 6500 米，估计原来秦咸阳城南部约有南北 3225 米宽的地段已被河水冲毁）。推断秦咸阳城东西约 7220 米，南北约 6700 米。"在上述范围之内，近 30 年来，考古工作者进行了大面积的考古勘查和发掘，发现了大量与秦咸阳城密切相关的各类遗址、遗迹，出土和采集了反映秦咸阳城的历史遗物数千件，它们从考古学角度，为上述有关秦咸阳城故址地望和范围的推测提供了佐证[②]。除西界向外扩展了三汉里外，其余三面基本没有改变，只是更加具体细致。

在这两篇论文中，刘先生还进一步在咸阳内部布局形制及

① 刘庆柱《秦都咸阳几个问题的初探》，《文物》1976 年 11 期。
② 刘庆柱《论秦咸阳城布局形制及其相关问题》，《文博》1990 年 5 期。

郊区池苑、陵墓的考证基础上，把渭北咸阳城的基本范围完全画定。他认为，咸阳北阪是秦都咸阳的宫殿和官署建筑区，宫城——咸阳宫（城）在这一建筑区的东西居中位置。宫城东西两侧的宫殿建筑中有历史上著名的仿六国宫室建筑，咸阳城西南部有规模很大的手工业作坊区、市民居住区和市场，其东是王室或皇室使用的池苑风景区——兰池和兰池宫。秦国君、贵族和市民墓葬一般都在咸阳城以外，属郊区建设，王陵、帝陵分布于城之西北和东南郊，市民墓区在西北郊。前文后附绘有《秦都咸阳遗址平面图》，把自己的研究成果在地图上标示出来，使人耳目一新①。

刘先生的研究结论是秦都咸阳研究历史上最具影响力的重大成果，他突破了只引用历史文献作相对界定的传统史学模式，把考古资料与文献考证相结合，首次明确了秦咸阳城的四至范围，并标在图上，基本达到了定量化。其后的中外学者相关论著几乎毫不例外地皆是引用刘先生的观点和地图。

随着研究的发展，现在不少学者开始承认秦都咸阳兴盛时已扩展为横跨渭水南北两岸的都城，但我认为刘先生上述观点仍然有其内在的合理性，能够永存，因为秦都咸阳的行政、经济、人口中心仍然分布于渭北区。秦始皇时代渭南阿房宫仍没有完全建成，其处理朝政的殿堂主要是在渭北咸阳宫，《史记·秦始皇本纪》明确记载："听事，群臣受决事，悉于咸阳宫"。渭南新建宫室皆以渭北咸阳宫为中心，用复道阁道等连接来属，无论是信宫（极庙）、甘泉前殿，还是阿房宫都不能例外。

① 此图乃据前文观点绘制，依后来刘先生自己修正的观点，咸阳城西界应向西扩展三汉里，包括长陵车站一带；又图中标示的"推测秦咸阳宫遗址范围"似字有误植，其中的"咸阳宫"似应为"咸阳城"。

渭北咸阳城仍是始皇帝都城建设的重点区域之一，各级行政机构如丞相、廷尉、内史等集中在渭北区，而各类手工作坊、交易之市场、贮存物质的府库、市民之居住区等也都密集分布于渭北咸阳城中。渭北区作为政治之首脑、经济之繁华区而成为秦都咸阳城的主体部分。渭南以宫殿、宗庙为主，而且渭南之宫如章台、阿房宫、信宫（极庙）等与咸阳宫相比，仍然可说只是秦统治者的“暂宿”之宫，离宫的性质较浓厚。

渭北咸阳城是秦初建之地，直到秦统一六国后仍然不断得到扩建，国王皇帝常住于此，处理朝政，而且只有渭北才有发达的手工业和商业中心，才有人口稠密的市民居住区。渭北区是秦都咸阳的主体部分，与新兴的渭南有较大区别。因此，把渭北咸阳城单独地提出进行研究是完全应该的，它反映了秦都城最核心区域这个层次的布局及范围。

同时应该指出的是，刘庆柱先生并没有因为重视渭北区而忽略渭南区在秦都咸阳中的地位，他曾说：“秦昭王开始，都城出现南移趋势，因此渭河南岸也兴建了不少重要建筑，如宗庙、章台、兴乐宫和上林苑等，故时有南宫和北宫之称。”“渭河南岸的秦宫室等建筑是秦咸阳城的外延，以后构成秦都咸阳的重要组成部分”。刘先生还专门与李毓芳先生合作撰写有论文《秦都咸阳“渭南”宫台庙苑考》，对其位置与性质进行了深入探讨[①]。

总起来看，由于咸阳初建于渭水北岸，其后渭北区一直是都城的主体，且受咸阳筑有大城观念的影响，刘先生把秦都咸阳的范围界定在渭北。这种观点有其合理性，它反映了秦咸阳

① 刘庆柱《论秦咸阳城布局形制及其相关问题》，《文博》1990 年 5 期；刘庆柱、李毓芳《秦都咸阳“渭南”宫台庙苑考》，《秦汉论集》，陕西人民出版社 1992 年。

核心区域的范围，能够使人更深刻地认识到渭北区的特殊性。

二　渭水贯都的咸阳城城郊范围

秦昭王时，秦在渭河南岸修建了一些重要建筑如章台、兴乐宫等，并在那里举行了许多重大的国事活动。随着连接渭水两岸的渭河桥的建立，渭南宫殿的行政地位也越来越重要。渭南之章台更成为秦昭王经常处理朝政的重要场所，成为秦朝宫廷的代名词，可见章台与一般的离宫别馆性质大不相同，此时的章台应该算作秦都咸阳的组成部分，前述史籍也是把章台看作属于咸阳的。

据黄盛璋先生研究，秦王政统一天下最关键的几年即王政二十三年至二十五年（前 224 - 前 222），这三年就住在章台。1996 年在汉长安城东南隅大小白杨村出土有大量秦人封泥，其中有左右丞相的官印，且有秦王政中期才入秦的地方郡县官印，故知呈送对象必为秦王，唯一就是秦王政。从封泥内容可知，少府属官和为秦王服务之官占中央官府封泥的半数以上，王后宫官也很多，说明秦王政带领王后、妃嫔及有关官吏同来渭南，时间比较长，所以官府封泥公文才大批送到渭南呈给秦王，而王后宫官文则呈送给王后。当时秦将李信率军 20 万攻楚，被楚打败，遭受到统一战争以来的最大挫折，以致引起秦王政长住章台，并亲请老将王翦出马，集合六十万军队，秦王政“自送至灞上”[①]。可知章台在秦统一六国战争中曾经作为最高指挥部，扮演过重要角色，作用非凡。章台已经成为秦王施政的中心，当然也应该属于都城咸阳不可分割的一部分。

秦始皇统一全国以后大规模扩建都城咸阳，渭南地区成为其规划建设的重点，先是修建了信宫和甘泉前殿，后来甚至计

① 《史记》卷七三《白起王翦列传》。

划把皇宫从渭北迁出，在渭南上林苑中兴修新的施政中心——朝宫。

秦始皇帝的施政中心在渭北咸阳宫，但在他自己心目中，秦都咸阳绝对不能局限于渭北区，而是有一个较大的范围。这从《史记·秦始皇本纪》记载的一件史事中可以反映出来。秦始皇相信神仙术，欲见真人，得不死之药，可总也不能如愿。有人建议说："愿上所居毋令人知，然后不死之药殆可得也。于是始皇……乃令咸阳之旁二百里内宫观二百七十复道甬道相连，帷帐钟鼓美人充之，各案署不移徙。行所幸，有言其所者，罪死"。这是始皇帝的亲自部署，可推知他把秦都咸阳的城郊范围视作"咸阳之旁二百里内"，这当然是包括渭河以南区域的。

这种把秦都咸阳看成横跨渭水南北的观点，除上述《史记》、《三辅黄图》外，其后也代不乏人。唐代李吉甫就说："咸阳之旁二百里内，宫观二百七十，土木皆被绨绣，宫人不移乐，不改悬，穷年忘归，犹不能遍至。①"他完全接受了司马迁的观点。宋人程大昌更明确地判断："若细细推求，则秦之朝宫苑殿固在渭北，而秦都实跨渭水。"② 现代学者则以著名历史地理学家史念海先生为代表，他认为："咸阳城最初是在渭河北岸兴建的，但后来却越过渭河，向南岸有所扩展，实际上整个城市是横跨渭水两岸的。"③

承认秦都咸阳具有渭水贯都的规模只解决了问题的前半部分，还应该具体求出秦都咸阳的范围来。我认为秦都咸阳范围

① 李吉甫《元和郡县图志》卷一《关内道·咸阳县》。

② 《雍录》卷第一《秦 · 咸阳》。

③ 史念海、辛德勇《西安》，载《中国七大古都》，中国青年出版社1991年版，页89。

有城区与郊区的不同，应该分别考求。

秦都咸阳城区共分两大区域：一是渭北的核心区，其四至范围刘庆柱先生考证精当，我是完全赞同的。二是渭南新扩展的宫殿、宗庙区，基本集合成两大宫室群。渭桥南岸北隔渭水直对咸阳宫的宫室群，由兴乐宫、章台、甘泉宫、信宫（极庙）、昭王庙等宫庙建筑组成，分布在后来的汉长安城范围附近，主要具有行政、祭祀功能。稍西侧上林苑中的阿房宫是一座自成规模的宫殿群，范围很大，南起西安市丰镐路南王寺村，北至陇海铁路的新军寨，南北超过五公里；东到皂河岸，西达纪阳村，东西约四公里。城区基本范围及平面布局，我曾编绘有《秦咸阳城图》（即本书附图 2－2），收入史念海先生主编的《西安历史地图集》[①] 中。

需要说明的是秦都咸阳渭南新扩展区是以宫庙建筑为主体的，他们通过复道等与咸阳宫连接起来，则宫殿、宗庙建筑群以外的区域缺乏手工作坊和商业市场，不属市民居住区，不该算作城区，应属郊区，以经营农业为主。

秦都咸阳的郊区，我首先限定在以渭北咸阳宫为中心向外 50 里为半径的范围内，因为古人有“五十里谓之郊”的定义，而且我认为这也与秦始皇“咸阳旁二百里内”的认定相一致。《史记》所谓咸阳旁二百里不是指以咸阳宫为中心向外 200 里为半径的范围，即我认为“咸阳旁二百里”指东西南北各 50 里之和[②]。咸阳宫是处理朝政之地，向外 200 里太远，无法保证日常国家大事的及时处理，而 50 里则较为适中。

---

① 史念海先生主编《西安历史地图集》，西安地图出版社 1996 年。

② 王学理先生曾有一新观点，认为“咸阳旁二百里内”指秦都咸阳范围的四周总距离，也是一种自成一说的解释。见《秦都咸阳》页 21，陕西人民出版社 1985 年版。

其次我认为郊区建置的主体是离宫、苑囿与陵墓，可以此结合文献记载来界定郊区范围。咸阳北部有望夷宫，临泾水，是秦都咸阳郊区的北界达到泾水，《汉书·五行志》也是说咸阳“北临泾”的。东西界限较为明确，上引《史记》已经明确“自雍门以东至泾渭，殿屋复道周阁相属”，泾渭应该指泾渭二水汇流处，而雍门大致位于今咸阳市渭城区任家嘴一带，其附近有从秦咸阳西行的杜邮亭，雍门也可能是一个离宫的名称。咸阳南郊的西半部分为禁苑，东为秦王公陵园，应以其最远端为郊区界线。禁苑在秦始皇时代范围很大，总称上林，似乎南靠秦岭，西部括有五柞宫、长杨宫、萯阳宫这些禁苑中的行宫。最远的长杨宫在今周至县终南镇东南，位于田峪河东岸，是西南郊区以田峪河为界，东南界因为有丽山园即秦始皇陵园也好确定，其内侧的东陵当然也属秦咸阳郊区范围。从上述界定来看，秦都咸阳渭南的郊区范围较渭河北岸更为宽阔。

三　东西八百里的咸阳代指秦地

《三辅黄图》卷之一《咸阳故城》有如下记载：“咸阳北至九嵕、甘泉，南至鄠、杜，东至河，西至汧渭之交，东西八百里，南北四百里，离宫别馆，相望联属。木衣绨绣，土被朱紫，宫人不移，乐不改悬，穷年忘归，犹不能遍。”这里指定咸阳的四至与范围甚为具体，可惜却不能符合秦都咸阳的实际。首先，秦都咸阳虽规模很大，但也不能达到东西八百里南北四百里的范围，否则秦都栎阳、秦都雍城将失去独立意义。其次，从其内文也可证此不是秦都范围，而是秦人离宫别馆密集分布的地区，《史记·秦始皇本纪·正义》引《庙记》云：“北至九嵕、甘泉，南至长杨、五柞，东至河，西至汧渭之交，东西八百里，离宫别馆，相望属焉。木衣绨绣，土被朱紫，宫人不徙。穷年忘归，犹不能遍也。”其中长杨、五柞乃两个离宫名称，正位于鄠、杜两县之地，是两文所指范围完全一致，而读《庙记》文则知此是秦人离宫别馆之分布范围，绝不能想到是秦都咸阳的范围。也许《三辅黄图》乃引述《庙记》文，又加上一咸阳这个主语，让人产生歧义。其实，这里的咸阳具有指代意义，是以秦都城指代秦地①。《史记·正义》引《三辅旧事》说："始皇表河以为秦东门，表汧以为秦西门，表中外殿观百四十五，后宫列女万余人，气上冲于天"。此处所渭河汧之间的秦地正与上述范围基本相同，是秦人赖以兴盛的根据地，属于后来秦内史的中心区域，也算秦都咸阳外围畿辅之区。故张衡《西京赋》曰：汉长安城"封畿千里，统以京尹。郡国宫馆，百四十五"。下注曰："离宫别馆在郡国者。"此与上述《三辅旧事》文正相互证，也说明其所指离宫别馆之性质相同，只能是"在郡国者"，实际是在秦内史者，不属秦都咸阳范围。《三辅黄图》用都城咸阳指代秦京畿之区，也是可以理解的，只是我们后人要明确其真实含义。有些人以此判断关中之宫殿全为秦都咸阳的离宫别馆，八百里秦川是秦咸阳城的远郊，似失之偏大，而如把秦都咸阳范围扩大到整个关中则更不可取。

综合上文，可作如下基本结论。

渭北区是秦咸阳初建之地，一直为"先王之宫廷"所在，也是行政中心与市民区，经济文化繁荣，构成了咸阳城的核心。从此意义来看，把咸阳城范围规定在渭北的观点有合理的

---

① 八百里关中平原是秦人根据地，被视作秦川，汉初娄敬说刘邦也说"秦地被山带河，四塞以为固"，而后秦统一全国，秦地范围扩大，《史记·秦始皇本纪》："关中计宫三百，关外四百余。于是立石东海上朐界中，以为秦东门"，此处的秦则指秦帝国也。相对而言，关中称作秦故地。

内涵和存在的价值。

渭南章台、兴乐宫、甘泉前殿、阿房宫、昭王庙、极庙等宫庙建筑是秦都咸阳的新拓展区，行政祭祀功能为主，而且利用“法天思想”进行整体布局，极庙“象天极”，阿房宫“为复道，自阿房渡渭，属之咸阳，以象天极阁道绝汉抵营室也”，整个咸阳城是“渭水贯都，以象天汉；横桥南渡，以法牵牛”的形制。渭南区与渭北区共同构成了兴盛期咸阳的城区范围。

城区不远处的离宫、禁苑、陵墓则构成了秦都咸阳郊区设施的主体，郊区范围北至泾水，南至终南山麓，东以泾渭之交与丽山为界，西界括有雍门宫与五柞宫。主体建筑用甬道、阁道或复道与城区连接起来。

郊区以外东西八百里、南北四百里的关中平原称“秦”，是秦国兴盛的根据地，也是秦内史的核心区域。因为密集分布着离宫别馆，又属于秦都咸阳的京畿之地，故有时也以咸阳来代称之。后秦人统一六国，又以全国为“秦”，关中之“秦”则称作“故秦”。

总之，秦都咸阳城范围由渭北与渭南两区域组成，城区外围又有郊区、故秦、秦等多圈层区域。各区域与圈层指代的意义并不相同，应该分析辨明，才能对古今学者在秦都咸阳范围上的观点进行评论，才能明白他们的观点虽有不同，但却从不同角度反映了客观现实的差异性，才不至于抹杀他们在此学术问题上所作的贡献。我认为秦都咸阳渭北说与渭水贯都说都有极大的合理性，而东西八百里的咸阳实质上指代故秦地，也可以成立。

当然，也不可否认古今学者的一些失误。我认为《三辅黄图·序》就有两处错误，应该指明。其云：“惠文王初都咸阳，取岐雍巨材，新作宫室。南临渭，北逾泾，至于离宫三百。复起阿房，未成而亡。”其中“北逾泾”与“惠文王…… 复起阿房，未成而亡”就很难成立。此序似节引自《汉书·五行志》以下文字：“先是文惠（应为惠文）王初都咸阳，广大宫室，南临渭，北临泾。思心失，逆土气，足者止也，戒秦建止奢泰，将致危亡。秦遂不改，至于离宫三百，复起阿房，未成而亡”。首先是抄错了一个字致误，即“北临泾”变成了“北逾泾”。泾水南岸有望夷宫，专为瞭望北夷所建，秦都咸阳不能逾此宫而北，更不能越过泾水。其次是节引时出现混淆主语的错误，《汉书》的“复起阿房，未成而亡”的主语是秦，而《序》却变成了惠文王，大误。《史记》述始皇帝创修阿房时，乃自己选定“丰镐之间”的帝王建都之地，并无继承前代的痕迹。当然，还有一个失误即“惠文王初都咸阳”是照抄所致，此处不论，而《序》文改原“文惠王”为“惠文王”却是很正确的。因秦从来就没有文惠王这个人。前文我还指出，把秦都咸阳范围定得太大，大到整个关中，或定得太小，说是全被北移的渭水冲蚀而去，这两种现代学者的观点都是不符合实际的。

第三章

秦都咸阳城市的内部建置及布局

宫殿构成秦都咸阳的主体，众多的宫殿成群分布在渭水南北三大区域，具有“法天象地”的布局特点；同时，城内还分区建设有行政官署、手工作坊、商业市场与居民区等城市建置，又用复道、阁道、甬道把它们与皇家宫殿等贯通连接起来。由于历史发展及地形地质的影响，渭北咸阳形成坐北朝南的布局，宫殿分布在北阪高阜之地，临渭低地为手工业、商业重地与居民区。本章研究秦都咸阳城市内部的基本建置及其布局特征。

第一节 宫庙建筑群的布局与结构

皇帝居住、处理朝政与礼制性事务的宫庙建筑是秦都咸阳的主体，其中见于典籍而又有大致位置可考者为咸阳宫、章台、兴乐宫、甘泉宫、仿六国宫、兰池宫、极庙（信宫）、阿房宫等。他们坐落于渭水南北，形成三个成群分布的宫庙建筑区，即渭北以咸阳宫为中心的北阪宫殿区，渭桥南部章台、兴乐宫、甘泉宫、极庙等组成的宫庙区，渭南上林苑中新建的阿房宫宫殿区。咸阳宫庙的整体布局基本是按照“法天象地”的思想来设计的，而其内部结构又是封闭的。本节论述咸阳宫庙的整体布局思想、结构特征，并以在各宫庙中发生的重大事件说明其历史地位。

一 “法天象地”的宫庙布局

秦都咸阳宫庙的布局完全是按照“法天象地”的思想来设计的，根据《史记·秦始皇本纪》，秦始皇二十七年（前220年），“作信宫渭南，已更名信宫为极庙，象天极”。极庙为始皇帝生前的宫庙，象征着天上的天极星座。天极星即北极星，群星拱卫而最为尊贵，故《史记·六国年表》又称极庙为“太极庙”。秦始皇采用邹衍的阴阳五行说，开始把天上的星座与地上的君臣相比附。按《史记·天官书》，“中宫，天极星”。《索隐》引《文耀钩》：“中宫大帝，其精北极星。”天极星在天球的中央，是中宫大帝之精，也是世俗皇帝在天宫的代表。

秦始皇三十五年（前212年），作阿房宫，《史记·秦始皇本纪》载，“为复道，自阿房渡渭属之咸阳，以象天极阁道绝汉抵营室也。”《三辅黄图》也说：秦始皇筑咸阳宫，“以则紫宫，象帝居。渭水贯都，以象天汉；横桥南渡，以法牵牛”。以2200年前夏历十月傍晚6－8时的今西安市天顶120度视角的天象印证，秦都咸阳附近的宫庙阁道建筑与天河星象在平面上极为相近，说明上述记载并不虚妄。见附图3－1. 秦都咸阳宫殿与天象位置对照示意图。

在咸阳城的规划中，咸阳宫象征着天上的“紫宫”，也是天极所在。“紫宫”即紫微垣，位处北天中央位置，故又称中宫，北极居其中，众星四布以拱之，也可称作天极。冬夜，以北极星为中心的紫宫在银河北部，为天之中央。《晋书·天文志》曰：“紫宫……一曰紫微，大帝之坐也，天子之常居也，主命主度也”，是主宰宇宙的“天帝”所居；地面上，咸阳宫在渭水北岸，为主宰人间的天之骄子——皇帝所居，以其为中心，各宫庙环列周围形成拱卫之势，构成“为政以德，譬如北辰，居其所而众星拱之”的格局，与天上的“紫宫”遥相对应。其后中国历代的皇宫皆有“紫宫”之称，又因皇宫有城垣且禁人出入，故人们常称之为“紫禁城”。渭河象征着天上的银河。银河又称天河、天汉。冬季初夜，横亘天际，各个星座分布于河中及其两岸，璀璨夺目。地面上，渭河东西横穿咸阳，南北两岸宫庙台苑建筑错落有序，与天上群星上下交辉，垂直相映。

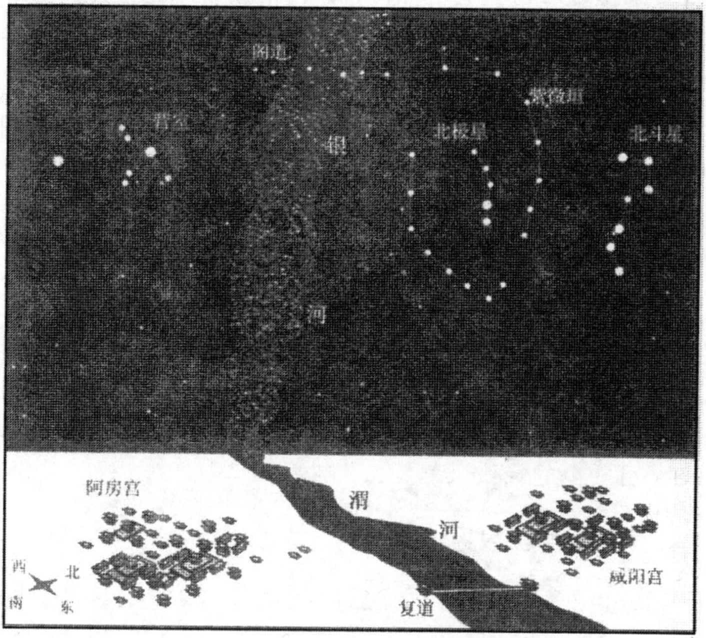

图 3－1. 秦都咸阳宫殿与天象位置对照示意图

渭桥象征着天上的阁道星。据《史记·天官书》，“紫宫……后六星绝汉抵营室，曰阁道。”阁道六星位于紫微宫之后，在银河中南北排成一条直线，横跨银河。位于咸阳宫南部渭河上的桥梁，后代称横桥，秦昭王时创建，始皇帝又有扩建，横贯南北，并通过复道、阁道建筑把地面上的咸阳宫与阿房宫连接起来，正像天上的阁道星连接紫宫与营室一样。《晋书·天文志》谓："阁道星，天子游别宫之道也。"明确说明了阁道星的性质，也正与上述史籍所载形势相符。

阿房宫象征着天上的营室星。营室在飞马星座内，在银河以南，阁道南偏西处，也是帝王之居。《晋书·天文志》："营室二星，天子之宫也。一曰玄宫，一曰清庙。离宫六星，天子之别宫。"地面上的阿房宫位于渭河南岸，渭桥南偏西处，与天上的营室垂直相对。

每年十月的黄昏时分，营室星正当南中天，北极星巍然不动，银河居中东西横贯其间。此时天空中的星象格局正好对应于地上渭水两岸的咸阳宫殿布局，紫微垣对应咸阳宫，银河对应渭水，营室对应阿房宫，天上的阁道星对应横跨渭水的横桥与复道，周围的宫殿也灿若群星，拱卫皇居[①]。此时天地融为一体，天上的群星与地上的宫殿交相辉映，时空达到最完美的结合。这种法天布局使秦都咸阳成为具有磅礴气势与瑰丽景象的宇宙之都，充分表现出大一统秦帝国与日月同辉，与天地同在的不可一世的绝代风范。

二　北阪宫殿区

渭水以北咸阳原南部边缘地带现在仍存在着二三十处秦代

① 据张鸿杰《秦都咸阳的规划与建设》(《周秦文化研究》陕西人民出版社 1998 年 11 月版)，秦都咸阳的建筑实体还有不少与天上的星象具有对应关系，如咸阳宫东侧的兰池宫与紫宫东侧的咸池星对应，横桥南侧的极庙与阁道星南侧的娄宿（牧养牺牲以供祭祀）对应，渭河南岸的上林苑与银河南侧之天苑星对应。

夯土建筑基址。分布范围西自窑店镇毛王沟，东至柏家嘴，长约12里；北起高干渠，南至咸铜铁路，宽约4里。这里是秦都咸阳的北阪宫殿区，名著史册的咸阳宫、仿六国宫、兰池宫等构成了本宫殿区的主体。

咸阳宫　是最早兴修的“先王宫廷”，历代秦君尤其是始皇帝都对其进行过维修与扩建，使其成为一个庞大的宫殿建筑群。其结构是大宫套小宫，至少要包括帝王举行朝仪的朝宫、寝宫，后妃居住的宫室，内廷官署及府库等附属性建筑。此外，秦昭王接见赵主父的六英宫、秦始皇经常处理政务的曲台宫，宫殿重要而位置不明，有学者推测也可能为咸阳宫的宫中之宫。①

新出土的关于“北宫”的封泥有“北宫”“北宫幹丞”“北宫工丞”“北宫弋丞“北宫私丞”“北宫宦丞”等②。北宫封泥之所以如此多，是因为北宫是指渭北咸阳宫殿而言的，反映出北宫当时仍然很重要，目前在咸阳原上发现了27个高台建筑群遗址乃秦咸阳宫，因而北宫即指咸阳宫。北宫中的官吏众多，均是侍候皇家王室的。

在今咸阳市渭城区窑店镇东北侧，考古人员探测出一个长方形的宫城，宫城内分布有8处大型的宫殿建筑基址，已经发掘了其中的3个，从地理位置、建筑布局和出土器物的特征看，这三处宫殿建筑似为咸阳宫的一部分，但还不是主体建筑，还没有见到足以容纳百人议事的大型殿堂。多数遗址尚未发掘，原下基址已夷为农田，无遗迹可寻，看来要恢复咸阳宫的全貌是不容易的。

① 何清谷《关中秦宫位置考察》，《秦文化论丛》（2）页151，西北大学出版社1993年12月。

② 周晓陆等《秦代封泥的重大发现》，《考古与文物》1997年1期。

咸阳宫是秦都咸阳的主要宫殿，应是一个宫殿群，也是在秦都咸阳修筑的最早宫殿。秦的许多重大事件就发生在这里，重大的议事、朝会活动都在此举行。其部分遗址，即考古工作者发掘的一、二、三号等宫殿遗址，是由一个庞大的建筑群组成的。下面就已发掘的几个建筑遗址予以介绍：

一号宫殿遗址位于窑店镇牛羊村北原上，保存下来的夯土台遗址比较完整，计东西长60米，南北宽45米，高出地面6米。参见图3－2. 秦都咸阳一号宫殿遗址考古现状。

图3－2　秦都咸阳一号宫殿遗址考古现状

通过对发掘出的遗迹现象进行复原研究，发现这是一座平面呈长方曲尺形的多层土木结构建筑，它以夯土高台为基础，凭台建设重叠高起的楼阁。宫室建筑皆沿土基上面和周边而作起，共分三层：上层是宫室主殿和配殿，主体建筑在台顶中部，长13.4、宽12米。西北角有一个配室，与主室相连。

这些宫室建造得十分豪华，地面用牲血与朱红涂染，光滑坚硬，在配室中发现墙壁上有精美的壁画，其四角屋顶饰以大型涂金兽面。

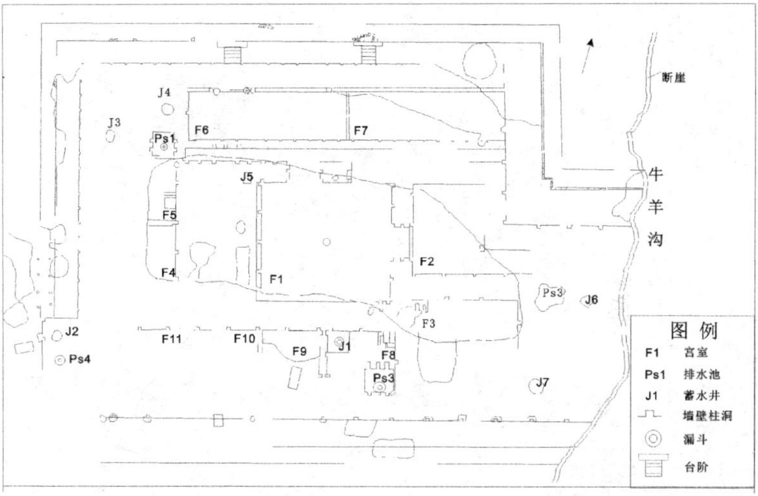

图 3－3　秦都咸阳一号宫殿遗址平面图

主体宫室的两侧和下层南北两侧为卧室、休息室、沐浴室和卫士室，室内有取暖的壁炉，墙面和地面用花砖铺砌。有的墙面再涂以灰白，上绘彩画。墙体用夯土、土坯与木架混合结构，内立壁柱。底层建筑和周围有回廊环绕。其特点为把各种不同用途的宫室集中到一个空间范围内，结构相当紧凑，布局高下错落，主次分明，在使用和外观上都收到较好的效果。正像唐人李商隐在《咸阳宫》一诗中所讲：“咸阳宫阙郁嵯峨，六国楼台艳绮罗。自是当时天帝醉，不关秦地有山河。”

夯土台的顶部是主体殿堂，编号为 1 室。出 1 室东门是过厅，为 2 室。2 室以南有一居室，即 3 室。1 室以西为斜坡道，

图 3－4　秦都咸阳一、二、三号宫殿遗址关系图

可登 1 室西侧高起的平台。台以西又有南北两室，南为 4 室，北为 5 室。下部台基北侧有两大室，即 6、7 室。台基南侧由东西向为盥洗沐浴用房（8 室）和居室（9—11 室）。台基下部的南、西、北三面都有回廊及散水遗迹。出 1 室北门有走廊，6、7 室与北廊间有过道。台基上下分别发现了四个排水池和 7 个窖穴。见图 3－3．秦都咸阳一号宫殿遗址平面图。

从该建筑地平的水平测量来看，在 50 米距离范围内标高误差不超过 1 厘米，即相对误差控制在千分之二范围内，表现了古代劳动人民高超的工程技术水平。在 1 室中央，发现一个直径达 64 厘米的柱子，这和《史记·刺客列传》中记载的荆轲刺秦王时秦王“环柱而走”相互为证。地面结构系夯土台基上

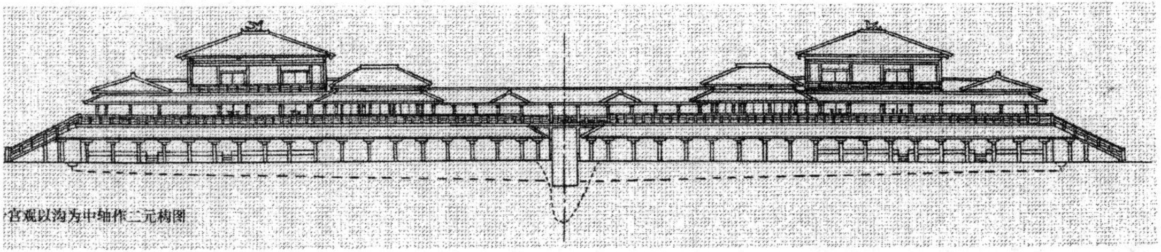

图3-5.　秦都咸阳一号宫殿复原效果图

垫一层厚10～15厘米砂土，上置厚约10厘米的粗草烂泥打底，再抹上1～2厘米的碎草烂泥，表面施朱红色，证实了《三辅黄图》所载的“土被朱紫”的真实性。

从出土物的特征判断，其遗址建于战国晚期。从发掘情况来看，该建筑艺术高超，为土木混合结构，在我国建筑史上占有重要的地位，对各房间的使用功能、通道、采光、排水及结构方面都作了合理安排，平面有主有次，统一而不呆板。参见图3－5。这种将一般宫观的分散布局方式集中在一个空间范围内，在中国建筑史上是迄今为止首次见到的。

二号宫殿遗址位于1号遗址的西北80米，东南至三号宫殿70米。参见图3－4。仍然是以夯土台为基的大型台榭建筑，且规模更大。基址东西长127米，南北宽32.8～45.5米。地基采用纯净的黄褐色土夯打而成，层次清晰。有宫室5处，3处位于夯台顶部，属台上建筑，现存部分柱洞和室内地面残迹。有两座宫室位于夯台东半部北侧的底层，保存较好。

围绕高台建筑的底部有依台修筑的一周回廊，其中东廊、南廊、北廊保存较好，西廊较差。在2号遗址发现竖管18个，分布于回廊和庭院地面，推测是用来插放旗杆用的。同样发现了许多建筑构件。壁画发现于回廊地面堆积中，均属残块，计350余件，其最大者31×17厘米，能识别者为马、凤羽、枝叶、蔓草等。

从二号遗址发掘情况来看，仍是以夯台为中心、土木构架为主要结构形式的多层台榭建筑。以台上的宫殿为主体，辅以依台壁修建的一圈回廊和服务于宫室的东西对称的两处廊下盥洗室。通过回廊与一、三号遗址相连，但二号遗址更大一些，这个遗址可能是咸阳宫中处理政务的一处主要场所。

三号宫殿遗址位于一号遗址的西南，相距近百米。据钻探得知，三号遗址东北角与一号遗址西南角有建筑相连，也位于夯土台基上，遗址东西长约 117 米，南北宽约 60 米，清理了遗址西部一部分，发现廊道两条，屋宇两座。参见图 3－6。

三号宫殿遗址最大的收获是出土了大量壁画，主要出于廊东西坎墙壁上，有车马出行图、仪仗图、建筑图、麦穗图等。这批壁画无疑在秦代绘画和建筑史上具有重要意义，既填补了秦代绘画的空白，又证实了史书中关于秦代建筑中有壁画的记载。三号宫殿殿遗址也是战国晚期的，是秦都咸阳宫的一部分，但稍晚于 1 号遗址，是宫廷活动的场所。

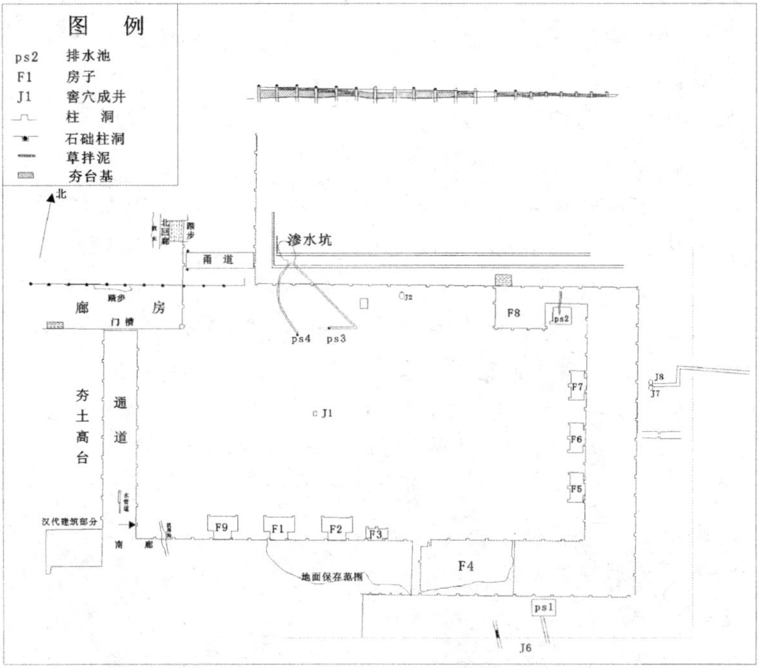

图 3－6 秦都咸阳三号宫殿遗址平、剖面图

咸阳宫是一组宫殿建筑群的统称，其中有许多宫殿台榭建筑，见于记载的有：六英之宫。《七国考》引《广记》云：“主父（赵武灵王）入秦，直至昭王所居六英之宫，而有觉。”还有斋宫，《史记·秦始皇本纪》云：“子婴遂刺杀高于斋宫，三族高家以殉咸阳。”还有曲台之宫，《汉书·邹阳传》：“臣闻，秦依曲台之宫悬衡天下。”应劭注曰：“始皇帝所治处也，若汉家未央宫。”

咸阳宫是秦都中的主要宫殿，有许多重要的活动均在此举行。即使到后来在渭南修建了许多宫殿后，秦始皇仍然“听事，群臣受决事，悉于咸阳宫。”[①] 反映出咸阳宫在秦时的重要性。

在咸阳都城的渭河以北，除了咸阳宫之外，还有冀阙、仿六国宫室、兰池宫、望夷宫等宫殿建筑。

咸阳宫是秦都咸阳最重要的宫殿，秦定都咸阳，它就一直作为历代国君的大朝之地，秦统一前后许多重大政治活动就发生在这里。据《史记·刺客列传》，秦王政二十五年（前222年），燕太子丹派壮士荆轲入秦，以献督亢之地图诈降。“秦王闻之，大喜，乃朝服，设九宾，见燕使者咸阳宫。”荆轲上殿奉图奏秦王，“图穷匕见”，荆轲右手持匕首，左手把秦王之袖，欲劫之使还六国之土。秦王挣脱，拔腰中宝剑，却因剑长无法拔出，只得绕殿中铜柱而逃，荆轲追之。满朝群臣惊慌失措，按秦法，侍殿上之臣不得持尺寸之兵器，而武装卫士皆在殿下，非有诏不得上殿。是时侍医夏无且以其所携药囊击荆轲，而秦王听从左右的提醒，从背后把剑拔出，砍断荆轲左腿。荆轲掷匕首以刺秦王，可惜未中，乃倚柱而笑，英雄就

① 《史记》卷六《秦始皇本纪》。

义[①]。咸阳宫正殿上演出的这场惊心动魄的荆轲刺秦王的历史剧，令人荡气回肠。参见图 3－7. 汉画像砖中的荆轲刺秦图。

图 3－7. 汉画像砖中的荆轲刺秦图

秦统一全国初期，秦王政尚较为开明，能实行所谓的廷议制度，一些国家大事先由以丞相为首的群臣与博士反复讨论，然后由秦王裁定。当时一系列巩固大一统局面的中央集权制度都是在咸阳宫朝廷上这样制定出来的。据《史记·秦始皇本纪》，秦始皇二十六年（前 221 年），秦初并天下，令臣下曰：“今名号不更，无以称成功，传后世。其议帝号。”丞相、御史大夫、廷尉“谨与博士议曰：古有天皇，有地皇，有泰皇。泰皇最贵。臣等昧死上尊号：王为泰皇。命为制，令为诏，天子自称曰朕。”秦王政自谓功过三皇，德超五帝，裁定

① 《史记》卷八六《刺客列传》。

改秦皇为皇帝，且除谥法：“朕为始皇帝，后世以计数，二世三世至于万世，传之无穷”。其后不久，丞相王绾因诸侯初破，燕齐楚地远，建议“请立诸子”，实行封邦建国之制，始皇帝并未独裁，而是“下其议于群臣，群臣皆以为便”。独廷尉李斯不以为然，建议在全国推行郡县制。秦始皇以为“廷尉议是。分天下以为三十六郡，郡置守尉监”，完全废除了分封制，在全国实行郡县制。皇帝制与郡县制就这样在咸阳宫廷中诞生了，也奠定了中国两千余年中央集权国家政治体制的基础。

秦始皇晚年陶醉于一连串的胜利之中，“以为自古莫及己……天下之事无小大皆决于上”，在政治与文化上开始转变为极端专制。咸阳宫廷也成为焚书坑儒等残暴事件的指挥部。秦始皇三十四年（前 213 年），“始皇置酒咸阳宫，博士七十人前为寿”，仆射周青臣当面歌功颂德，以为始皇帝“以诸侯为郡县，人人自安乐，无战争之患，传之万世。自上古不及陛下威德”。博得始皇帝龙颜大悦。而博士齐人淳于越不仅看不惯这种阿谀奉承，而且当廷非议所实行的郡县制度，谓“事不师古而能长久者，非所闻也”。始皇令群臣讨论并听从李斯建议，颁布了“焚书令”与“挟书令”，即“史官非秦纪皆烧之。非博士官所职，天下敢有藏诗书百家语者，悉诣守、尉杂烧之。有敢偶语诗书者弃市。以古非今者族。吏见知不举者与同罪。令下三十日不烧，黥为城旦。所不去者，医药卜筮种树之书”。这就是中国历史上著名的焚书事件。次年，始皇用卢生计策，把各宫殿用封闭的复道、甬道、阁道连接起来，其行踪绝对不许向外人泄露，“自是后莫知行之所在。听事，群臣受决事，悉于咸阳宫”。后来因为在咸阳城的文学诸生非议朝政，而术士又求仙药不成，秦始皇大怒，“于是使御史悉案问诸生，诸生传相告引，乃自除。犯禁者四百六十余人，皆坑之咸阳，使天下知之，以惩后。”这就是骇人听闻的坑儒事件[①]。焚书坑儒开了专制王朝摧残文化、迫害知识分子的先例，给我国古代文化事业造成了巨大损失。

秦二世利用阴谋手段篡夺皇权，不仅昏庸无能，而且更加专制残暴。其滥杀功臣，诛灭宗室公子、公主，“以杀人众者为忠臣”，弄得人人自危。又“尽征其材士五万人为屯卫咸阳，令教射狗马禽兽。当食者多，度不足，下调郡县转输菽粟刍稿，皆令自赍粮食，咸阳三百里内不得食其谷。用法益深刻”。见《史记·秦始皇本纪》。

二世二年（前208年），秦二世听信赵高谗言，很少去朝廷与公卿会商军国大事，常居禁中，一切听赵高专权。右丞相去疾、左丞相李斯、将军冯劫进谏，反遭其治罪，或自杀或就刑。次年，章邯等秦将在关东屡吃败仗，派司马欣回咸阳向朝廷汇报。赵高恐其上达二世，留其居咸阳宫之司马门多日也不通告。司马欣被迫返回军中，章邯等只得率大军降项羽，秦军主力被彻底消灭。

秦灭亡之前，咸阳宫还发生一出赵高“指鹿为马”的闹剧。赵高欲篡权，恐别人不服，乃令人牵来一匹鹿，却硬说成是马。二世怪之，问左右群臣。群臣迫于赵高的淫威，多附和说是马。二世惊惑，以为是自己斋戒不明而致眼睛昏花，却不知是阴谋家赵高残害异己者的诡计。

秦二世的残暴无能终致天下分崩离析，秦王朝毁于一旦，也给辉煌的咸阳宫留下了巨大的永远无法抹掉的黑暗。

仿六国宫　是秦始皇修建的，一方面是为了让虏掠而来的六国嫔妃有个居住之所，另一方面也有纪念其“削平群雄”丰功伟绩之意。《史记·秦始皇本纪》云：“秦每破诸侯，写放其

---

① 《史记》卷六《秦始皇本纪》。

宫室，作之咸阳北阪上，南临渭，自雍门以东至泾渭，殿屋复道周阁相属，所得诸侯美人钟鼓，以充入之。”又据《后汉书·皇后纪》云：“秦并天下，多自骄大，宫备七国。”各具特色的宫殿荟萃于咸阳北阪，无疑是建筑史上的一件盛事，惜其各自特色至今尚无法探明。

秦始皇先后用了十年时间，平灭了山东六国，每破一个国家，即按照该国都城宫室的建筑形式修建一个相似的宫殿在咸阳北原上，从而建成了仿六国宫。刘庆柱先生在《“谈秦兰池宫地理位置等问题”几点质疑》中推测过其具体地望，认为六国宫室可能在咸阳宫东西两侧：“毛王沟曾出土楚金币，出土陶器有‘咸屈’陶文，可能是内迁楚国屈姓的制品，聂家沟西北出土有高足鼎，亦非秦的器物，这些可能与六国贵族的活动有关，六国宫殿是软禁六国贵族的，若离咸阳太远不便监督，因而不可能延伸到长陵以北[①]。”

据陈国英先生调查，在咸阳宫城西的聂家沟发现秦建筑遗址两座，宫城东发现建筑遗址数座，宫城北也有建筑遗址，且可能延伸到长陵以北。在长陵邑所在的怡魏村发现两座秦大型建筑遗址，这些遗址虽未发掘，但按其位置可能是六国宫殿遗址。王丕忠先生曾在怡魏村采集到瓦当三品，一是双兽树枝纹半瓦当，二是树枝菱角纹半瓦当，三是云水纹半瓦当。这三品瓦当与齐都临淄出土的瓦当相同，证明在怡魏村有仿六国宫室遗址。

仿六国宫室可能为六处各自独立的宫殿组成，但各宫殿不是关东六国王室宫殿的原样照搬，而是模仿其各自王宫建筑风格而重新修建起来的，代表着不同形式的建筑艺术在咸阳城的

① 刘庆柱《“谈秦兰池宫地理位置等问题”几点质疑》，《人文杂志》1981 年 2 期。

融合与发展。

兰池宫 因筑在兰池之旁而得名，是一座游览兰池时用来休憩的离宫。秦始皇整治渭水河道，引水建成兰池，又在其中筑山刻石，建成游乐场所。据《三秦记》，“秦始皇作长池，引渭水，东西二百里，南北二十里，筑土为蓬莱，刻石为鲸鱼，长二百丈，亦曰兰池陂。”长池是200里拓宽加固的渭水河道，兰池则是长池系统中的一个人工湖泊，故《三秦记》又云：“兰池陂即古之兰池”。秦始皇常游兰池，有时也夜宿兰池宫。《史记·秦始皇本纪》载，始皇三十一年（前216年），“始皇为微行咸阳，与武士四人俱，夜出，逢盗兰池，见窘，武士击杀盗。关中大索二十日。”这一事件说明秦王朝后期的社会矛盾十分尖锐，连皇家禁地都发生了治安问题。

据《元和郡县图志》云：“秦兰池宫在（咸阳）县东二十五里。”按里程推算，其具体位置即今咸阳宫遗址以东的杨家湾。这里是个呈簸箕形的大湾，北、西、东三面有高约5米的岸畔，南面开阔平坦与渭河之滨相连。杨家湾在50年代平整土地时发现淤泥层甚厚，在渭河发电厂扩建时钻探得知，秦汉以来覆盖有20个文化层，浅处30米可见生土，深处70米才见生土层，可见当时的兰池宫水深达70米左右。据考古调查，在杨家湾西面的原上柏家嘴一带采集到大量秦铺地砖、空心砖、瓦当、陶片等，其形状、纹饰与秦咸阳宫一样，显然是一处秦建筑群遗址。而此地又在兰池的西岸，当为秦兰池宫，秦末被项羽焚毁。据考古工作者钻探，在此处发现了六处大小不等的夯土建筑遗址。20世纪80年代末，陕西省渭河发电厂在此扩建厂房时，于8米深处出土已腐朽的圆木三根，直径均在15.6厘米左右[①]。参见图3－7．秦都咸阳兰池宫建筑遗址平

① 陕西省考古研究所编著《秦都咸阳考古报告》，科学出版社2004年。

面图。

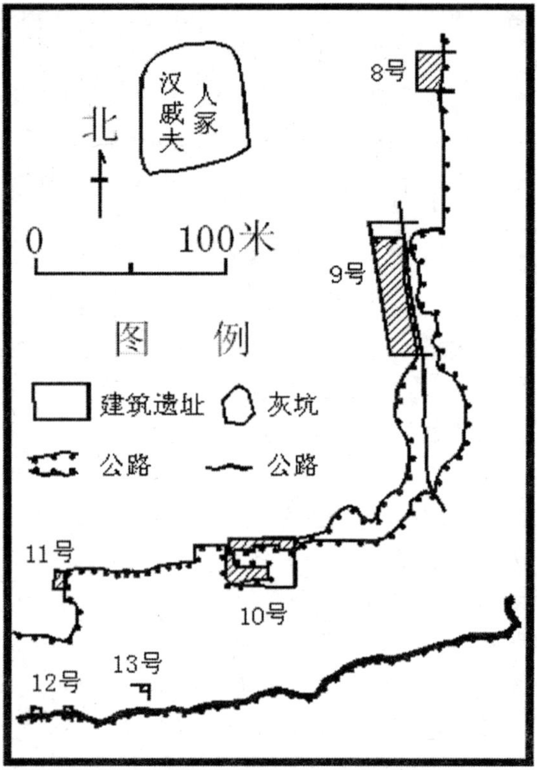

图 3－7.　秦都咸阳兰池宫建筑遗址平面图

三　渭南宫庙区

渭南章台、兴乐宫、甘泉宫、极庙等组成的宫庙区集中分布于渭桥南侧，北隔渭水直对咸阳宫，加上其再向西侧的阿房宫周边的宫室建筑，构成了秦都咸阳渭河南岸的宫庙区。

渭桥南侧的宫庙区后来成为汉长安城的建筑范围，未央宫、长乐宫、桂宫、北宫等汉代宫殿似是建立在秦宫基础之上，后人的脚步已经踏碎了秦宫遗留的每一片砖瓦，而汉宫的高台又把这些碎片深深地埋入地下，故虽然今人很少有此区秦宫殿基础的考古发现，但在此宫殿区基础上兴起的汉长安城也足以证明秦时本区宫殿林立、台阁连绵的宏伟规模。

由文献记载略可探知，渭南宫庙区各个宫殿既成群分布，又自成一体，各具特色，有些还包括有不少附属建筑。

章台 是渭河南岸的秦主要宫室之一，可能是一个以台观式建筑为主体的宫殿。秦昭王喜在此处理朝政，当时的许多重要外交活动都在这里举行。著名的“完璧归赵”故事就在此宫殿中发生，“秦王坐章台，见相如。”[①] 楚怀王被掳到咸阳，昭王就在章台以蕃臣礼接见他，《史记·楚世家》记载此事：“楚（怀）王至，……朝章台，如蕃臣，不与亢礼。”章台被作为秦国宫廷的象征，“苏秦说楚威王曰：今欲西面而事秦，则诸侯莫不西面而朝于章台之下矣。”[②] 说明章台在当时秦国的政治活动中的作用很大。

早几年在未央宫遗址附近发现了数千枚战国秦的封泥，都是当时中央官府及王室封存物品的印章遗留，说明这里当时就是秦王朝的重要办公处所。据黄盛璋先生研究，秦王政统一天下最关键的几年即王政二十三年至二十五年（前224—前222），这三年就住在章台。[③] 可知章台在秦统一六国战争中曾经作为最高指挥部，扮演过重要角色，作用非凡。

《史记·秦始皇本纪》只记载章台在渭河南岸，“诸庙及章

① 《史记》卷八一《廉颇蔺相如列传》。

② 《史记》卷六九《苏秦列传》。

③ 黄盛璋《秦封泥关键问题》（提要稿），2001年10月咸阳秦文化研讨会论文。

台、上林皆在渭南。”但不知具体位置如何。考古人员在对未央宫前殿的钻探过程中，在汉代建筑基址之下发现有叠压的战国时代秦砖瓦、瓦当等遗物，认为应该是秦章台的建筑构件。就是说他们认为未央宫前殿是在秦章台的基础上建造的，秦章台就在汉长安城未央宫前殿的位置。

这种观点还可以得到历史文献的证明。据《史记·樗里子甘茂列传》:“昭王七年，樗里子卒，葬于渭南章台之东。”《论衡·实知篇》也云:“樗里子卒，葬于渭南章台之东，曰:‘后百年，当有天子挟我墓。’至汉兴，长乐宫在其东，未央宫在其西，武库正值其墓，竟如其言。”西汉武库遗址已经找到并得到了考古确认，它位于汉长安城内中南部今刘寨村东侧，正好位于未央宫的东边。长乐宫的范围也已经勘探清楚，正在武库以东。樗里子墓在汉代武库位置，位于未央宫前殿遗址以东不远，说明文献记载与考古人员的结论完全相符。

兴乐宫 是秦昭王在渭河南岸修建的宫殿，到了秦始皇时代，又得到了扩建，形成了一个庞大规模的建筑群落。据文献记载，它包括有许多小宫及其他辅助建筑，何清谷先生认为秦华阳太后所居的华阳宫可能就在兴乐宫内，因为《七国考》言:“在陕西西安府旧长安城内”。兴乐宫中还有鸿台、鱼池、酒池、大夏殿等建筑。据《三辅黄图》，“秦始皇二十七年筑(台)，高四十丈，上起观宇，帝尝射飞鸿于台上，故号鸿台”。《庙记》则谓:“长乐宫中有鱼池、酒池，池上有肉炙树，秦始皇造。”汉长乐宫即秦兴乐宫改建，故其说可信。大夏殿则见于《三辅旧事》。

甘泉宫 为太后所居之宫，建于何时史无明载，但至迟在宣太后时已经有甘泉宫的存在，秦宣太后曾诈杀义渠戎王于甘泉宫。平定嫪毐之乱后，秦始皇把曾与嫪毐有染的母后禁于棫阳宫中，后听人劝说，从雍把母后接回来，“秦王乃迎太后于雍而入咸阳，复居甘泉宫。”[①]

秦始皇二十七年（前 220 年），秦始皇在渭南修建信宫的同时，又在甘泉宫中筑甘泉前殿，并修甬道与渭北诸宫相连。“自极庙道通郦山，作甘泉前殿，筑甬道，自咸阳属之。”前殿是指宫殿群中最高级别的大殿，如阿房宫前殿、汉未央宫前殿，至今都留下巨大的夯土台基。秦甘泉宫有前殿的修建，说明其规模还是相当大的。秦二世时，李斯在甘泉宫求见二世时，“是时二世在甘泉，方作角抵优俳之观”。[②] 说明秦的甘泉宫中专门有供皇帝娱乐的场所。

秦甘泉宫的具体地望所在，现在学术界意见不一，或曰位于渭河以南的汉长安城遗址内，或曰在淳化县的甘泉山。前一种意见是何清谷先生经过认真论证后提出的，认为秦甘泉宫位于渭河以南与秦咸阳遗址南北相对的汉长安城西北角，具体就在汉长安城桂宫遗址一带[③]。因为与文献记载的不少史实相一致，这种观点得到较多学者的赞同。

《史记·吕不韦列传》记载：“秦王乃迎太后于雍，复归咸阳。”《史记集解》引徐广语：“入南宫”，“《表云》咸阳南宫也。”秦王政迎接其母后复居甘泉宫，这里明确记载乃是咸阳的南宫。“南宫”是相对于渭河北的咸阳宫殿而言的，在长安城相家巷村新近出土的封泥中也有“南宫郎丞”印[④]，是南宫中的侍吏，说明秦甘泉又名咸阳南宫是对的。

从上述宣太后和秦始皇母亲皆居甘泉宫来看，甘泉宫也应

---

① 《史记》卷六《秦始皇本纪》。

② 《史记》卷八七《李斯列传》。

③ 何清谷《关中秦宫位置考》，《秦文化论丛》第 2 辑，西北大学出版社 1993 年。

④ 周晓陆等《秦代封泥的重大发现》，《考古与文物》1997 年 1 期。

在咸阳附近，绝不会放在距离咸阳太远的地方。因为宣太后握有重权，经常要处理国家大事，不可能离咸阳太远。昭襄王自己也讲："寡人宜以身受命久矣，会义渠之事急，寡人旦暮自请太后，今义渠之事见，寡人乃得受命。"[①] 这明确告诉我们，宣太后在诱杀义渠王之前，住在离咸阳不远的甘泉宫，所以昭襄王才早晚能与太后相见。甘泉宫和咸阳宫仅隔一条渭河，过横桥即可到达。

《太平寰宇记》卷二五引《三秦记》云："桂宫一名甘泉宫，武帝作迎风台以避暑。"又《初学记》夏第二注引《关中记》云："桂宫一名甘泉宫，又作迎风馆、寒露台以避暑。"可见直到东汉魏晋时，人们仍把桂宫称作甘泉宫。而桂宫是汉武帝在长安城中营建的宫殿，其遗址在今夹城堡、黄家庄和铁锁村一带。汉代的桂宫是在秦甘泉宫的基础上修建的，因而汉人仍然使用秦时的名称。因为汉代在淳化已修有甘泉宫，不可能再在长安城中修建一个甘泉宫。汉城考古队学者介绍，在汉桂宫地层之下确实存在有秦的文化层。

极庙 是一个宫殿式的宗庙，也叫宫庙。《史记·秦始皇本纪》曰："二十七年，作信宫渭南，已而更名信宫为极庙，象天极，自极庙道通郦山。"从记载可知，秦始皇统一全国的次年，他在渭水以南修建了信宫。《春秋传》曰："再宿曰信"。信宫即暂宿之宫。[②] 又据《三辅黄图》云："信宫，亦曰咸阳宫"，其意为信宫的作用可以代替咸阳宫。这是秦始皇将都城南移的具体动作之一。

次年秦始皇改信宫为"极庙"，古人"宫"、"庙"界限不严，宗庙有时候可以从宫室转化而来。司马贞《索隐》云：

---

① 《史记》卷七九《范雎蔡泽列传》。

② 马非百《秦集史》，中华书局1982年。

“为宫庙象天极，故曰极庙。”极庙象征天上的天极星座。天极星即北极星，是群星所拱最尊贵的星座。始皇帝活着时，全国各地已向极庙按时奉献贡物。《史记·秦始皇本纪》中有“今始皇为极庙，四海之内皆献贡职，增牺牲，礼咸备，毋以加”等语可证。

秦始皇死后，二世将极庙改为始皇庙。《史记·秦始皇本纪》记：“二世下诏，增始皇寝庙牺牲及山川百祀之礼。令群臣议尊始皇庙。群臣皆顿首言曰：‘古者天子七庙，诸侯五，大夫三，虽万世世不轶毁。今始皇为极庙……先王庙或在西雍，或在咸阳。天子仪当独奉酌祠始皇庙。自襄公已下轶毁。所置凡七庙。群臣以礼进祠，以尊始皇庙为帝者祖庙。’”按群臣所言，把原雍城宗庙和渭南“诸庙”中的从秦襄公以来的神主都换去毁掉，按秦始皇作为开国皇帝，把始皇庙作为皇帝的祖庙，建立新的七庙。秦二世果然采纳之。可知极庙后来成为秦帝国的宗庙所在，共供奉七个神主。贾谊《过秦论》云：“一夫作难而七庙堕。”又《史记·秦始皇本纪》云：“子婴度次得嗣，冠王冠，佩华绶，车黄屋，从百司，谒七庙。”诸庙建筑有基本固定的规模制度，也讲究一定的布局。可惜文献不存，已不可具体推知，我们只能从秦都雍城发现的祖庙规制中约略推论，秦始皇的极庙应该是庞大宏伟的。

极庙与丽山园墓地是始皇帝为自己死后设计的配套建筑，他迷信死后灵魂可以从丽山陵寝到渭南的极庙来接受盛大的祭祀，因而在其之间筑一条甬道以便灵魂往来。既然信宫是作为始皇庙而修建的，为什么一开始不称“庙”而称“宫”呢？这是因为始皇帝正当英年，讳言死事，与把其陵墓称作“丽山”一样。《汉书·景帝纪》有类似的例子，景帝四置德阳宫。《集解》臣瓒曰：“是景帝庙也，帝自作之，讳不言庙，故言宫。”

极庙的具体地望则仁智各见，何清谷先生认为大体就在汉长安城的北宫，即北宫可能是在极庙的废墟上建立起来的，位于现在西安市北郊的南徐寨一带[①]。《吕氏春秋·慎势》云："古之王者，择天下之中而立国，择国之中而立宫，择宫之中而立庙。"极庙所处位置南是章台，东南是兴乐宫，西是甘泉宫，北隔渭水是咸阳宫。正处在诸宫之中，符合立庙的原则。聂新民先生认为信宫即西安北郊阎家村建筑遗址[②]，他认为该遗址为秦遗址，是一处宗庙遗址，极有可能是信宫——秦始皇七庙遗址。王学理先生在《咸阳帝都记》一书中也持此观点。刘致平先生则认为这是一处汉代建筑遗址[③]。

徐卫民先生认为极庙应在渭南的诸庙附近，而诸庙的位置可以根据文献资料基本考证出来[④]。根据《史记·樗里子甘茂列传》所云："樗里子疾室在昭王庙西，渭南阴乡樗里，故俗谓之樗里子。至汉兴，长乐宫在其东，未央宫在其西，武库正直其墓。"樗里子是秦的著名大臣，号称"智囊"，是秦丞相中唯一的嬴秦宗室人物。他的墓室在昭王庙的西边，即前面论述过的汉代武库位置。如果按照通常所说的昭穆制度建置宗庙，极庙当离昭王庙不远，其所在位置距离何清谷先生推定的地方不会太远。

阿房宫 阿房宫地区的宫室建设比较特殊，因为其前殿没有建成。阿房宫作为未来的朝宫，乃是群臣朝见皇帝、会商军国要务的中央政府所在，与后妃燕处、皇帝行乐的宫室别馆迥

① 何清谷《关中秦宫位置考》，《秦文化论丛》第 2 辑，西北大学出版社 1993 年。

② 聂新民《秦始皇信宫考》，《秦陵秦俑研究动态》1991 年 2 期。

③ 刘致平《西安西北郊古代建筑遗址勘察初记》，《文物参考资料》1957 年 3 期。

④ 徐卫民《秦都城研究》，陕西人民教育出版社 2000 年。

然有别。所以其规划之宏大、范围之广阔、工程之繁巨、建筑之豪华，自然在秦都咸阳首屈一指。其开始营建至秦亡，不过四五年时间，并未能完全竣工，然从文献记载与考古勘探可知，阿房宫应是咸阳最宏大的群体建筑。

阿房宫可能筑有高大的宫城，因而古代文献多称其为阿城，据宋敏求《长安志》载："秦阿房名阿城。在长安西二十里。西北（东）三面有墙，南面无墙。周五里一百四十步，崇八尺，上阔四尺五寸，下阔一丈五尺。今悉为民田。"从其记载来看，宫城仍是围绕前殿而修建的，远没有包括阿房宫的所有范围。阿房宫南侧无墙，"表南山之颠（巅）以为阙"，说明其南侧以阙为门，规划宏伟。阿房宫的北阙门叫磁石门，又名却胡门。《三辅黄图》云，阿房宫"以磁石为门"，《三辅旧事》曰："以磁石为门，阿房宫之北却胡门也。"阙门用磁石垒造，用来探视前来朝拜的夷胡人，有隐甲怀刃入门者可立即发现，故又名却胡门。磁石门遗址应该在阿房宫前殿北 4 公里处的新军寨附近，这里发现秦夯土层深达数米，正处于阿房宫的中轴线上。虽然阿房宫不像文献上渲染的那样"规恢三百余里"，但其建筑密集区已是南北 5 公里，东西 4 公里，其范围达到 20 平方公里以上。

在阿房宫遗址范围之内，考古人员陆续发现几十处建筑基址遗存，可以想见其当时本区宫室建筑"五步一楼，十步一阁"的宏伟景象。其主体是没有完全建成的前殿。据《史记》，前殿东西五百步合今 693 米，南北五十丈合今 116.5 米，高可建五丈旗合今 11.6 米。经过两千多年的风雨剥蚀和人为毁坏，现在仍保留着东西 1200 米，南北 410 米，面积约 492，000 平方米，高出地面 7－9 米的巨型夯土台基。据考古钻探得知前殿的实际范围为东西长 1320 米，宽 420 米，面积约 554，400 平方米，相当于 70 多个国际标准足球场地，是目前所知我国古代最大的夯土建筑台基。参见图 3－8. 秦阿房宫地区建筑基址分布图。

阿房宫前殿台基因龙首原之地势夯筑而成，平面自北向南呈缓坡倾斜。东西两端为聚驾庄、赵家堡、大古城村、小古城村四个现代村落，或为民居所叠压，或被掘成断岸。北侧为三层台阶式断崖，南侧是开阔的农田。探测得知，在台基南侧存在残长 770 米，宽 50 米的大型广场，广场南沿有四条道路向南延伸。据《三辅黄图》，“阿房可受十万人，车行酒，骑行炙，千人唱，万人和。”这十万人的朝会可以在前殿广场举行。

在前殿东侧约 2 里处，有一高 14.98 米、周长 230.4 米的不规则圆形夯土台基，群众传说为“秦始皇望想台”，俗称“上天台”。钻探结果表明，在“上天台”周围东、北、西三面均有夯土台基分布，范围为东西 400 米，南北 110 米，因为 20 世纪 70 年代初的农田基建运动，大片遗址被平毁。据分析，“上天台”可能是一台阁建筑，其北侧似为一座院落，西端有阁道北折西接，西南方的六处夯土基址原应属于同一建筑群。

前殿东北约 200 米处，有一“北司”建筑遗址。在此发现大型石柱础排列有序，达 100 多个，并有螺旋形环道遗迹。绳纹瓦片上陶文有“北司”“右宫”“左宫”“宫甲”“宫寅”“宫戏”“宫辰”等篆字，似为宫室名称，而且带有编号，可知阿房宫旁边之宫室是按天干编号的，说明其宫室之多。

在今阿房宫村正北高窑村，发现秦代麻点纹板瓦、筒瓦、云纹瓦当等建筑材料，出土有著名的“高奴禾石铜权”。此权是战国秦铸，秦统一度量衡时收回审验，在一面加刻秦始皇二十六年诏书，未来得及发还高奴，秦就灭亡了。这个建筑也许住着秦专管检定度量衡的机构，也说明阿房宫部分建筑已经开始使用。

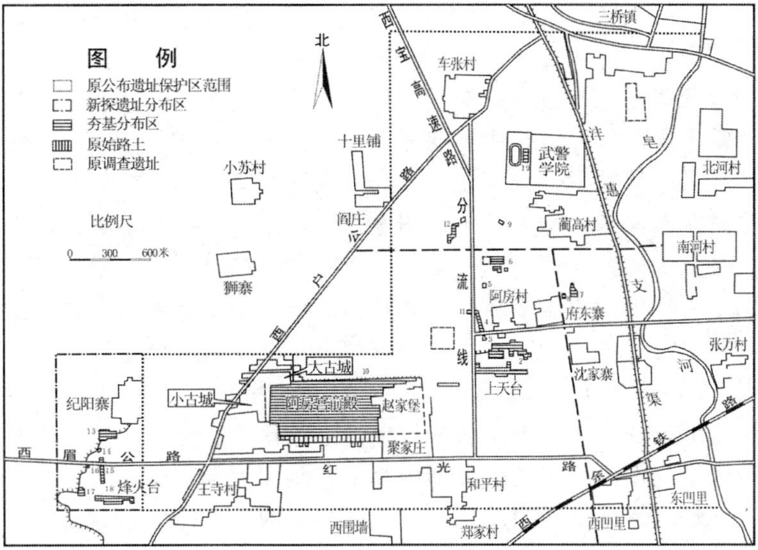

图 3-8　秦阿房宫地区建筑基址分布图

前殿北约 2 里的小苏村曾发现铜建筑构件 6 件，可能其中之一是铜柱的柱础，一件是门砧，一件是户枢，其余三件都是作加固木质梁柱用的。与凤翔秦宫遗址出土铜构件相类似，证明应为秦宫殿建筑用物，此处亦应是一个宫殿遗址。

前殿北约 6 里后围寨的北侧有一高台建筑基址，高达 6 米，出土有用花纹空心砖即台阶建筑的踏步、屋脊式的陶质水道衔接一二十米长、排列有序的柱础石等，也应该是阿房宫周边的一处大型宫殿遗址。

前殿西侧 2 里的纪阳寨村南，有一座高 4 米，周长 47 米的夯土台基，当地人称为“烽火台”。钻探结果显示，这是以台基为中心，平面形状呈“凸”字型的建筑夯基。其周围还有五六处小型建筑基址。此处亦应是一个大型宫殿建筑，最新考古发掘者认为，此处为秦上林苑的一个重要建筑。

在“上天台”遗址以东至滈河之间，考古勘探出五片湖相沉积区，距地表1.2米深处分布有大面积细沙，沙质为黄色，部分地带有泥沙分布。这是天然湖泊还是人工引水造成的还不清楚，视其为阿房宫中以水景为主体的风景点应该没有问题。杜牧《阿房宫赋》谓“二川溶溶，流入宫城”。阿房宫东有潏水，西有滈水，开渠引此二川之水入宫来作生活与园林之用应该是正常的。

近年来，中国社会科学院考古所与西安市考古所联合组队对阿房宫遗址进行勘探和发掘，取得了不少的成果。据《华商报》报道，2005年秋天，考古工作者发掘了后围寨的高台建筑遗址，认定是战国秦上林苑中的皇家建筑遗址，并一直延存到西汉。该建筑遗址分为下部夯土台基和上部建筑两部分，在底部建筑倒塌堆积中发现不少战国时期的绳纹铺地砖和山形云纹及素面的半瓦当，这与秦都咸阳宫建筑遗址出土的铺地砖和半瓦当基本相同。另外，从建筑形制来看，该遗址与秦咸阳宫一号建筑遗址的形制基本相似，为一座战国时期典型的高台建筑。从该遗址发现的红烧土、墙皮遗迹推测遗址被大火烧过，但又没有发现比西汉更晚的遗物，因而推测该遗址毁于西汉末年的战火[①]。

第二节　秦都咸阳的政治经济建置及其布局

除上节论述的宫庙建筑以外，官署、里亭、府库、手工作坊、市场等是官民们的工作与居住之处，也构成秦都咸阳不可分割的组成部分。

① 《华商报》2005年11月11日。

一　官署、里亭及府藏设施

1. 官署

秦昭王时，一代哲人荀卿曾来到咸阳，并在《荀子·强国篇》中记下了其观感曰："入其国，观其士大夫，出于其门，入于公门；出于公门，归于其家，无有私事也。不比周，不朋党，倜然莫不明通而公也，古之士大夫也。观其朝廷，其朝闲，所决百事不留，恬然如无治者，古之朝也。故四世有胜，非幸也，数也。"说到了咸阳都城，看见官吏们由自己家出来，就到官署去办公；从官署出来，就回到家中，不办私事，不厚此薄彼，不结党营私，都明通公道，是好士大夫也。参观秦朝堂廷殿，看见的是闲静严肃的景象，没有公事积压，安然如国家无事，真是好朝廷。因此，秦国孝公、惠文王、武王、昭王一连四世打仗均取得重大胜利，这不是侥幸，是势所必然啊！其中也说到秦都咸阳存在着各官的办事机构即官署。

秦统一全国后，中央机构以三公九卿为首脑，其皆似有官署，并均应在秦都咸阳之中。丞相、太尉、御史大夫是为三公。丞相乃秉承皇帝旨意，帮助处理全国政务的中央行政机构之长，太尉乃掌管全国军事之长，御史大夫内掌图籍秘书，外督部刺史。《史记·萧相国世家》记，萧何入咸阳后，"收秦丞相、御史律令图书藏之……秦御史监郡者与从事。"《集解》引苏林语曰："秦时无刺史，以御史监郡。"三公之下有九卿，为中央分管各主要部门事务的长官，分别叫奉常、郎中令、卫尉、太仆、廷尉、典客、宗正、治粟内史、少府。

关中是秦的京畿重地，直属中央政府，不再设郡，而设内史管辖，同时内史治京师咸阳，也成为京都的首席长官。新出秦封泥中有"内史之印"。据文献记载，任此职的有肆、腾、蒙恬等人。内史权限较大且有军功，如腾在秦始皇十六年（前

231 年）因“发卒受地韩南阳”为假守有功，得任内史。次年又“攻韩，得韩王安，尽纳其地”，灭韩，其后还同王翦一起将兵攻燕。大将蒙恬因灭齐有功拜为内史，后将兵 30 万，“北逐戎狄，居上郡。”关于内史在咸阳城的具体位置，最近有人提出“由《黄图》知秦内史治在咸阳渭南”①。

咸阳有“咸阳令”与“咸阳丞”的设置。据《史记·秦始皇本纪》，阴谋家赵高的女婿阎乐曾任咸阳令，并矫诏带兵围秦二世于望夷宫，迫其自尽，是赵高的主要帮凶。可见咸阳令一职颇为显要。新出秦封泥中也有“咸阳丞印”。秦制，县万户以上置令，以丞助之。咸阳令与丞的设置说明了咸阳作为一个都市也有县级官僚机构，似属于内史属下，那么，相应地也要有其办事衙门即官署。

2. 里亭

战国秦时代都邑中居民聚居的基本单位叫“里”。《史记·秦始皇本纪》载，始皇三十一年（前 216 年）二月，“赐黔首里六石米，二羊。”里之长官称里正。据《韩非子·外储说右下篇》，有一次秦昭王有病康复，某里百姓杀牛谢神以示庆贺，秦昭王为遵守秦国保护耕牛之法律，“訾其里正与伍老盾二甲”。云梦秦简中“里”的长官均称作“里典”，乃因为讳避秦王政之名而改称。里典的职司范围很广，如监督居民登记户口，通知居民服役时间，居民财产被官府抄没封存时要到现场作证，居民有患“疠（瘤型麻风病）”的，要带上病人上报并请官方医师诊断。

从渭北区出土陶文来看，秦都咸阳的里多达 40 多个，如屈里、完里、右里、泾里、当柳里、东里、阳安里、沙寿里、

① 史党社、田静《新发现秦封泥丛考》，《秦文化论丛》（6）页 238，西北大学出版社 1998 年 7 月版。

新安里等等，多分布在北阪宫殿区以南至秦渭河之间，构成秦咸阳手工业作坊与居民居住区。渭南地方可考者只有樗里一个，据《史记·樗里子列传》，秦宗室智士樗里疾出生于阴乡樗里。水南为阴，阴乡乃指渭水南部，樗里正当汉未央与长乐两宫之间的武库位置，汉武库已经发掘，在今汉城乡大刘寨东侧，樗里当处于此。

一般而言，里该有一平方里的面积。其四周围墙，“里域不可以横通”，说明其中有一条通道直贯两头。两头之门有一个作为正门，叫做“闾”。因为《史记·陈涉世家》谓：“二世元年七月发闾左”。颜师古注曰：“闾，里门也。言居闾门之左者一切发之。”古时重右轻左，右示尊贵，富豪之家称为豪右，而左示卑贱，秦所谪发的对象皆是里中身份低者。

亭有两种，一是市亭，设置于市场之中，掌商业交易之事。二是都亭，负责缉捕盗匪，平理诉讼，多设在交通路口，又有关照行旅，停留食宿之邮亭功能。亭设亭长，下属有两卒，一是亭父，“掌开闭扫除”；二是求盗，“掌捉捕盗贼”。文献史料中保存有设置于秦咸阳郊区的 4 个亭，即杜邮、轵道、长平与白亭。

据《史记·白起王翦列传》，“秦王乃使人遣白起不得留咸阳中，武安君（白起）既行，出咸阳西门十里，至杜邮”而自裁。又《史记·樗里子甘茂列传》曰：“应侯欲攻赵，武安君难之，去咸阳七里而立死于杜邮。”北魏郦道元《水经注·渭水》：“渭水北有杜邮亭，去咸阳十七里，今名孝里亭，中有白起祠。”以上虽有七、十、十七里的不同记载，但这是古文献传抄致误，大致判定都应在今咸阳市东、长陵车站以西。据《括地志》，秦杜邮亭唐代为咸阳县城所在。今咸阳市东三姓庄附近发现不少唐代遗物，应为唐咸阳城所在，其旁今仍存有白起墓，秦杜邮亭正位于此地。

《史记·秦始皇本纪》载，刘邦攻入武关，屯兵霸上，“使人约降子婴。子婴即系颈以组，白马素车，奉天子玺符，降轵道旁。”《汉宫殿疏》谓：“轵道亭东去霸城观四里，观东去霸水百步。”《水经注·渭水》谓：“轵道在长安县东十三里”，长安县即汉长安城。可知轵道亭在灞河西 4 里有余，位于汉长安城东 13 里的东进大道旁，约在今团结村一带。

长平亭乃位于望夷宫之旁，《史记·集解》：“张晏曰：望夷宫在长陵西北长平观道东，故亭处是也。”故亭即是长平亭，位于长平坡上，北临泾水。望夷宫位于今咸阳原边泾阳县蒋刘乡王福林附近，长平亭或当在此不远处。

《汉书》卷六十三《武五子传》：“长安白亭，东为戾后园”。《太平寰宇记》曰：“汉戾园故秦白亭。”似白亭秦时已有。据《唐两京城坊考》卷四《长安·金城坊》：“北门有汉戾园”。金城坊在今西安市大土门村之东。《水经注·渭水》所记汉戾园也正位处此地，故秦白亭当在今西安市西郊劳动公园附近。

杜邮亭正当咸阳西去大道上的第一个邮亭，白起在此接秦王令不得不伏剑身亡；而轵道亭在灞桥西侧，也在东出函谷的要道上，此处上演了秦王子婴投降的历史剧；长平亭在咸阳北趋云阳直道的大道上，白亭又是秦咸阳南至汉中子午道的起点。此四亭分处咸阳通向四周的交通要道的第一站，迎来送往，位置相当重要。

3．仓廥库等府藏设施

秦都咸阳人口众多，宗室百官、军队要消耗许多物资，修阿房宫及丽山之刑徒 70 余万人也要官家赋食禀，故咸阳的物质储存设施是必不可少的。当时储存粮食的称仓，储积刍稿的称廥，储积武器的称库[①]。

秦国在战国时期比较富庶，《战国策》称秦国境内“积粟如丘山”“粟如丘山”。保存如此众多的粮食，要修筑相当数量和规模的贮粮仓库。秦都咸阳属朝廷直接管理的储粮机构应该是太仓，其长官也就叫太仓。《云梦秦简·厩苑律》谓：“大仓课都官及受服者”，新出秦封泥中也有“泰仓”之印。大仓、泰仓皆与太仓相同。其下设有大型的粮食仓库。据《云梦秦律》记载，一般郡县每积为万石，栎阳为秦故都每积二万石，只有秦都“咸阳十万石一积”。《汉书·高帝纪》载，刘邦攻入关中占领咸阳后，十万大军屯驻霸上，秦民持牛羊酒食献汉军，刘邦说：“仓粟多，不欲费民”，说明咸阳都城的仓储量确实众多，能够保证刘邦大军的食物供应。据对秦简材料的分析，秦都咸阳太仓的社会功用主要是以下四端：颁发官吏俸禄，供给军队用粮，发放刑徒口粮，存粮为种。

云梦秦简中专有《仓律》一种，现存26条，对粮仓建筑的布局、结构有比较详细的规定，同时还对粮食的收藏、保管、使用等各个环节，都作了明确规定，可谓周全。粮仓建筑与生活区严格分离，仓与仓之间要有一定间距，相互之间都不相连。粮仓机构一般由仓房、办公房、围墙等部分构成，规定粮仓的屋面必须覆瓦，室内地面有架空地板，高大通风等，以便防潮、防火与防鼠。从秦国粮仓的设置与管理看，秦国所建立的粮仓体制已经较为完备。

为供应秦都咸阳马匹与上林苑等处牲畜所需的草料，秦统治者向广大农民征收大量谷草，于是也有了廥的存在。《云梦秦简·田律》：“入顷刍稿，以其受田之数，无垦不垦，顷入刍

① 《说文》曰：“仓，谷藏也”；“廥，刍稿之藏”；“库，兵车藏也”。说明了仓廥库的性质。

三石，稿二石。”是说秦代的土地税是田租（谷）与刍稿并行。无论其田垦耕与否皆要交纳刍稿。《田律》还有：“禾刍稿彻（撤）木荐，辄上石数于廷，勿用，复以荐盖。”谓要积存起来，垛上荐盖以防雨雪。《仓律》则曰：“入禾稼刍稿，辄以为廥籍，上内史。刍稿各万石一积，咸阳二万石一积。其出入、增积及效如禾。”刍稿也是以“石”为单位，以万石为一积。普通郡县万石一积，只有都城咸阳是二万石一积，规模数量巨大也。

首都咸阳的武库是秦中央政府直接掌握的大库，少府、内史直接制作及其下寺工、诏吏主造的兵器皆直接存放在咸阳武库里。1999年秦始皇陵石质盔甲陪葬坑的发现，乃是京师武库在始皇帝死后世界的反映。秦咸阳武库规模庞大，秦末农民军攻入关内，少府章邯建议解放丽山徒，授与兵器，东进镇压起义军，估计总数量超过10万人，以每人授与兵器一件计，总量已很庞大。又秦始皇兵马俑坑约有武士俑七千左右，从其手势看，每人至少携带一件正式兵器，也都是由咸阳武库中调出的。根据云梦秦简中记载的法律条文，中央政府对武器的使用有严格控制，武库中兵器的收藏、保管与发放有着一套完整的制度。

二　手工业作坊与商业市场

1. 手工业作坊区及手工业生产特点

秦都咸阳已经发现多处手工业作坊遗址，涉及的行业有冶铜、铸铁、砖瓦、陶器和骨器制作。多位于渭北咸阳城区范围，其中一处位于兰池宫附近，其余绝大多数分布在北阪宫殿区的西部和西南部。都城手工业基本分为中央、市府和民营三大系统，它们不但产品有所不同，而且分布地区也不一样。

中央官署控制的手工业主要包括冶铜、铸铁和宫廷建筑材料砖瓦等行业，它们多分布在宫殿区的附近，主要在宫殿区西部。宫城遗址西侧的聂家沟附近就有一处中央官署统辖的大型手工作坊区。这里遗存有大量铁渣、铁块和黄绿色的堆积层，还发现铸造铜器的陶范残块多件及陶窑四处，说明此区至少包括有制砖瓦、冶铜、铸铁等三大行业。宫殿区西侧胡家沟附近也发现有为宫廷建筑生产砖瓦的大面积手工业作坊遗址。窑址已毁坏很多，但至今已勘查出保留完整的仍有 29 座，占地面积约 7936 平方米。陶窑东西成排，南北成行，布局规整，排列有序。窑址中出土的残瓦上戳印着“周”、“右”等以示官署生产的文字标记。与此相距不远的西北部也是一处生产砖瓦的专业作坊，遗址附近发现有素面瓦当、瓦片和烧结变形的龙凤纹空心砖残件。

工室是战国时期秦国特有的专门制造器物的手工制造机构。由于传统史书中未见记载，这一机构过去一直不为大家所识。近几十年出土铜器与漆器的铭文、封泥及秦简上出现大量关于“工室”的文字，使我们对它有了深入认识。

从现有材料分析，工室属秦国官府手工业的主要作坊和机构，只要国家和王室有日用品、兵器或度量衡等产品的需要，王室、官署和地方政府都可以设立工室负责生产，如属于王室的有御府工室、北宫工室，属于官署的有少府工室、咸阳工室、属邦工室等。[①]

秦都咸阳有许多官府手工业机构，因而工室的设置不少。工室内部设有啬夫管理，而手工业生产的众多细节在睡虎地秦

① 出土器物铭文有：“五年相邦吕不韦造，少府工室邻，丞冉，工九。武府。少府。”秦简文曰：“县及工室所官为正衡石羸（累）、斗用（桶）、升，毋过岁壶（壹）。”新出土秦封泥有“咸阳工室丞”“属邦工室”“御府工室”“北宫工室”等。

简中都有涉及，而负责工室制造业务进行管理和考核的政府机构是内史，也设立在咸阳。

市府和民营手工业作坊，基本聚集于一处，主要分布在秦都咸阳渭北区的西南部，即今长陵车站周围。这里的手工业生产以民营为主，市府手工业所占比例不大，大概市府的主要职能是管理市亭工商业，生产是其次要任务。在此作坊区域内，除遗存着许多陶窑和窑内清理物的堆积坑外，还分布着数以百计的水井和多处地下排水管道。考古人员在此作过几次发掘，揭露面积 424 平方米，清理出陶窑 4 座、窖穴 6 个和水井、小孩墓葬等，出土陶盆、鬲、瓮、茧形壶、罐、制陶工具、印泥、货币和兵器等文物数百件。其中相当数量的陶器上戳印有陶文，文字内容反映了陶器生产作坊的性质，它们大多为民营作坊，也有少量属于市府所辖的手工作坊。

在长陵车站周围的制陶作坊区内发现水井百余口。水井大都用陶圈安装，圈径一般在 70 厘米左右，每节高约 35 厘米，少数井圈的沿部戳有文字。它们排列密集，多数三五成群。此处大量水井的发现，说明了秦时民营与市府性质的制陶手工业也已经达到相当巨大的规模。

咸阳的制陶窑址有一定的分布规律。《秦都咸阳古窑址调查与试掘简报》中报道了 90 座陶窑及以后新发现的 18 座秦陶窑，都集中分布在东西向的北阪原坡上，即现在的西起黄家沟、东至柏家嘴的地段内。长陵车站、长兴村、滩毛村、店上村一带，是制陶窑址分布的一个密集区，滩毛村南、渭河北岸的断崖上，暴露出厚两米左右的秦灰坑堆积。宫殿区西侧的陶窑，以烧制建筑材料的砖瓦、陶水管道为主。宫殿西南区的陶窑则以烧制碗、盆、罐等生活用品为主。

秦代陶窑以胡家沟东侧最为密集，在仓张砖厂西侧的原头坡地上，密密麻麻地分布有 29 个陶窑遗址。其具体布局很有特点，东西成排，南北成行，排列得比较规则，似乎建设的时候有一定规划。见图 3－9．胡家沟窑址分布平面示意图。

上述胡家沟窑址均依坡修建，开口于秦文化层下，打破生土。窑内包含细绳纹筒瓦、板瓦等，其砖瓦残片上戳印有“王”“周”“古”“田”等印记，与一、二、三号宫殿出土的印记相同。由此来判断，这里是直属中央官署的手工作坊，主要烧制砖瓦以满足咸阳宫殿建筑用材。

秦代的陶窑多圆形，有窑门、火膛、窑床和烟道等组成。图 3－10 是在长陵车站作坊区出土的一个秦代陶窑，供参考。

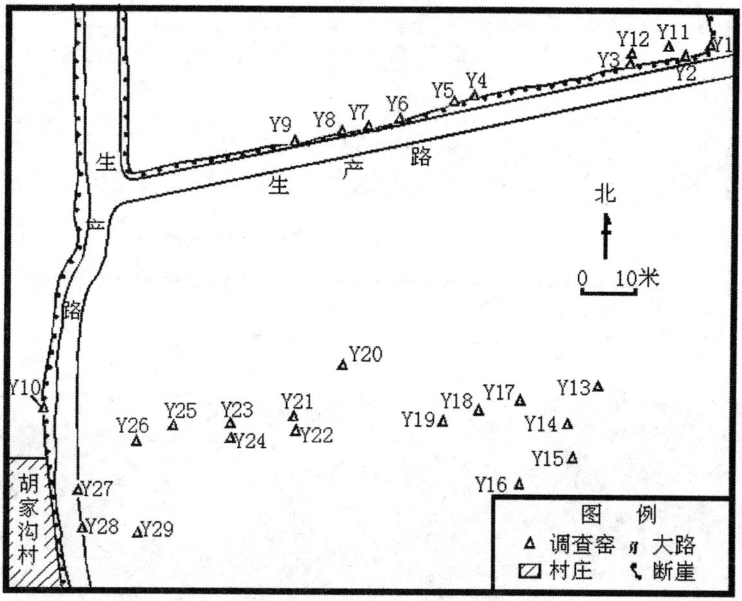

图 3－9．　胡家沟窑址分布平面示意图

秦在手工业制作方面有“物勒工名”的制度。据《吕氏春秋·孟冬季》，“物勒工名，以考其诚，工有不当，必行其罪，

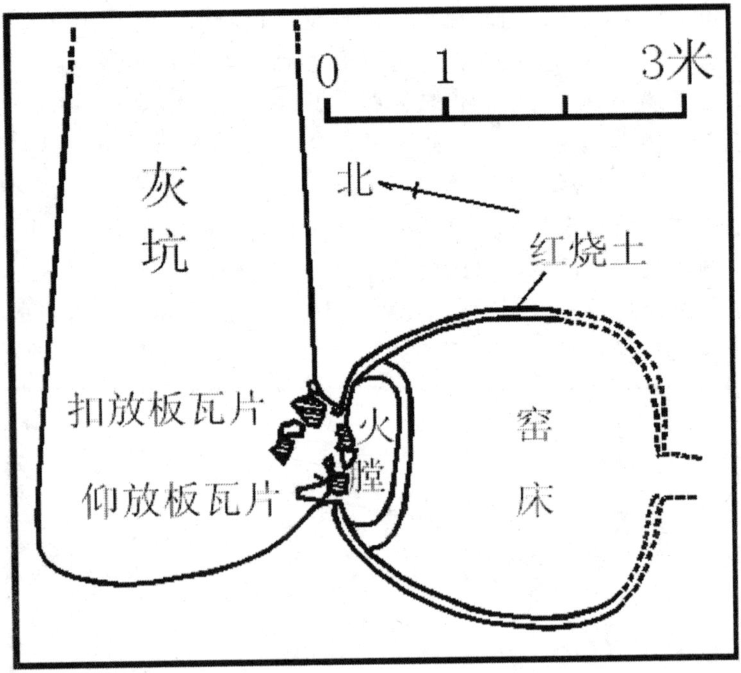

图 3－10. 长陵车站制陶作坊遗址秦代陶窑平面图

图 3－11. 秦都咸阳出土的空心砖

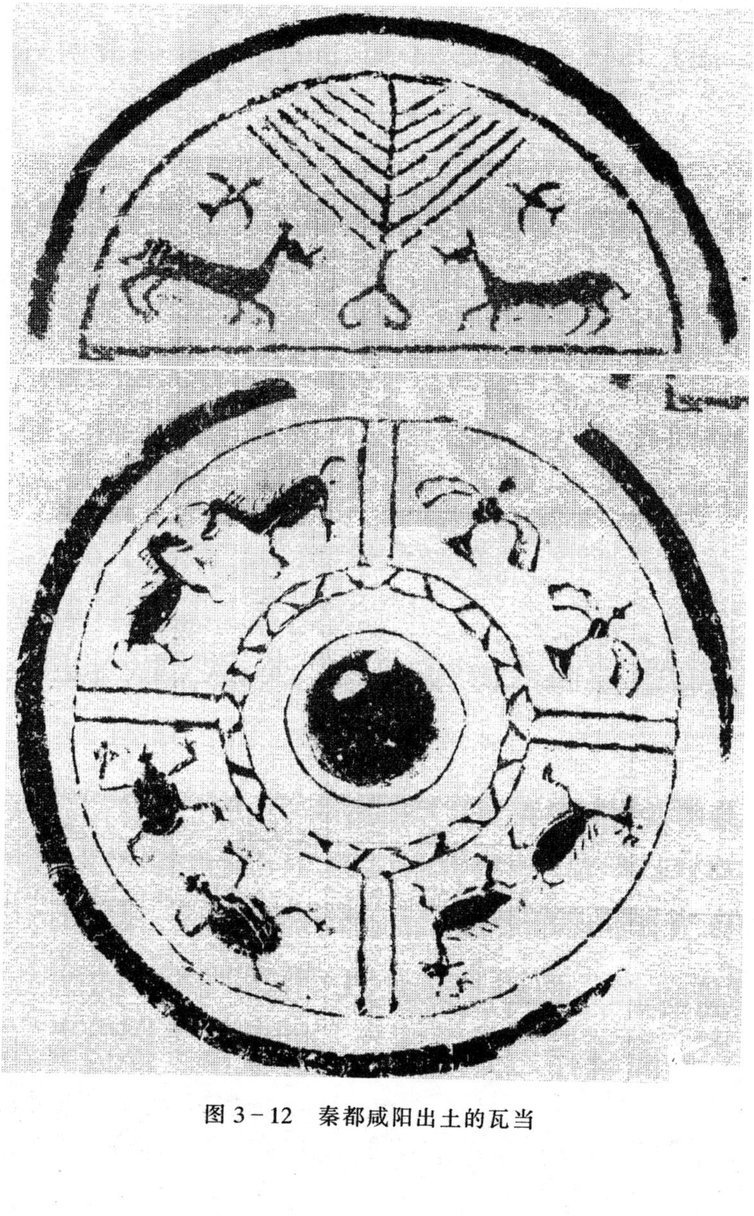

图 3－12　秦都咸阳出土的瓦当

以穷其情。”即每个制作的器物上皆刻有制作者的名字，以便于考察其制作的数量和质量。清梁玉绳说：“后世制器，镌某造，盖始于秦。”秦都咸阳范围内出土的各种秦器，如铜器、兵器、货币、权量、诏版、陶器、砖瓦、水道等，一般都质量较高，具有朴素、坚实、耐用的特征。秦始皇陵出土的铜车马结构复杂，铸造精美，被誉为青铜器之最；兵马俑形态各异，组成兵阵，逼真威严，被誉为人间第八大奇迹；秦砖质细，量重，“击之有声，断之无孔”，被当地农民称作灌铅砖，秦砖与汉瓦并列，代表着一个时代的陶器生产水平。图3－11、图3－12是秦都咸阳出土的空心砖与瓦当，可见其质量上乘。

根据出土陶器上大批陶文的统计，可以找出规律来，即秦都咸阳某个工匠或某里工匠的生产有着细致的分工。某个工匠或相同里名的工匠，似应以生产某一种陶器为主，并兼及其它陶器的生产，如“屈里”的工匠可能以生产瓮为主，兼及罐和鬲的生产；“完里”的工匠以生产罐为主，并生产少量的盒；“西里”的工匠只生产茧形壶。工匠们在自己的产品上戳印自己作坊的标记，既是遵守“物勒工名”制度的体现，同时也可以扩大宣传，招徕顾客，而对于官府来讲，也更利于稽查手工业的生产质量和征收市租。

2．市场的设置、形制与功能

随着秦国商品经济的发展，献公七年（前378年），“初行为市”，正式开始官方设置市肆及市亭管理机构，建立了市井制度。到秦帝国时代，秦都咸阳的商业得到较大的发展，市场贸易繁盛。目前已经掌握的材料，咸阳城内分布着咸阳市、直市、平市，还有两大较为特殊的专业市场即奴市与军市。

咸阳市在渭北，是咸阳商贾贸易的最大固定市场，商旅往来频繁，商品交易活跃。《史记·吕不韦列传》载，吕不韦集门客著成《吕氏春秋》，布告咸阳市，改一字者予千金。秦二世时，“杀大臣蒙毅，公子十二人戮死咸阳市”，李斯父子被“腰斩咸阳市”。

直市见于宋敏求《长安志》：“直市在渭桥北……直市平准物价，故曰直市。”渭桥秦时就一个，连接渭河南北，乃咸阳城市交通枢纽，在桥北即今草滩农场北设置市场也是很有可能的。

平市见于黄家沟秦墓出土陶罐的戳记。由于资料缺乏，其位置无考。

奴市见于《汉书·王莽传》，其谓秦“置奴婢之市，与牛马同栏”。这显然是一处把奴隶商品化了的专业市场。只其是否与别的市场结合在一处，尚不一定。

军市是战国中晚期为适应机动作战的需要在军队驻屯的地方设立的临时交易场所。《商君书·垦令》规定，军市的商人要自备盔甲、兵器，要视“军兴”而贩卖粮米，平时不得私贩，并“令军市无有女子”，使“轻惰之民无游军市”，以防影响士气军心。咸阳周围军队驻屯很多，供应军人粮食、武器和军装的市场也应随之产生。

秦都咸阳市场的形制是由专门规定的，曾经作为典型推广到巴蜀等地。秦惠王二十七年（前 311 年），张若治蜀，在成都等地“置盐铁市官，修整里阓，市张列肆，与咸阳同制。”“阓”是市垣上的门，文献资料记载咸阳市有门，也就是四面有围墙。又《秦会要订补》引《说苑》，“侯生逃，后得，始皇召见之，升阿东之台，临四通之街，将数而车裂之。”所谓四通之街，即东西与南北交叉的十字街道，为市井的“四隧”。四川新繁出土东汉市井画像砖上的市井四周有垣，十字形的隧即街道与四门相通，街道的两侧列肆相对，管理市场的市楼或旗亭位于“四通之街”的中心。除市张列肆外，街道上也有地摊经营，市场角上也有仓储房屋。参见附图 3－13. 成都汉画像砖上的市场形制图。秦咸阳城的市场形制也应该是这样的。

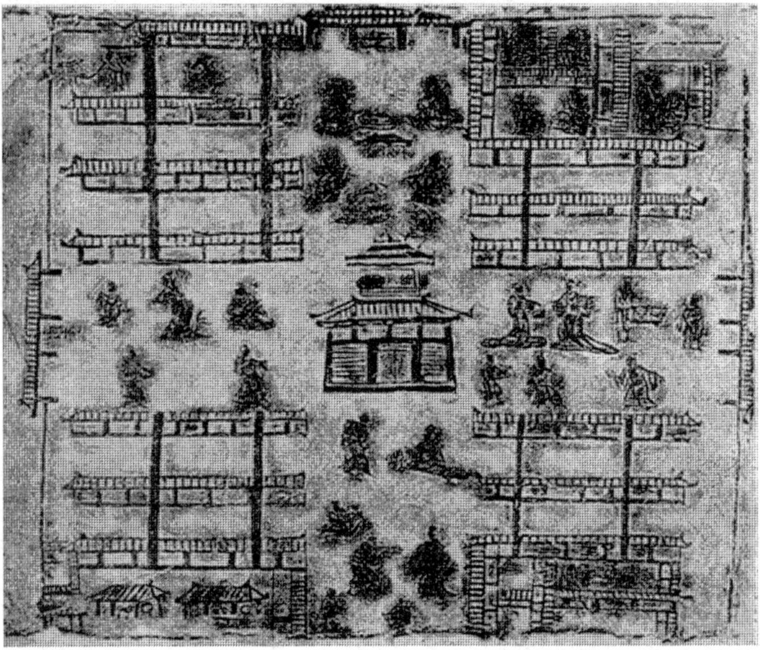

图 3－13　成都汉画像砖上的市场形制图

“市”在秦都咸阳的作用，当然就是交易商品，互通有无，供应城内居民的日常生活必需品、生产工具与贵族官僚们的奢侈品。除此之外，还有两个较大的功能。

一是政府行刑之地。《史记·秦始皇本纪》记载，三十四年（前 219 年），规定“有敢偶语诗书者弃市”；《六国年表》记载，昭王五十二年（前 260 年），王稽因间谍行为而弃市。按《资治通鉴》胡三省的解释：“秦法，论死于市，谓之弃市”。这是因为市上人多势众，在此行刑更具有警示众人的宣教作用。《史记》等古代文献关于秦代咸阳市行刑之例很多，如商鞅被车裂以徇咸阳，秦二世在咸阳市杀戮十二公子，腰斩李斯于咸阳市，二世三年（前 207 年），子婴“刺杀（赵）高于斋宫，三族高家以徇咸阳”，也应是在咸阳市。

二是权贵们造声势、兴舆论的重要场所，这也是利用城中居民多集于市的特点。如吕不韦编成《吕氏春秋》，为向秦王政示威，宣传其作为施政纲领的权威性，随置于咸阳市门，悬赏千金于其上，谓能改动其一字者赏千金。这也是成语“一字千金”的来历。还有个著名的故事就是商鞅在国都市门“徙木赏金”。商鞅为取信于民，为变法大造声势，乃令人置一根木棒于都城（当时秦都栎阳）市南门外，谓谁能运至市北门赏十金。搬运木头至北门易如反掌，众人多以为怪，无人应，于是加赏金至二十金，仍无应者。再加之，至五十金时，有一男子以为此易事耳，即不赏金也无关系，乃运木至市北门，围观者甚众，欲看结果。果有一官人持五十金赏之，并表彰其能响应政府号令。众人由此知商鞅法令如山，说到做到。

3. 商业管理

秦朝政府对市场实行严格的管理制度。《汉书·晁错传》记，秦谪戍，“先发吏有谪及赘婿、贾人，后以尝有市籍者，又后以大父母、父母尝有市籍者”。《云梦秦简·金布律》规定：“贾市居列者及官府之吏，毋敢择行钱布；择行钱布者，列伍长弗告，吏循之不谨，皆有皋（罪）。”上述资料可以说明：1. 秦时列肆内的商贾要编入市籍，“户籍相伍”，设列伍长，负责纠察不法。2. 政府设立专吏巡查市井，可能就是秦惠王时代已经设立的盐铁市官及长丞之类的官吏。

市亭为市的直接管理机构，咸阳一带所出秦陶器上多见“咸市”、“咸亭”的文字，应该是“咸阳市亭”的省称。每个官设的市内都建置市亭，就设在市中心的市楼之上。市楼上置鼓或立旗，以时指挥市场之启闭，如击鼓罢市之类。秦市亭的本职任务是管理市务，防止盗贼，维持市场秩序，并向商贾征税。其长官为“亭啬夫”，还有“校长”及“求盗”，云梦秦简《封诊书》中有：“市南街亭求盗才（在）某里甲”，“某亭校长甲、求盗才（在）某里曰乙、丙”，此记载可作明证。

为了防止不法分子窜入市内扰乱秩序，秦律规定：刑徒出外服役，不准前往市场和在市场门外停留休息，如果途经市场者，一定要绕行。这在留存至今的睡虎地秦墓竹简中有明文规定。

为防止商人擅自抬高物价，官府对重要商品制定了法定价格。秦简《告臣》记载的一次奴隶交易是以“承市正价”成交的，所谓“市正价”应该就是政府规定的统一价格。市场上的商品实行明码标价，《金布律》规定：“有买及买（卖）殹（也），各婴其贾（价）。小物不能名一钱者，勿婴。”“婴”即指系，也就是悬挂。这是说凡出售的东西都要系上价格标鉴，方便顾客选购，只有那些不值一钱的小件商品可以不系标签。据《三辅黄图》记载，“物无二价，故以直市为名”，秦咸阳城的“直市”名称就来源于“物无二价”，也就是对各种商品实行明码标价。

秦在商鞅变法时就制定了标准的度量衡器，颁行秦国各地。吕不韦执政时，秦国为了“易关市，来商旅”，每年二月和八月，各检验度量衡一次。秦统一六国后，立即在全国范围统一度量衡，认真地执行标准器的颁发、校验和监督工作。秦简《工律》规定，凡度量衡在发放时要仔细校验，各县及工室的标准器都要由有关官府负责校验，每年至少一次。在秦都咸阳遗址中，我们就发现了秦始皇和二世时期校验的标准器件。

在每次检校过程中，如果发现误差超标，则要对其负责人或使用者给予处罚，这在秦简的《效律》中有详细的规定：石（120 斤）误差在十六两以上者，罚一甲；钧（30 斤）误差在四两以上者，罚一盾；斤（16 两）误差在三铢以上，罚一盾等。秦代严格管理度量衡，客观上有利于市场上的商品交换，防止奸商欺诈现象的发生，维护了正常的商品流通。

秦代的官府手工业产品大部分供应皇室、官府和军队，有余时也有部分产品投入市场，设“官府市”向民间出售。对官商所得的现金收入秦人规定了严格的监督制度：设有收现金的钱缿（音项），类似现在的扑满，是一个上有扁孔的陶罐，钱可以投入而不可取出。售货告一段落才能由相关人员当面取出清点钱数。秦简《关市律》规定：“为作务及官府市，受钱必辄入其钱缿中，令市者见其入，不从令者赀一甲。”

第三节　秦都咸阳的厩苑及其布局

秦人以养马起家，定都雍城时秦国出现有在中国历史上非常著名的相马专家伯乐和九方皋。定都咸阳后，兼并六国的战争如火如荼，军队及其后勤运输需要大量的马牛；官吏为数众多，政府也要给他们提供必需的马牛以应付往来的公事；帝王宫廷的巡行游乐也要一定数量的马匹。为满足上述各项需要，必须广置厩苑，畜养和繁殖大量的牲畜。“厩”，《说文》曰：“马舍也”，即指人工饲养马牛的场所；本节题目所谓“厩苑”的“苑”乃引伸义，指放养马牛的牧场，秦有公马牛苑，即此性质，而秦代的法律也专有《厩苑律》，可见秦人对厩苑制度的重视。

一　名称

传世文献记载有两个秦代帝王之厩，即中厩与外厩，还有一个踉蹏苑。据《史记·李斯列传》，胡亥听信赵高谗言，残杀公子公主，公子高请求赐死以陪葬始皇陵时说：“先帝无恙时……中厩之宝马，臣得赐之”。先帝即指秦始皇，此可知中厩为秦始皇御厩，与汉代中厩为“皇后车马所在”性质有所不同[1]。外厩之名见于李斯著名的《谏逐客书》：“必秦国所生然后可，……而骏良駃騠，不实外厩”。李斯上书的对象是秦王政，列举的外厩也必然是王室御厩，且所养多是从别国送来的奇兽良马。据《秦会要订补》：“秦时有踶蹏苑”，“踶蹏”是古代著名的马，以之与《睡虎地秦墓竹简·徭律》所谓公马牛苑相较，正相吻合，可知此说大致不谬，只不知此苑分布于何处。

20 世纪后半叶考古发现了许多秦代文物，其中出现了较多厩苑的名称，前后共有三次大的发现，除去重复者，又新发现秦人 8 个厩名与 1 个总称苑名，为研究秦厩苑制奠定了基础。

70 年代在湖北省云梦睡虎地秦墓竹简上发现了秦《厩苑律》条文，其中有 3 个厩名和 1 个总称厩名：“将牧公马牛，马（牛）死者，亟谒死所县，县亟诊而入之。其入之其弗亟令败者，令以其未败直（值）赏（偿）之……其大厩、中厩、宫厩马牛殹（也），以其筋革角及其贾（价）钱效，其人诣其官。”除中厩与上述文献资料吻合，可证其不谬外，秦人法律条文中的“大厩”、“宫厩”也可肯定是秦始皇的御厩，即云梦秦简的出土使已知秦御厩由 2 个增加到了 4 个。

《睡虎地秦墓竹简·徭律》上还提到“县葆禁苑、公马牛苑”，《田律》中记有“邑之紤（近）皂及它禁苑者”，其中的“公马牛苑”与“皂”都是牧养或饲养马牛的地方。所谓“公”应指政府或皇家所有，从公马牛苑的名称来看，它是放牧养殖政府或皇家马牛的牧场，应为一个总称。后条中的所谓“皂”

① 《三辅黄图》卷六《厩·中厩》。

本义为槽。《庄子·马蹄篇》："编之以皂栈"，注曰：皂，櫪也，一云槽也；《史记·邹阳传》集解引《汉书音义》云："皂，食牛马器，以木作如槽也。"皂作为人工饲养马牛的场所，应该是厩苑的最基本设施，且作为计算养马数量的单位，厩苑下设置管理机构也以此为标准，《厩苑律》中有"皂啬夫"、"皂者"的名词。

图 3－14　秦始皇帝陵出土铜车马之一号

1976 年底至 1977 年初，陕西省秦俑考古队在秦始皇陵封土东侧的上焦村西，钻探出 93 座马厩坑和跽坐俑坑，并试掘了其中的 37 座。在出土的陶罐、陶盆和铜洗的上面刻有 5 个马厩的名称，发掘者释读为"大厩""中厩""宫厩""左厩"

图 3－15　秦始皇帝陵出土铜车马之二号

"三厩"[①]。实际上从刻画特征、书写规则及后来的资料分析，"三厩"的释读有误，应该读作"小厩"，刘云辉先生《简论秦代厩苑制度中的若干问题》一文已有详细的论述[②]。这五个马厩名称在秦始皇陵的相同区域内出现，都应该是皇家所有的御厩。这样看来，除"大厩"、"中厩"、"宫厩"3个马厩名称与前重复外，秦御厩名称又增加了2个，即左厩与小厩。而这也与后来的秦封泥文字资料相符合。

90年代在西安市北郊汉长安城内相家巷村附近出土了千余枚秦代封泥，封泥是古代为表明信守，在封缄运送物品的胶

① 秦俑考古队《秦始皇陵东侧马厩坑钻探清理简报》，《考古与文物》1980年4期；袁仲一《论秦的厩苑制度——从秦陵马厩坑出土的刻辞谈起》，《秦文化论丛》第一集，西北大学出版社1993年5月。

② 刘云辉《简论秦代厩苑制度中的若干问题》，《文博》1987年第6期。

泥上盖上印玺而留下的痕迹。据路东之《秦封泥图例》，此次封泥中有关秦马厩的材料特别丰富，有“泰厩丞印”“家马”“章厩丞印”“宫厩丞印”“中厩”“中厩丞印”“中厩马府”“中厩丞印”“左厩丞印”“右厩”“右厩丞印”“小厩丞印”“小厩将马”“下厩丞印”“官厩丞印”[①]。这些封泥不仅提供了多达10个秦人马厩名称，而且直接反映了其主掌官吏的构成情况，意义非同一般。

由上述封泥可知秦人马厩的10个名称：泰厩、家马、章厩、宫厩、中厩、左厩、右厩、小厩、下厩、官厩。其中泰厩即太厩、大厩，因秦汉时代“泰”、“太”、“大”三字同义通假。而家马应该也是厩名，据《汉书·百官公卿表》，掌舆马的太仆之下有三令，家马一令即与大厩并列，师古注曰：“家马者主供天子私用，非大祀、戎事、军国所须，故谓之家马也”，今学者谓之家马厩。如此则有泰（大）厩、宫厩、中厩、左厩、小厩5个与前已论马厩名称重复互证，而章厩、右厩、下厩、官厩、家马厩5个马厩是此次最新出现，一次增加5个马厩名称也可算作重大发现。

秦代帝王的马厩数到底有多少，史无明文，经过上述考证已知名称者达11个，分别是大厩、小厩、宫厩、章厩、左厩、右厩、中厩、外厩、官厩、下厩、家马厩。牧养皇家与政府马牛的苑已知名称者曰跟蹏苑，总称则为公马牛苑。厩与公马牛苑的内部又有皂，皂不仅是饲养马牛的槽，也成为厩苑的基层单位。

二　分布特征

厩与苑是有明显区别的，从范围上讲，苑相对较大，厩则

---

① 路东之《秦封泥图例》，《西北大学学报》1997年1期。

较小；从饲养方式上讲，厩以人工饲养即圈养为主，可能也辅之以放牧，而苑则以放牧为主，人工饲养为辅；厩与苑又有密切联系，厩中的马是从各苑中选来的，这些马在苑中放养长大，并经过一系列训练后才能进入厩中以供使用。另外，苑中还养着牛羊以作祭祀用的牺牲，故苑叫“公马牛苑”。

从苑的性质上可看出大致的分布特征，其需要大片草场，只有分布于都城之外的各郡县才有保障，这也与《云梦秦简·徭律》所说各县有公马牛苑的事实相符。在汉代，国家在西北边郡设置36个牧师苑，有人根据《通典·职官七》所谓“秦边郡置六师令”，来说明“秦汉牧师诸苑设置的情况大体是相同的[①]，”即西北边郡是秦公马牛苑的主要分布地区，是有道理的。

厩中之马皆是供人使用的，尤其是已知的11个马厩皆是秦帝王御厩或秦王朝政府官厩，它们应该分布在秦都咸阳范围之内。

陪葬秦始皇陵的马厩坑共两处，一处在封土西侧内外城之间，有两个厩，平面一为曲尺形一为双门道，规模较大，估计埋葬真马数百匹；另一处位于封土东侧的上焦村，在外城以东350米，却也是秦陵的规划范围之中，兵马俑坑更在其东侧。其中发现刻有中厩、宫厩、小厩、左厩、大厩名称的文物，清楚地说明了此马厩坑象征着秦皇家的御厩，马匹属于秦宫廷使用。秦陵陪葬马厩坑这种一在城内一在城外不远处的布局绝非随意安排，按照“事死如事生”的原则，它象征着秦都咸阳的御厩一部分在内城宫廷中，一部分在外城。

每一个马厩在秦都咸阳中的具体位置现在还很难详细考

① 袁仲一《论秦的厩苑制度——从秦陵马厩坑出土的刻辞谈起》，《秦文化论丛》第一集，西北大学出版社1993年版，页369。

证，虽然秦陵外城以东上焦村马厩坑发现有大厩、小厩、左厩、宫厩、中厩五个马厩的名称，但绝不能推断此五厩就分布在秦都咸阳外城，而其余的秦御厩就分布在内城宫廷之中。现只能分析各厩的性质来估计其大致位置：有学者认为“章厩者，可能是秦章台的马厩”[①]，即章厩乃章台宫的专用马厩，则其应该位于渭河南岸章台宫范围之内。同理，宫厩也可能是某一主要宫廷的专用马厩，而秦都咸阳最重要的宫殿有3个，一是咸阳宫，是秦帝王居住和议决事的主要殿堂；二是章台宫，已有章厩专供其马；三是阿房宫，这是一个仍在营建中的宫殿。我觉得，宫厩的服务对象以渭北咸阳宫的可能性最大，其位置也该在咸阳宫城之中或其附近。

大厩与小厩是对应的，除规模数量上的“大”与“小”相对应外，秦御府又有“大内”与“少内”相对应，代表着两个不同系统的府库。“少”与“小”古义相通，则小厩也可看作少厩，如此是否大厩与小厩属于不同系统的专用马厩。此点，尚有待深入研究。

“中厩”与“外厩”也是相对应的。“中”在《说文》中被释作“内也”，中厩实质就指内厩。据文献资料，此二厩都饲养着宝马，只外厩之宝马多来自西域外邦，是其名称中的“内”与“外”实际上代表着马匹的来源，是否还具有位置上内外的含义则无法证明。相比较而言，“左厩”与“右厩”的方位含义是很明显的，一个位左一个处右，但以何为参照物却也不清楚。

官厩似乎乃秦代中央政府所用，下厩的性质不明，其二者位置更是无痕可寻。

---

① 张懋镕《试论西安北郊出土封泥的年代与意义》，《西北大学学报》1997年1期。

秦厩苑的分布规律可总结如下，公马牛苑分布在郡县尤其是西北边郡，而马厩多位于秦都咸阳范围之中，大致可分两个层位，一在内城宫殿间，二是在外城范围内，且多位于宫廷、行政机构建置之附近。

秦都咸阳除分布有上述皇家御厩外，还应存在中央与地方政府、军队、驿道等各系统的马厩，只其地位较低，已无从考证。

那么，每一马厩的规模有多大呢？即每厩能养多少匹马。据《周礼》周天子每厩养马 216 匹，而汉代盛时，天子御厩“一厩万匹”，“马皆万匹”，规模较大。考虑到秦人马政的发达及秦陵马厩坑动辄埋葬真马数百匹的实际，推测秦代御厩中养马数量是很大的，规模较大的厩或可达到万匹，也有规模较小者。众多的大小马厩分布在秦都咸阳城中，说明了咸阳交通运输业的发达。

三　厩苑制度

根据《汉书·百官公卿表》，各厩苑上属掌治舆马的太仆。在新出土的秦代封泥中，9 个马厩有“丞印”的发现，这说明秦代马厩普遍设置有“丞”，应该是总负责人。而中厩又有“中厩马府”、“中厩将丞”，小厩又有“小厩将马”之印，也说明除厩丞外，厩吏的官员仍然不少。而据《睡虎地秦墓竹简·秦律杂抄》，厩啬夫是厩的负责人，这也说明了秦人厩苑管理机构的复杂性。各厩中皆有马牛的饲养人员，据云梦秦简《厩苑律》，他们被称作“皂者”，一般由奴隶身份的“小隶臣”和平民服徭役者组成。

秦代厩苑管理制度先进，已经产生了较为完善的马籍法。云梦秦简《效律》曰：“马牛误职（识）耳……赀官啬夫一盾”。这是说对厩苑中的马牛要用烙印之类作为标记，如出现标记错误，主管官员要受处罚。又规定“人户、马牛一以上为大误，误自重殴（也），减罪一等”。如果在会计账目上计算错了牛马一头以上，就称大误，要判罪，如自行察觉错误，可减罪一等。《田律》曰：“乘马服牛禀，过二月弗禀、弗致者，皆止，勿禀、致。禀大田而毋（无）恒籍者，以其致到日禀之，勿深致。”讲的是领取和发送驾车马牛的饲养问题，其中提到的“恒籍”系固定账目，“致”则是领取饲养的凭券。驾车的马牛有“恒籍”，厩苑中的马牛同样应该有恒籍。秦代厩苑中的马牛有一定的标记和固定的账目，当然方便了管理。

云梦秦简《秦律杂抄》规定有对供骑乘用军马的考核标准，高度要达到5尺8寸（合今1.33米），奔驰与勒系要服从指挥。假如到军队服役后被评为下等，对掌管军马驯养的人罚二甲，并革职永不叙用。秦人专门制定《厩苑律》，对相关管理方法用法律形式固定下来，使秦厩苑形成了正规的制度，确实难得。

秦马向来富有盛名，《初学记》引崔豹《古今注》谓秦始皇有7匹名马：追风、白兔、蹑景、奔电、飞翮、铜爵、神凫。从其名称来看都是速度惊人的。《战国策·韩策》也记载有秦马之良，谓“探前蹶后，蹄间二寻腾者，不可胜数”，一步可跳跃几米，确称骏马。从秦陵马厩坑出的真马和秦俑坑出土的陶马形象来看，马身长2米以上，通高在1.33米以上，多是产于西北地区的河曲马，诚为良驹。

交通是一个城市活力的体现，今天有汽车，而古代则是以马牛或骑马为主。膘肥体健的良马成为秦都咸阳驰道、阁道、街道交通的风景线，也是这个新兴都市蓬勃向上的动力源泉。当刘邦来到咸阳看到秦始皇马队前导、驷车后随的浩大出行场面后，不禁由衷地发出“大大夫当如此”的感慨。这是对皇家车马规格的感叹，也是对始皇帝的羡慕，同时也是对秦都咸阳城的赞美。

第四章

秦都咸阳郊区的离宫、苑囿与陵园

秦都咸阳郊区建置的主体是离宫、苑囿与王公陵园，他们主要分布于咸阳城的周边，具有“宫苑结合”的特点；而且随着历史的发展，宫苑陵也有不少区域上的变迁。郊区建设是都市圈不可分割的一部分，故本章重点研究秦都咸阳郊区的离宫、苑囿与陵园。

第一节　星罗棋布的离宫

离宫是帝王正式宫殿之外临时居住的宫室，主要是皇家出外游乐的宿所，取从正式宫殿中分离出来之义。据《史记·秦始皇本纪》，“咸阳之旁二百里内宫观二百七十”。位于秦都咸阳郊区的离宫别馆很多，除遗址可见而不知其名的两处之外[①]，文籍记载且有大致位置可考者共有五个，即望夷宫、宜春宫、长杨宫、萯阳宫、芷阳宫。除望夷宫位处渭北的泾河边外，余皆位于渭河以南，且多与秦人苑囿相结合。

---

① 今长安区东马坊与临潼区鱼池村北均发现有秦大型建筑遗址，其建筑性质不太明确。见《长安县东马坊的先秦建筑遗址》，《考古与文物》1986 年 4 期；《陕西临潼鱼池遗址调查简报》，《考古与文物》1983 年 4 期。

一　渭北的望夷宫

望夷宫修筑于秦始皇时代，当时北方匈奴对秦的威胁加剧，为京师咸阳的安全，在泾河南岸的高地上建造了这座宫殿。宫中有楼，高 50 丈，宫墙周围有庐舍，由卫令率兵卒守卫，以瞭望北夷动静，故名望夷宫，实际上是当时咸阳北境的哨所。秦末，秦二世有梦不祥，“乃斋于望夷宫”，欲求泾水之神保佑，后赵高派其婿咸阳令阎乐率兵入望夷宫，逼二世胡亥自杀于此。望夷宫可能毁于秦代末年项羽放的那场大火。

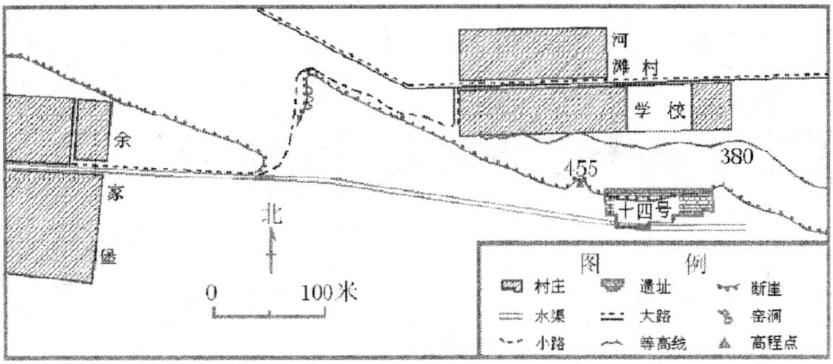

图 4－1.　秦都咸阳望夷宫钻探实测图

1989 年咸阳市文物普查队依据史料记载在泾阳县蒋刘乡王福村和二杨庄一带进行现场勘查，发现一大型宫殿夯土基址，被考古人员判定为秦望夷宫遗址。望夷宫遗址南距咸阳宫第一号宫殿遗址约 8 公里，两者南北遥遥相望。遗址现存地貌为东略高于西的缓坡形地带，遗址的北部，历经河水千年冲刷，致使遗址大量崩塌，现存基址东、西、北三面整齐。南面呈不规则的东西向长方形，东西总长 98 米，南北现存宽 34 米，夯基深 1.1（周边）～3.2（中心）米，夯层厚 6～8 厘米。具体位置参见图 4－1. 秦都咸阳望夷宫钻探实测图。

在遗址东西两侧有回廊，东、西、南三面有大量建筑倒塌堆积物遗存。经钻探获悉，遗址上面的堆积有3层：第一层为耕土。厚0.13～0.2米。第二层为汉代扰乱层。深0.2～0.84米，层厚0.64米，土色黄褐，土质紧密，内含少量秦汉残瓦，素面铺地方砖和红烧土块等遗物。第三层为宫殿建筑倒塌堆积层。深0.84～2.2米，层厚1.36米。内含大量秦瓦残片，素面、菱形方格纹铺地方砖残块、少量夹砂灰陶片和红烧土块、木炭灰和墙皮等。

此外，在地表散布有葵纹圆形瓦当、云纹圆瓦当、素面圆瓦当、回纹空心砖、太阳纹方砖、素面方砖、外饰细绳纹里作麻点纹的筒瓦和外饰细绳纹的板瓦残片。另外，在此还采集有一端大、一端小，高5.5～5.8厘米不等的两块槽形板瓦残片，这种板瓦曾出于凤翔雍城马家庄遗址，在秦都咸阳尚属首次发现①。

《三辅黄图》载："望夷宫在泾阳县界长平观道东，北临泾水，以望北夷，以为宫名"。《史记·集解》引张晏曰："秦望夷宫在长陵西北、长平观道东故亭处也"。《史记·正义》引《括地志》："秦望夷宫在雍州咸阳县东南八里"。《元和郡县图志·关内道·泾阳县》云："秦望夷宫，在县东南八里，北临泾水"。上述众多史书记载的地点，与今天发现望夷宫遗址所处的位置基本相符，证明考古人员的观点可信。

二　渭南上林苑中的离宫

宜春宫是秦渭南禁苑中的离宫，《三辅黄图》云："宜春宫，本秦之离宫，在长安城东南，杜县东，近下杜。"杜县，

① 尹申平《泾阳发现秦都咸阳望夷宫遗址》，《中国考古学年鉴·1985》，文物出版社1985年。

秦武公置，辖今西安市南及长安区樊川一带。下杜是秦杜县的县城，在今西安市南郊雁塔区山门口乡杜城村，此处发现著名文物“杜虎符”。据考古学者调查，在今曲江池南的春临村西南发现秦汉建筑遗迹，似为宜春宫的重要宫殿遗址。

长杨宫是秦昭王时建于秦岭之北禁苑中的一座离宫。《汉书·地理志》盩厔下曰：“有长杨宫，有射熊馆，秦昭王起”。《三辅黄图·秦宫》云：“长杨宫在今盩厔县东南三十里，本秦旧宫，至汉修饰之以备行幸。宫中有垂杨数亩，因为宫名，门曰射熊观，秦汉游猎之所”。据调查，在今周至县终南镇东南3公里有竹园头村，村南有地名圪塔顶，原有高达3米多的大型夯土台基，30多年前平整土地时被推土机铲平，当时周至县文化馆进行过抢救性清理，从所得秦汉砖瓦及其遗物确定为长杨宫遗址。这种观点也与《水经注》、《三辅黄图》与《元和郡县图志》等文献所记长杨宫位置相符合。

射熊馆即射熊观，古时馆与观两字通假，指长杨宫前的楼台式建筑，似因帝王尝登此观射熊而得名。其位置也当在竹园头村南长杨宫遗迹范围内。

萯阳宫是秦惠文王建于秦岭北侧禁苑中的一座离宫，《汉书·地理志》于鄠县下云：“萯阳宫，秦文王起。”秦只有惠文王和孝文王，而孝文王只在位年余，故兴建萯阳宫的“秦文王”当是秦惠文王。《三辅黄图》谓萯阳宫“在今鄠县西南二十三里”，而《水经注·渭水》记其位于甘水东侧。据此推算，萯阳宫当在今甘峪出口一带。还有一说法，认为户县西三里的渼陂附近的东岳宫为秦萯阳宫旧址，门额现仍有旧题“萯阳宫”字样。

芷阳宫是建于灞水岸边郦山西麓的一座离宫。春秋时期，秦穆公为彰显自己的霸功，改滋水为灞水，并在水旁营建霸宫。秦昭王时对此宫作了修葺和扩建，改名为芷阳宫，在其地设置了芷阳县。据考古调查，芷阳宫可能在今临潼区韩峪乡油王村一带，在此发现古建筑1座，夯土基址南北长29米，残宽3米，清理出各种器物为战国时秦国特征，陶器上刻有"茝"即芷阳宫之芷的省文。

第二节　范围广大的禁苑

苑囿是帝王养殖禽兽以供射猎游乐的场所，因为是一般人不能进入的封禁地段，故又称作禁苑。苑与囿在概念上稍有区别：《说文》曰："苑所以养禽兽"。"囿，苑有垣也"。说二者形制上有别；《左传》僖公十三年《正义》："囿者，所以养禽兽。天子曰苑，诸侯曰囿"。谓二者等级上不同；《周礼·地宫·囿人》："囿，今之苑"。乃指时间上的称谓差异。尽管如此，这些文献对苑与囿作为养殖禽兽之场所的性质却都毫无异议。

一　名称与始建年代

秦人善养马射猎，有开辟苑囿之传统，定都雍城时已建成北园与具囿，且特别著名①。秦都咸阳的昭王时代，秦有五苑，据《韩非子·外储说右下》，昭王时秦民大饥，应侯请曰："五苑之草著，蔬菜橡果枣栗足以活民，请发之"。昭王弗许。此五苑似非苑名，好像为五个苑囿之总称，至各苑具体的名称已难考定。按《汉书·地理志》，盩厔县"有长杨宫，有射熊馆，秦昭王起"。《三辅黄图·秦宫》则说："长杨宫，本秦旧

① 据《诗经·秦风·驷铁》："公之媚子，从公于狩……游于北园，田马既闲。"知北园为秦公游猎场所，应属苑囿性质。《左传》僖公十三年，郑皇武子曰："郑之有原圃，犹秦之有具囿"。可见春秋时代秦的具囿名扬列国。

宫，……门曰射熊观，秦汉游猎之所”。可知射熊观所在的游猎场所似为昭王五苑之一。

又据《太平御览》引《列士传》：“秦王召魏公子无忌。不行，使朱亥奉璧一双诣秦。秦王怒，使置亥于兽圈中。亥瞋目视兽，皆血溅于兽面，兽不敢动。”《水经·渭水注》引此文时作“秦昭王会魏王”。魏无忌为战国四公子之一的信陵君，在政治舞台上活动正当秦昭王之时，故二者在时间上并无差异。由此可知兽圈至迟在秦昭王时即已建成。兽圈是集中畜养百兽的地方，很像今日的动物园。据《汉宫殿疏》与《类编长安志》的记载，秦兽圈括有虎圈、狼圈。从兽圈的性质来看，当不在昭王五苑之列。

秦始皇统一全国后，“尝议欲大苑囿，东至函谷关，西至雍、陈仓”，终因优旃劝谏缀止[①]。然此时秦苑囿数量已很多，而且规模庞大。秦二世元年（前 209 年）十一月修建了兔园[②]。兔园是修建时间最明确的秦代苑囿。

大致可判断分布在首都咸阳附近的秦代禁苑还有不少，其中有名称可籍而始建年代不可考者则有上林苑、杜南苑、宜春苑、东苑、麋圈、鼎胡苑、哭原禁苑。

《史记·秦始皇本纪》曰，始皇三十五年（前 212 年），“乃营作朝宫渭南上林苑中”；《史记·李斯列传》：二世“乃入上林斋戒”；《史记·萧相国世家》记，西汉初年，萧何曾向刘邦进言：“长安地狭，上林中多空地，弃。愿令民得入田，毋收藁为禽兽食。”此虽皆汉朝人言辞，然《三辅黄图·苑囿》曰：“汉上林苑即秦之旧苑也”，更加上 20 世纪末在秦都咸阳渭南

① 《史记》卷一二六《滑稽列传》。

② 《史记》卷一五《六国年表》。

宫殿遗址中发现有"上林丞印"之秦代封泥[1]，秦有上林苑之证足矣。

秦代封泥之文字还有"杜南苑丞""宜春禁丞""东苑丞印""东苑尚帷""麋圈"、"鼎胡苑丞""罘原禁丞"等，明确地说出了几个秦苑的名称[2]，其中宜春、麋圈二苑有文献可作互证。据文献记载，汉宜春苑乃在杜县南侧，《史记·秦始皇本纪》记有赵高逼杀胡亥，"以黔首礼葬二世杜南宜春苑中"。而此地又有秦宜春宫，《括地志》说："秦宜春宫在雍州万年县西南三十里，宜春苑在宫之东，杜之南"，旁有隑州，风景秀丽。秦时此处即有宫室名胜，建有宜春苑尚属可能，其中之主体建筑为宜春宫。麋圈应主要圈养麋鹿之类动物，《史记·滑稽列传》记优旃劝止秦始皇扩大苑囿时说："善，多纵禽兽于其中，寇从东方来，令麋鹿触之足矣"。秦封泥上有"麋圈"，正与优旃言相同。

总之，秦都咸阳以后见于文献记载，而且基本可定在咸阳附近的秦人禁苑共有五苑、上林、杜南、东苑、宜春、兔园、兽圈、虎圈、狼圈、麋圈、鼎胡、罘原 12 个。其中五苑与兽圈似为总称，前者只知包括长杨宫所在的不知名禁苑，后者似括有虎圈、麋圈与狼圈。

① 周晓陆、路东之《秦封泥集》，三秦出版社，2000 年。

② 周晓陆、路东之、庞睿《秦代封泥的重大发现——梦斋藏秦封泥的初步研究》，《考古与文物》1997 年第 1 期。周晓陆、路东之、刘瑞、陈晓捷《秦封泥再读》，《考古与文物》2002 年第 5 期。周晓陆、陈晓捷《新建秦封泥中的中央职官印》，《秦文化论丛》第九辑，西北大学出版社 2002 年。

二　位置与范围

战国后期，秦定都咸阳，为帝王游猎而养殖禽兽的禁苑则多分布在首都西南的渭河与秦岭之间。因为此区自然条件良好，正如《荀子·强国篇》所说，这里是“山林川谷美，天材之利多”，而且离都城咸阳距离较近，便于行围打猎。秦渭南的禁苑不少，它们各自成苑，其中上林苑、兽圈、杜南苑、宜春苑、鼎胡苑、原苑与长杨宫附近苑囿，是经过考证可以考证出大致位置的7个禁苑。不过，有的禁苑还靠得很近，比如杜南苑与宜春苑的方位，历史文献记载的基本相同，今天的我们就很难把它们截然分开。

上林苑范围似可大致推定。《史记·秦始皇本纪》：始皇“营作朝宫渭南上林苑中，先作阿房前殿。”阿房宫遗址犹存，位于今西安市西郊三桥镇西南巨家庄一带，则上林是渭南距咸阳最近的苑囿。其西边大致以沣水为界，证据有二，一是《长安志》云：“秦王上林苑有牛首池，在苑西头。”而据《括地志》，牛首池则“在雍州长安县西北三十八里”，约在阿房宫西北，为沣河尾闾摆动后遗存的水面。其在苑西头说明上林西界不至越沣水而西。二是《秦封宗邑瓦书》载：“割取杜县丰邱到于趍水的一块土地为右庶长歜的宗邑”[①]。有人食邑于此，必不为苑囿所在。阿房宫南有镐池，当西周镐京之地，在今长安县镐京镇附近。《史记·秦始皇本纪》曰：秦始皇三十六年(前211年)，“使者从关东夜至华阴县平舒道，有人持璧遮使者曰：为吾遗镐池君。”似镐池可随便游览，不属禁苑之中。其东南今西安市雁塔区山门口办事处南杜城村为秦杜县城所在，因此处有“秦杜虎符”的发现，也不属禁苑范围。则上林

① 此瓦书现存陕西师范大学图书馆。

南界不会越过此线。秦咸阳渭水南岸置有长安乡与阴乡，位于今汉长安城遗址一带，白亭大致位于今西安市玉祥门外劳动公园，其东北则有兴乐宫、章台、甘泉宫与极庙[①]，已是秦都咸阳渭南宫殿区。上林苑北界基本被这些行政区与宫殿建筑限定。由此可知，上林苑范围基本是西界沣水，东至今西安市劳动公园，北起渭水，南临镐京。

秦兽圈是独特的禁苑，是分类圈养动物的地方，相当于皇家的动物园。《长安志》引《汉宫殿疏》："秦故虎圈，周匝三十五步，长十步，西去长安十五里。"又《水经·渭水注》：昆明故渠"北分为二，渠东迳虎圈南，而东入霸。"则虎圈当在汉长安城以东十五里，昆明渠址以北灞河西岸，约当今北辰堡一带。而据《类编长安志》引《汉宫殿疏》："秦故狼圈，广八十步，长二十步，西去长安十五里"，是狼圈与虎圈相近，是知它们与其它野兽之圈共同组成了兽圈。则麋圈似也在此附近，当然各禁苑内部也可开辟小型养殖之圈。兽圈中的动物多人工饲养，用于观赏，故其范围较小，有些可能就是禁苑的一部分。

宜春苑以隑州为中心，隑州经汉武帝凿而广之，改名曲江，今西安市雁塔区曲江乡有曲江池村，正位于一个大型洼地之中，是秦代隑州就在此地。2008 年建成曲江池遗址公园，恢复有大片水面。秦宜春苑中有宜春宫，《三辅黄图》云："宜春宫，本秦之离宫，在长安城东南，杜县东，近下杜。"据调查，雁塔区曲江乡南的春临村有秦汉建筑遗迹，似为宜春宫的重要建筑遗址。此地在汉长安城的东南方，秦杜县东部的凤栖原上，与下杜所在呈东西向，相距约五公里，可谓相近。秦二世墓现在仍然存在于今曲江池之南岸，封土呈圆形，高五米。

---

① 史念海主编《西安历史地图集》，西安地图出版社 1996 年版。

宜春宫、隑州、二世墓这三个地点决定了秦宜春苑的位置所在，只其具体范围不详。

杜南苑在杜县城南，据《史记》所载，秦武公十一年（前687年）置杜县，宋敏求《长安志》："杜县故城在长安县南十五里，其城周三里一百七十三步。"今西安市雁塔区山门口办事处南杜城村发现有"秦杜虎符"，证明秦杜县就在此附近。秦杜县就是汉代的下杜县城 。故知杜南苑主体应该是由此地向南扩展，才符合杜南的方位特征。是秦杜南苑北以今杜城村为界，南至何处无考。

由上两节论述可知，宜春苑与杜南苑位置很近，《史记·秦始皇本纪》更记为："杜南宜春苑"，原来大家多以为杜南苑与宜春苑是一个禁苑在时代上的不同称谓。现在从同一地点出土有两个禁苑的封泥，似乎可以说这两个禁苑是同时存在的；同时还可以说明秦咸阳的渭河以南地区禁苑颇多，有的竟然紧紧地相邻。

鼎胡苑，史籍中有鼎湖宫，原先只说是汉武帝营造，位于汉上林苑东南边界，《汉书》云汉武帝建元三年开上林苑，"东南至蓝田、宜春、鼎湖"。《史记》《汉书》均记载黄帝在此铸鼎，鼎成后天上有龙降临，迎黄帝升仙，黄帝的随从小臣攀龙髯而上天者72人。由秦封泥"鼎胡苑丞"的出土可知，秦代已有此鼎胡苑的存在，也可能是宫苑结合的性质。近年考古发现，秦汉鼎胡宫遗址在今蓝田县焦岱镇，其范围东自焦岱河，西到张村，南到焦岱中学，北达羊峪河口。在遗址区内发现秦汉板瓦、筒瓦和瓦当，并有多处宫殿基址①。那么，秦鼎胡苑也就在这附近。

---

① 何清谷《三辅黄图校释》卷之一《秦宫》，中华书局2005年版，页214－215。

“罘原禁丞”的封泥记载了一处未见记载的禁苑。“罘”字不见史书，上从网、下从犬，是个会意字；上网下禽兽（马、猪、鸟等）的字，自商殷甲骨文中即有，意义也大多明瞭，为俘获相关禽兽之意。《读史方舆纪要·西安府·蓝田县》白鹿原条记：“《水经注》狗枷川经白鹿原西，原上有狗枷堡，秦襄公时堡也。”狗受枷，正合上网下犬会意，疑罘原即处于现今蓝田白鹿原上，为秦襄公时所建的禁苑之一[①]。

长杨宫是秦昭王为游猎建于禁苑中的一座离宫，其位置基本可考。《史记·司马相如列传》正义引《括地志》：“长杨宫在雍州盩厔县东南三十三里，宫内有长杨树，以为名[②]。”此盩厔指汉县城，位于今周至县终南镇。其东南竹园头村发现有大型夯土台基，从其大批秦汉残砖碎瓦的遗存可确定秦长杨宫即在此地[③]。射熊馆即射熊观，指长杨宫前的楼台建筑，似因帝王尝登此观射熊而得名。秦时长杨宫东南今户县甘峪口一带有萯阳宫，秦惠文王建设，也是为游猎而设。两宫之间，峰岭错列，沟谷相连，林木葱郁，禽兽繁多，必为秦代一大禁苑，只其名称与范围无考。

其余的秦禁苑如兔园、东苑等，位置无法考证，只推测兔园与东苑似应在秦都咸阳郊区。据《西京杂记》，西汉梁孝王时为自己修兔园，其中叠山积水，宫馆相连，奇果异树，珍禽怪兽必备，有人估计乃仿秦二世兔园建成。而东苑似应在秦都咸阳以东，正好秦王陵园有曰东陵者，《史记·萧相国世家》与

---

① 周晓陆、陈晓捷《新建秦封泥中的中央职官印》，《秦文化论丛》第九辑，西北大学出版社2002年。

② 唐李泰等著、贺次君辑校《括地志辑校》卷一《雍州·盩厔县》。

③ 何清谷《三辅黄图校释》卷之一《秦宫》，中华书局2005年版，页38－39。

《汉书·萧何传》都有"召平者，故秦东陵侯"的记载。据现代学者考证，东陵即秦芷阳陵，位于今临潼区骊山西麓的坂原上。秦时骊山温泉也已经得到利用，其旁又有皇家陵园，围绕骊山建立禁苑也很有可能。东苑可能即是以骊山为中心而建成的，也符合其名称中显示的方位意义。

秦代禁苑主要分布于都城的南部郊区，是秦都咸阳不可分割的一部分，司马迁在《史记·秦始皇本纪》中认为，在秦初统一全国时咸阳已扩展到渭河以南，"诸庙、章台、上林在渭南"。这与秦始皇陵西侧内外城之间发现的珍禽异兽坑的布局颇为相似。

秦渭南到秦岭之间的禁苑并非连成一片，鄠、杜、芷阳三县将其分割成几个区域，使之构成苑中有苑的特点。上文考出了不少禁苑区域，而且各区似乎各有专名，如上林苑、杜南苑(与宜春苑同区)、兽圈、东苑等。上林苑原是距咸阳较近的以阿房宫为中心的一处苑囿，因其地位重要，其名称后来演变成秦渭南禁苑的统称。

三　功能与制度

秦禁苑主要用于帝王游猎及士兵骑射练武。《史记·李斯列传》记载，秦二世常到上林苑"日游弋猎"，而据《史记·秦始皇本纪》，二世"如始皇计，尽征其材士五万人屯卫咸阳，令教射狗马禽兽"。其材士皆有技艺，肩负着保卫京师咸阳的任务，平时则可由公车司马统领随从帝王打猎以显其技，增强其能，也可博君王之乐。为此，还专门制定了详细的公车司马律，发明了一种专用狩猎的射虎车。《云梦秦简·公车司马猎律》规定："射虎车二乘为曹，虎击越泛蘚，从之，虎环(还)，赀一甲；虎失（佚），不得，车赀一甲；虎欲犯，徒出射之，弗得，赀一甲。豹𧾷遂（遂），不得，赀一盾。"同时帝王还驯养有专门用于捕猎的狗，“主王犬者”曰宫狡士、外狡士，见《云梦秦简·法律答问》。

禁苑乃自然保护区，不仅清静，而且山水动植物颇具灵性，像周文王的灵台、灵沼均是其通天享神之处，故秦禁苑也具有“斋戒”敬神的功能。二世时，赵高在朝廷上指鹿为马，众官员畏其嚣张气焰，多随声附和，二世惊以为惑，为何自己眼见为鹿而大家都说是马呢？“于是乃入上林斋戒”。此事载于《史记·李斯列传》，应该是真实的。

禁苑中动植物资源丰富，如昭王五苑中的蔬果、橡实、枣栗很多，当然还有许多美味的飞禽走兽，它们有食用或皮毛价值。从现实出发，捕捉动物鱼类、飞禽，采集野菜、果实给皇家享用或祭祀祖先神灵，也是基本可以肯定的禁苑功用之一。周文王的灵囿就是向大众开放的公共山林泽薮，而汉代上林苑则有专门的捕猎渔采人员，所捕之鱼皇宫与祭祀享用不尽，还运到市场上出售呢！秦时也不应例外，新发现秦封泥有“罟趋丞印”，有学者即认为“罟趋”即是专门捕猎禽兽的官员。

秦禁苑除古典意义的放养野生飞禽走兽的苑囿以外，还开辟小型场所人工圈养禽兽，这就是兽圈这种独特的禁苑。秦禁苑大致可分成两种类型，一是如长杨、萯阳宫旁的苑囿，利用自然的山林繁殖禽兽以供狩猎。这类禁苑范围较大，在形制上无严格要求，有条件则围以垣篱；二是虎圈、狼圈、麋圈等兽圈这种专门人工养为主的苑囿，范围很小，必有围墙、篱圈。

秦始皇陵发现的珍禽异兽坑，共探出陪葬坑 31 座，中间一行 17 座，每坑内有瓦棺一具，中有珍禽异兽的骨骼，有的为鹿、麋类的食草动物，有的为杂食类动物，有的为禽类。动物的头前有陶钵、颈部有铜环，说明原来颈部系有绳索，明显是人工圈养的禽兽。而两边的陪葬坑葬有跽坐俑，俑前放置着陶盆或陶罐，乃饲养禽兽的人员。始皇帝把生前苑囿搬入地下王国时选用的多是第二种类型。应该说明的是，兽圈是从苑囿中分化而来，承认其在秦时已有独立存在的客观现实时，不可否认仍有不少没有脱离第一种类型的统属，即苑囿中可能存在属于内部的兽圈。

秦禁苑是封禁的，不允许普通民众随便出入。《韩非子·外储说右下》记民大饥的情况下，仍不发五苑之枣疏，“昭襄王曰：吾秦法使民有功而受赏，有罪而受诛，今发五苑之蔬果者，使民有功与无功俱赏也。夫使民有功与无功俱赏者，此乱之道也。夫发五苑而乱，不如弃枣蔬而治”。知秦禁苑中的蔬果平时是不允许人们采集食用的。秦二世曾入上林苑，“有人引入上林中，二世射杀之”。这一方面说明其草菅人命的凶残本性，一方面也反映禁苑是不可以随便进入的！为保护苑中禽兽，除封禁不许民众随便进入外，还规定：“邑之紤（近）皂及它禁苑者，麛时毋敢将犬以之田，百姓犬之入禁苑中而不追兽及捕兽者，勿敢杀。其追兽及捕兽者，杀之。”[①] 苑中禽兽初生之际，连狗都不许进入，可见封禁之严厉。

秦禁苑多修有墙垣或藩篱，据《云梦秦简·徭律》载：“县葆禁苑、公马牛苑，兴徒以斩（堑）垣离（篱）散及补缮之，辄以效苑吏，苑吏循之。未卒岁或坏（决），令县复兴徒为之，而勿计为徭；卒岁而或（决）坏，过三堵以上，县葆者补缮之；三堵以下，及虽未盈卒岁而或盗（决）道出入，令苑辄自补缮之。县所葆禁苑之傅山、远山，其土恶不能雨，夏有坏者，勿稍补缮，至秋毋雨时而以徭为之。其近田恐兽及马牛出食稼者，县啬夫材兴有田其旁者，无贵贱，以田少多出人，以垣缮之，不得为徭”。其意是说：县应征发徒众，为禁苑建造堑壕、墙垣、藩篱，并加以补缀，修好后上交苑吏，由苑吏负

① 《云梦秦简·田律》。

责巡视。不满一年而有毁坏，令该县重新修复。由此也可推知，秦都咸阳的禁苑也都是有农民徭役兴修起的堑壕、墙垣或藩篱的，并以此与公共山林泽薮、普通官民田地分界。

各禁苑专设苑吏进行各种管理，其中最普遍的为丞，新出秦封泥中就有“上林丞印”“杜南苑丞”“东苑丞印”。兽圈之中也应有饲养人员。

由于禁苑的主要功能是供帝王游猎，故苑囿中多建有离宫以便皇帝居住，这就构成了秦禁苑的又一特点：宫苑结合。这从上文上林苑之于朝宫、杜南苑之于宜春可得明证。长杨宫、萯阳宫旁的禁苑就是赖宫殿方知其客观存在和大致方位的。

第三节　不断移动的帝王陵园与平民墓地

秦孝公定都咸阳以后，秦国正是向外开拓发展之时，其后咸阳城也由渭北扩展到渭水南岸。与都城密切相关的帝王陵园与平民墓地也随国都的扩展而有所变化，开初分布于渭北咸阳宫西北部的原畔，其后转移至骊山的西麓与北麓。

一　渭北陵园区

渭北咸阳原的陵墓区有公陵、永陵与平民墓葬的区别。首先葬入咸阳原陵区的是惠文王和武王，其陵园分别称公陵与永陵。

据调查和考证，今天传说的周文王陵、周武王陵即是秦惠文王陵和武王陵。“周陵”位于咸阳市城北 6 公里渭城区周陵镇周陵中学旁，属于省级重点文物保护单位。一直以来，人们都传说周陵为西周文王、武王墓的合称。现在墓有南北两座，相距百米，均呈覆斗形，南为传说的周文王陵，北为周武王陵。陵前有清代乾隆年间毕沅立的石碑以及明清两朝所立石碑四十余座。

孙星衍在《毕陌毕原考》中认为："毕陌在渭水北，秦文王、武王之所葬，即今咸阳之陵，先诸方传正明，其误自宋人始。"在宋时已误秦为周了。《括地志》曰："秦惠文王陵在雍州咸阳西北一十四里"，据此度量，正当周陵附近。20 世纪 80 年代，经过文献考证，学术界多倾向于周陵实质上应该是秦陵的观点，有认为是秦惠文王陵和悼武王陵的，也有认为是秦惠文王与惠文后的合葬陵园。

2004 年，考古学者对周陵进行了钻探，结果发现周陵封土的四周皆有壕沟即围沟环绕。围沟平面呈长方形，南北长 960 米，东西宽 630 米，方向南偏东 11 度。这是一处战国至秦时的壕沟，而且陵墓周围绕以围沟的做法与凤翔秦公陵园的隍壕极为相似。这预示着在"西周王陵"的附近竟然出现了秦国王陵才具备的墓葬特征，在考古资料上支持了文献考证的观点。

为了彻底查明周陵的基本性质，陕西省考古研究院和咸阳市考古研究所联合，在 2006 年对周陵进行了全面的勘探。探明了周陵外园墙，南陵和北陵共用的陵园园墙以及两陵各自的墓道，并发现了 6 处建筑遗址、27 座外藏坑、161 座陪葬墓。考古发现，周陵的外园墙由墙垣和外围沟两部分组成。南陵外形为截锥体，即"覆斗状"，平面基本为方形。北陵南距南陵为 145.8 米，外形基本为截锥体，平面基本为方形略圆。两座墓葬形制均为"亞"字形，在封土四面的中部各有墓道一条，平面均为梯形。陵园内地表散落有大量的残砖块、瓦片，残瓦片外表有粗绳纹、细绳纹、篮纹以及素面，其中葵纹瓦当同于秦咸阳遗址所发现的纹样。素面圆瓦当在战国早期还有一些，战国中晚期已经甚少。

带领大家进行考古钻探的陕西省考古研究所所长焦南峰先

生说，结合以往考古发掘资料、文献记载以及此次考古调查勘探的成果，足以初步判断所谓的“周陵”其时代应为战国晚期某代秦王陵墓，而非传说中的周王陵。

周陵既然属于秦国君王一级的陵墓，那它们是秦国哪位君王的陵墓呢？在《史记·秦本纪》中有两条有关秦陵的记载：一是惠文王享国二十七年，葬公陵。正义引《括地志》云：“秦惠文王陵在雍州咸阳县西北一十四里。”二是悼武王享国四年，葬永陵。正义引《括地志》云：“秦悼武王陵在雍州咸阳县西十里，俗名周武王陵，非也。”长期致力于咸阳考古的咸阳文物考古所所长岳起说，人们认为所谓的“周陵”实际上是秦悼武王及其夫人的“永陵”，南面的封土是悼武王的陵墓，北面的则是其夫人的陵墓。而焦南峰先生则推断说，周陵应该为“秦悼武王或者秦惠文王”的墓。

在周陵南侧咸阳原头分布有大量的平民墓葬，其分布范围东起窑店镇的毛王村，西至石桥乡的摆旗寨，计东西4公里，南北3公里，总面积约12平方公里，以中间的烟王村、黄家沟为密集分布区。这是一处规模最大、地域最广的平民墓葬区，与南边的长陵制陶作坊区南北遥相对应，两地相距1.7公里。在其以东的毛王村北原，又有一处戴手铐、戴脚镣的刑徒墓葬区。前者大都为长陵作坊区的劳动者；后者是所谓的犯人。从出土器物及墓形分析，此平民墓区时间跨度较长，大致从战国中晚期到秦朝时期，也就是说与秦都咸阳相始终。

二　渭南的东陵与丽山园

战国末期昭王开始，秦王陵园转移至渭南骊山西麓的山前冲积扇上，因位于咸阳以东，故称东陵。《史记·萧相国世家》谓：“召平者，故秦东陵侯”。东陵西近临潼区韩峪乡，东到三家坡，北及武家堡，南至马斜村。考古钻探出四座独立的陵园，以较大的一号陵园为中心，二号在东北，三号在西北，四号在西南。有些陵冢至今犹存。

四座陵园的基本情况如下，一号陵园南至小峪沟，北到武家坡村南的无名沟，西界洞北村西的小峪河，东达范家庄的人工壕沟，南北宽 1800 米，东西长 4000 米，总面积 72 万平方米。陵园内钻探出亚字形大墓 2 座、陪葬坑 2 座、陪葬墓区 2 处及地面建筑基址 4 处。

二号陵园位于一号陵园东北方向约 1500 米处，东西长 500 米 ，南北宽 300 米，总面积 15 万平方米。陵园内发现中字形的大墓 1 座、甲字型大墓 3 座、陪葬坑 1 座、陪葬墓区两处及地面建筑基址 1 处。

三号陵园东南距一号陵园的 1500 米，面积 48400 平方米。陵园内发现中字型大墓 1 座、陪葬墓区 1 处及建筑基址 2 处。

以上 3 座陵园均位于小峪河北岸的山前冲积扇面上。

四号陵园位于小峪河南岸，亦为山前另一冲积扇面，与一号陵园隔河相望，相距约 2500 米。四号陵园四界利用天然小沟和人工挖掘的沟壕作兆沟，东起马斜坡，西至染房村，南抵井深沟，北到小峪河南岸，东西长 960 米，南北宽 500 米，面积 48 万平方米。陵园内发现亚字型大墓 1 座、甲字型的附葬墓两座、小型陪葬墓群 1 处。

这四座陵园，共发现亚字型墓 3 座、中字型 2 座、甲字型墓 5 座。据史籍记载，可以确定葬于秦东陵的王公贵族有昭襄王与唐太后、庄襄王与帝太后、悼太子、宣太后。

最早调查过秦东陵的张海云女士、孙铁山先生先后发表了《秦东陵初探》《秦东陵再探》《对秦东陵有关问题的几点看法》三篇文章，认为：1. 秦王与后妃不可能合葬于同一墓穴中，而应是分置墓冢，即异穴合葬；2. 秦东陵所实行的是以一代国君（或未继位的太子等 ）为中心的独立陵园制度，每座陵园只葬一代秦君，各陵园之间按昭穆排位。这种独立陵园早在春秋时期的凤翔秦公陵园就已发其端，战国时期更与魏国、赵国、中山国王陵同步发展，从而为秦汉独立陵园制的确立奠定了基础。3. 一号陵园的两座亚字型大墓是为秦昭襄王和唐太后的异穴合葬墓，处于“先王之葬居中 ”的位置；二号陵园是为悼太子的茔域，列于祖位之左，即昭位。悼太子质于魏而身亡 ，未登大堂，故用中字型诸侯葬制；秦庄襄王为昭襄王之孙，孙处穆位排列右边，小峪沟以南的四号陵园是为庄襄王与帝太后的合葬陵园；至于秦东陵最北部西端枣园村一带的三号陵园，曾因在其附近出土过刻铭「私官」的铜鼎，而「私官」为太后之食官，故推测葬的是宣太后[①]。

近来又有学者经过深入研究，提出了新的看法，认为四号陵因为昭襄王与唐太后的异穴合葬陵园芷陵，其中亚字型大墓葬昭襄王，两座甲字型大墓分别葬唐太后及王后（按唐太后为姬妾，昭襄王当另有王后，理应合葬于东陵）；一号陵园为庄襄王与帝太后的合葬陵园阳陵，两座亚字型大墓，按照凤翔秦公陵因秦公大墓多居北、后妃墓居东南的特征分析，位于北道的 M1 葬庄襄王，位于南边的 M2 葬帝太后；二号陵园一座中字型大墓葬悼太子，其它 3 座甲字型墓葬太子妃嫔；三号陵园的一座中字型大墓葬宣太后。

由于东陵没有进行过考古发掘，所以在各陵园主人是谁的学术问题上，研究结论差异很大，还没有相对统一的意见。相信这种情况在发掘出直接证据之前是难以改变的。

秦始皇陵园乃是一相对独立的陵区，位于西安市城区以东

---

① 张海云、孙铁山《秦东陵调查记》，《文博》1987 年 3 期；《秦东陵再探》，《考古与文物》1993 年 3 期；《对秦东陵有关问题的几点看法》，《考古与文物》1996 年 5 期。

35公里的骊山北麓，原名“丽山园”，也写作“郦山”或“丽山”。《史记·秦始皇本纪》称：“始皇初即位，穿治郦山。及并天下，天下徒送诣七十万人”。秦始皇死后入葬，直到二世被杀时陵园尚未完全竣工。其动用人力的繁多、修陵时间的长久在中国历史上屈指可数。

陵园筑有内外两重城垣，均呈南北向的长方形。内城分为南北大体相等的两区，北区又被隔成东西两部分。封土位于内城的南区，原底边似方形，文献记载“高五十余丈”，折合115米。经过两千多年的风雨剥蚀和人为作用，现存封土基部东西345米，南北350米，高76米。参见图4－2. 秦始皇陵封土现状。封土北侧的寝殿与内城北区西部的便殿是举行祭祀典礼的建筑，内外城西垣之间的 饙官与园寺吏舍为奉陵的祭品加工地与官员住处。

陵园的整个地下建筑布局遵循着“事死如事生”的原则，为使帝王死后仍能像生前那样有各种享受。神秘居中的地宫象征着帝王的宫廷，东侧的兵马俑阵则是守卫京城的兵马，陵园内的马厩坑与铜车马坑埋葬的车马象征着京师的厩苑及皇帝的乘舆，西侧的珍禽异兽坑代表着帝王狩猎游乐的苑囿，东南侧的盔甲坑象征着帝王的武库，加上皇族、宫女、百官与无数奇器珍宝的陪葬，正构成一座理想的帝王宫城。

陵东1.5公里的3个兵马俑坑埋葬着战车百余乘、陶马600余匹、各类武士俑7000余个以及大量的实用兵器。兵马俑按当时军阵的编组排列，一号坑是以战车与步兵组合排列的长方形阵，二号坑是战车与骑、步兵混合编组的曲尺形阵，三号坑是指挥部，共同构成一个完整的军阵编列体系。兵马俑制作形象逼真，风格浑厚，富有感人的艺术魅力。这一伟大奇观被誉为“世界第八大奇迹”。

据《史记》记载，秦始皇修地宫时，“穿三泉，下铜而致

图 4-2. 秦始皇陵封土现状

椁，宫观百官奇器珍怪徙藏满之，令匠作机弩矢，有所穿近者辄射之。以水银为百川、江河、大海，机相灌输，上具天文，下具地理。以人鱼膏为烛，度不灭者久之。”由于尚未发掘，地宫内部结构及陈设仍然披着神秘的面纱。

秦始皇陵园是中国历史上规模最大的帝王陵园，内涵极其丰富。1961 年国务院公布为全国重点文物保护单位，1987 年被联合国教科文组织列入“世界文化遗产清单”，成为全人类共有的文化财富。

从秦帝王陵园与国都咸阳的相对位置来看，渭北的永陵、公陵最近，东陵次之，丽山园最远，有时代越后离都城距离越远的趋势，反映出陵墓区从都城中分离出来的发展特征。但也不可以此否认陵园与都城的不可分离，秦始皇作极庙（信宫）时还修建了沟通极庙与骊山的通道，使其生前宫庙与死后居所相互连接起来，这充分反映出秦始皇陵园的建设与秦都咸阳的密切关系。

第五章

秦都咸阳的思想与文化

秦王朝在中国历史上具有划时代的伟大意义，始皇帝统一六国，建立了中央集权的统一的多民族国家，宣告了中国古代王国时代的结束和帝国时代的开局。随着王国贵族政治大厦的坍塌，帝国地缘政治华屋完成奠基，社会各个方面都发生了天翻地覆的巨变。受此影响，秦国都城咸阳除了在规模形制建置等物质层面发生较大变化外，作为精神支柱的思想与文化等领域也取得辉煌成就，值得大书一笔。本章主要以诸子百家在咸阳的活动为代表，论述秦都咸阳在思想文化上的成就，并用“焚书坑儒”的实施说明秦始皇在咸阳实行文化专制主义的残酷性。

第一节　百家思想在咸阳的传播与实践

商鞅变法以后，秦人富国强兵，逐渐走向统一全国之路。诸子百家纷纷来到咸阳，宣扬和实践着自己的理论，使秦都咸阳成为百家思想整合的大舞台。秦都咸阳是商鞅变法的直接产物，而且秦国政治也以法家思想为主导，法家政治体制在此展开了疾风暴雨式的伟大实践。统合百家又自成一体的杂家诞生于咸阳，儒、墨、纵横、兵等诸家皆有代表人物来到咸阳，为秦完成统一全国的使命有所助益。

一　法、术、势——法家独尊及其实践

1. 商鞅变法及其法制思想

商鞅是卫国的庶出公子，故称卫鞅，又称公孙鞅。后封于商，因而称商鞅。他还年少时，便“好刑名之学”。当时正有李悝为魏国相，“务尽地利之教”，实行变法，又集诸国刑典，作成《法经》六篇，为法家的经典文献。吴起为楚悼王明法审令，实行要在强兵的变法。商鞅或亲身经历或亲耳所闻，学习到法家理论的精髓，感受着变法实践的艰辛，学问大进。后来在魏国担任中庶子，当时的魏相公叔痤识得商鞅的“奇才”，其病危时把商鞅推荐给魏王，请求重用他，并指出：若不用他，就将他处死，免除后患。但魏王并未采纳公叔痤的建议。

当秦孝公发出“宾客群臣有能出奇计强秦者，吾切尊官，与之分土”的求贤令后，商鞅便从魏国来到秦国，向秦孝公提出了用“霸道”（即法家）思想治国，可以富国强兵的变法建议，立刻得到秦孝公的支持。

商鞅的变法思想遭到甘龙、杜挚等人的反对，商鞅反驳说，“治世不一道，便国不必法古。故汤武不循古而王，夏殷不易礼而亡。反古者不可非，而循礼者不足多。”这为变革提出了理论依据，即社会是不断变化的，因此治理方法也应该因时而异，要不断创新，而不是抱守旧习，裹足不前。

商鞅在开始变革时，已经制订好新法，也不急于颁布实施，“恐民之不信己，乃立三丈之木于国都市南门，募民有能徙置北门者予十金。”秦国的老百姓对此都感到很奇怪，因为这太容易做到了，反而没人想做“第一个吃螃蟹的人”。商鞅只得再次下令，将赏金提升到五十金。终于有人抱着尝试的态度把木头搬到了北门，商鞅立刻兑现承诺，《史记》记载：“辄予五十金，以明不欺。”

商鞅变法共进行了两次，第二次就在商鞅新建的都城咸阳城内进行。关于商鞅变法的内容，在司马迁所著的《史记·商君列传》中是这样叙述的："令民为什伍，而相收司连坐。不告奸者腰斩，告奸者与斩敌者同赏，匿奸者与降敌者同罚。民有二男以上不分异者，倍其赋。有军功，各以率受上爵；为私斗者，各以轻重被刑大小。僇力本业，耕织致粟帛多者，复其身。事末利及怠而贫者，举以为收孥。宗室非有军功论，不得为属籍。明尊卑爵秩等级，各以差次名田宅，臣妾衣服以家次。有功者显荣，无功者虽富无所芬华。"

商鞅在政治上实行军功爵制，奖励在战场上立功杀敌的人。在社会组织上实行"什伍连坐"的制度，即五家为一伍，十家为一什，如果一家犯罪，其余四家就要受到株连。在社会风尚上，规定"民有二男以上不分异者，倍其赋"。在经济上实行重农抑商政策，奖励耕织，还以法律形式确立了土地私有制，即"为田开阡陌封疆"。同时还实行了度量衡改革，普遍推行县制，迁都咸阳等。

据《史记》记载，变革之初，太子犯法。卫鞅曰："法之不行，自上犯之。"将法太子。太子，君嗣也，不可施刑，刑其傅公子虔，黥其师公孙贾。就是说，为了让人们明确法令的不可动摇性，即便是太子犯法，对其师父也毫不留情，依法处置。这样的效果是："明日，秦人皆趋令"。其实，在整个变革过程中都可以看到商鞅对于法制的重视，必须有法必依，执法必严，在一定程度上确立法律面前人人平等的原则。秦国老百姓逐渐地接受变法，"今秦妇人婴儿皆言商君之法"，态度也由"不便"改变为"大悦"。对此，司马迁在《史记》中评价道："行之十年，秦民大说。道不拾遗，山无盗贼，家给人足。民勇于公战，怯于私斗，乡邑大治。"至于后来"秦人富强，天子致胙于孝公，诸侯毕贺"。商鞅变法的成效可见一斑。

然而商君之法太过刻薄寡恩，尤其在刑罚上增加了肉刑、大辟、凿顶、抽肋、镬烹等酷刑。《资治通鉴》记载：“初，商君相秦，用法严酷，尝临渭论囚，渭水尽赤。为相十年，人多怨之。”秦国贵族尤其多有怨言。

赵良曾劝说商君，你积怨太深，应当“归十五都，灌园于鄙”，可商鞅不听。秦孝公二十四年（前338年），孝公崩，太子驷即位，是为惠文王。公子虔告商鞅谋反，商鞅逃亡至边关，欲宿客舍，结果因未能拿出证件，店家害怕“连坐”不敢留宿，可谓“作法自毙”；欲逃往魏国，魏人因商鞅曾背信攻破魏师，也不愿收留。

后来商鞅回到商邑，发邑兵北出击郑。秦国发兵讨之，杀商鞅。商鞅死后仍被秦惠王处以“车裂之刑”，灭商鞅之族。

商鞅虽死，其法未败，秦国仍继续着富国强兵的发展道路，在兼并战争中不断取得胜利，声威大震。司马迁《史记》中说：“商君为秦孝公明法令，禁奸本，尊爵必赏，有罪必罚，平权衡，正度量，调轻重，决裂阡陌，以静生民之业而一其俗，劝民耕农利土，一室无二事，力田蓄积，习战陈之事，是以兵动而地广，兵休而国富，故秦无敌于天下，立威诸侯，成秦国之业”。

商鞅在秦国变法的成功并非偶然，他有一整套理论也就是法家的思想，作为其变革的指导，并非常有效地付诸于实践。商鞅是法家理论的主要奠基者，其思想与理论主要体现在商鞅学派编撰的著作《商君书》中。

《商君书》在《汉书》中录有二十九篇，现存二十四篇，是研究商鞅法家思想的主要资料。商鞅认识到“定分”与“止争”的关系。他指出“一兔走，百人逐之，非以兔可分以为百，由名分未定。夫卖兔者满市而盗不敢取，由名分已定也”。他在“明确所有权”的基础上，提出了法律起源和国家专政体制建立的观点，在认识论和法律思想史上都难能可贵；商鞅以重法著称，他极力主张以“法”代“礼”，反复告诫国君“不可以须臾忘于法”；商鞅还指出：“法者，国之权衡也”。在当时等级森严的社会里，提出“刑无等级”的思想，确实需要很大的勇气；商鞅还提出了“以刑去刑”的主张：“重刑者，民不敢犯，故无刑也。”“刑重而必得，则民不敢试，故国无刑民。”从“无刑”“去刑”的角度去说明“重刑”的合理性、正当性，表明他已经接触到刑罚的公正价值问题。商鞅在总结早期法家代表人物的法律思想和各诸侯国变法经验的基础上，对中国古代法家的法律思想作了全面的论述，为先秦法家思想体系的形成和发展奠定了基础。

2．韩非在咸阳及其集权理论

韩非子（约公元前281－前233年）出身于韩国宗室，从小志向远大，年幼时放弃优裕的生活，出外游学。后师从荀子，学贯法、儒、道三家，立志于帝王之学，融“法术势”于一炉。

韩非子学成回国，满怀报国之志。但韩国地处四战之地，外遭强敌，内积羸弱，国运式微。他本人又有点口吃，很难与人交流，屡次上书以谏韩王，却并不见用。只能是将自己的政治理想与满腔激愤融进著述之中，故作《孤愤》《五蠹》《内外储》《说林》《说难》等十余万字，独立完成了中央集权制理论的系统化工作。

在国家危亡之际，韩非毅然为“存韩”出使秦国。尽管身处险境，却为了救亡图存，不惜与秦廷的权臣作斗争，其爱国之心与不畏牺牲之精神令人称颂，而其结局更使人愍惜！《史记·老子韩非列传》是这样记载韩非出使咸阳的：“人或传其书至秦。秦王见《孤愤》《五蠹》之书，曰：‘嗟乎，寡人得见此人与之游，死不恨矣’。李斯曰：‘此韩非之所著书也’。秦因急攻韩。韩王始不用非，及急，乃遣非使秦。秦王悦之，未信用。李斯、姚贾害之，毁之曰：‘韩非，韩之诸公子也。今王欲并诸侯，非终为韩不为秦，此人之情也。今王不用，久留而归之，此自遗患也，不如以过法诛之。’秦王以为然，下吏治非。李斯使人遗非药，使自杀。韩非欲自陈，不得见。秦王后悔之，使人赦之。非已死矣。”

按照太史公的看法，韩非是被李斯、姚贾谮害而死的，尤其是李斯的干系最大。东汉王充接受并发展了这一观点，他在《论衡·祸虚》中说：“李斯妒同才，幽杀韩非。”将原因直接归到李斯的“妒才”上。此说影响广泛，如司马光《资治通鉴》谓：“（秦）王闻其贤，欲观之。非为韩使于秦，因上书说王曰，……王悦之，未信用。李斯嫉之。”

从韩非入秦的实际言行上来看，韩非之死可能还有很深层的原因。韩非来到秦都咸阳的使命是“存韩”与“弱秦”。为了“存韩”，他要诱使秦王政放弃远交近攻的策略；为了“弱秦”，他要阻止秦国破坏山东各国的纵约。具体的策略便是离间秦国君臣的关系。这就直接威胁到了李斯、姚贾等人的切身利益，从而使他们不得不采取杀害韩非的办法来保全自身。

韩非在咸阳宫廷上与秦王讨论的不单是如何变法图强、贯彻法治思想，更多的是如何实行帝王之术，以术来统驭臣下，防止人臣危主的问题。这可以从《韩非子·爱臣》篇得到证明：“臣闻：千乘之君无备，必有百乘之臣在其侧，以徙其民而倾其国；万乘之君无备，必有千乘之家在其侧，以徙其威而倾其国。”在李斯、姚贾等人地位日渐显赫之时，这样的话语对其有多么大的威胁，自然不难想象。

《战国策·秦策五》记载了韩非与姚贾的一次斗争，有助于说明这一点。姚贾为破坏东方四国的合纵攻秦，采用了以宝物贿赂的方法，较为成功。“秦王大悦，封贾千户，以为上卿。”

韩非却对此不以为然，短之曰："贾以珍珠重宝南使荆、吴，北使燕、代，三年，四国之交未必合也，而珍珠重宝尽于内。是贾以王之权、国之宝，外自交于诸侯，愿王察之。"

李斯推荐韩非来咸阳，是希冀其为秦所用，一道在秦开创统一大业。及韩非来后，李斯才发现韩非心中的"存韩"之志甚坚，"非终为韩不为秦"，更令人害怕的是韩非以自己"术"的理论危言离间秦之君臣关系。这些都使李斯、姚贾等人意识到了问题的严重性，于是乘秦王"未信用"之际，进言而囚杀之。韩非之死，固与李斯有关，但似乎非"妒才"所能完全概括。

韩非总结了战国时期法家的思想和实践，提出了君主专制中央集权的理论。他主张君权神授，"事在四方，要在中央；圣人执要，四方来效"。(《韩非子·物权》)。国家的大权，要集中在君主（圣人）一人手里。韩非还把前辈法家商鞅、慎到、申不害分别重视法、势、术的思想紧密结合起来，使之形成为一个系统，达到了先秦法家理论的最高峰。关于法，《韩非子·难三》谓："法者，编著之图籍，设于官府，而布之于百姓者也。"法是指健全法制，主要针对人民群众，由各级官员所掌握施行。韩非的"势"，指的完全是权势，而且是国君的权势，即国君要独掌军政大权。而术，《韩非子·难三》说："术者，藏之于胸中，以偶众端而潜御群臣者也。"术是指君主驾御群臣、掌握政权、推行法令的策略和手段，也就是所谓"君人南面之术"。

韩非的这些主张，反映了新兴封建地主阶级的利益和要求，为结束诸侯割据，建立统一的中央集权的封建国家，提供了理论依据。秦始皇统一中国后采取的许多政治措施，就是韩非理论的应用和发展。当然，韩非的理论强调集权，重权术，也为后来君主专制的暴政统治埋下了伏笔。

3. 李斯重权术的功与过

李斯（公元前280－前208年），楚国上蔡（今河南上蔡）人。年轻做郡中小吏时，他看到厕所中的老鼠，食着不洁之物，见人惊慌逃窜；而官仓老鼠则食米嚼麦，肥硕朋大，见人亦不惊不走。于是感叹：做人哪，就要做官仓老鼠，不能做厕中老鼠。李斯一生所作所为，可谓就是对官仓老鼠哲学的亲身实践。

为了飞黄腾达，李斯辞去小吏之职，到齐国拜荀卿为师，学习帝王之术、治国之道。学业完成以后，他认为“楚王不足事，而六国皆弱，欲西入秦”。行前向老师荀卿辞行，说出了这个选择的原因：干事业都有一个时机问题，现在各国都在争雄，这正是立功成名的好机会。秦国雄心勃勃，想一统天下，到那可以大干一场。人生在世，卑贱是最大的耻辱，穷困是莫大的悲哀。一个人总处于卑贱穷困的地位，那是会遭人讥笑的。不爱名利，无所作为，并不是读书人的想法。所以，我要到秦国去游说秦王，建功立业。李斯告别老师，到秦国去实现自己的理想与抱负。

秦庄襄王三年（前247年），李斯来到秦国，先在秦相吕不韦手下做门客，取得吕的信任后，当上了秦王政的近侍。李斯建议秦王抓紧“万世之一时”的良机，“灭诸侯，成帝业，为天下一统”。秦王政任命他为长史，后又拜为客卿，实施离间刺杀关东六国君臣的建议。

秦王政十年（前237年），秦国宗室贵族借口韩国水工郑国的间谍案，要求秦王“请一切逐客”。秦王下令驱逐六国客卿，李斯也在被逐之列。李斯作《谏逐客书》，列举大量历史事实，说明客卿辅秦之功，劝秦王为成就统一大业，要不分地域地广集人才。秦王读《谏逐客书》后立即取消了逐客令，并恢复了李斯的官职，不久又提拔他为廷尉。

李斯重新受到秦王嬴政的重用后，以卓越的政治才能和远见，辅助秦王完成了统一六国的大业，建立了我国历史上第一个统一的中央集权制的封建王朝，顺应了历史发展的趋势。秦朝建立以后，李斯升任丞相，在辅佐秦始皇建立与巩固秦朝中央集权制度方面做出了卓越的贡献。他建议秦始皇废除分封制，实行郡县制；提出了统一文字的建议，之后又在统一法律、货币、度量衡和车轨等方面付出了巨大努力。这些方面他所表现的才能和对社会历史发展所做出的贡献，是值得肯定的。

李斯在他生平的后期，为保全自己的既得利益，抛弃了法家思想的精华，即法治思想与法的平等观；极力推崇法家的末技“术”，在文化与制度层面上，至少做过三大坏事。一是建议秦始皇“焚书”，在文化整合方面过于残暴；第二是参与“弑长立幼”，与内臣赵高合谋，隐瞒遗诏，伪造假旨，害死“刚毅而仁厚”的长子扶苏，把“平庸而荒淫”的少子胡亥推上皇位；第三乃是建议秦二世推行“督责之术”，实行残酷的刑罚制度，致使“刑者相半于道，而死人日成积于市，杀人众者为重臣”，不久秦王朝就在农民起义的浪涛中土崩瓦解。最后他写“督责之术”的建议，主要原因是为了自我保护，“阿二世意，欲求容”。此时的李斯已经没有了“依法治国”的志向，已经不再代表法家了。

李斯极端热衷功名利禄的致命弱点，使他由一个法家的实践者蜕变成玩弄“权术”的势利小人。最后咎由自取，受赵高陷害，并被荒淫无度的秦二世处死——“具斯五刑”，“论腰斩咸阳市”。临刑前，李斯叹着气对儿子说：“现在想跟你一起回上蔡的老家，领着自家的黄狗，出东门追野兔，还能行吗?”父子二人相拥大哭。此刻才后悔自己的仓鼠心理，但为时晚矣。

二　杂家诞生地——《吕氏春秋》的编撰

吕不韦本是阳翟（今河南禹州）[①] 的大商人，靠投机经营而致巨富。他在邯郸经商时，结识在赵国作质子的秦国公子异人，认为奇货可居，遂投下赌注转而从事政治活动。

公子异人当时在赵国做人质，穷困潦倒，前途无望。吕不韦不仅在生活上资助公子异人，为他娶赵国豪富女，而且帮助公子异人收养宾客，极力树立他的社会声望。更重要的是，吕不韦西游于秦都咸阳，买通安国君宠妃华阳夫人，促成其以公子异人为嫡嗣。秦昭王死后，安国君立为孝文王，公子异人为太子。孝文王立一年而死，公子异人继位为庄襄王。吕不韦的政治投机也大获全胜，于是被秦立为相国，封文信侯，食河南洛阳十万户，一跃而成为当时政治舞台上的风云人物。

庄襄王立三年而死，年仅十三岁的秦王政继位，吕不韦辅政，号称仲父。吕不韦为秦相十二年，对外攻城掠地，灭东周，伐三晋，连续出击，屡战屡胜；对内独揽朝政，在政治、经济、军事、思想文化等各方面对秦王政、秦国及秦人产生了巨大的影响。尤其是他主持编撰的《吕氏春秋》，总结先秦三十余君的创业历史，综合诸子百家各种学说，杂糅一体为己所用，为未来秦帝国描绘出了统一的蓝图，探讨符合现实的治国方略。

据《史记·吕不韦列传》等文献记载，吕不韦在咸阳大招宾客，又值学者云集的稷下学宫遭到破坏，大批学者来到了吕不韦的门下，一下子达到了三千人之多。这些宾客学派不同，观点各异。吕不韦兼采各派之长，让他们各著其说，再用自己

① 《史记·吕不韦列传》认为吕不韦为阳翟人，而《战国策·秦策五》则记载吕不韦为濮阳人。

的文化观加以整合贯穿，从而消除纷争，建立一套统一的理论，以适应即将出现的封建大一统政治局面的需要。“吕不韦乃使其客人人著所闻，集论以为八览、六论、十二纪，二十余万言，以为备天地万物古今之事，号曰《吕氏春秋》。”

《吕氏春秋》每纪五篇，“十二纪”共六十篇；每论六篇，“六论”共三十六篇；每览八篇，“八览”共六十四篇；加上前边的序言共一百六十一篇。后来在流传过程中，“八览”佚失一篇，故现存《吕氏春秋》一百六十篇。因书中有“八览”，后人也称这部书为《吕览》。

《吕氏春秋》诞生于咸阳，是先秦最后一部集大成的诸子著作，是自成思想理论体系的综合家。它把诸子之学荟萃于一炉，综合百家，兼融并蓄，形成了自己的理论思想，即杂家。《汉书·艺文志》把《吕氏春秋》列入“杂家”，解释说：“杂家者流，盖出于议官，兼儒、墨，合名、法，知国体之有此，知王治之无不贯，此其所长也”。“杂家”不以一家为主，兼采各派之长，建立了属于自己的封建制国家统治的统一的思想体系。

汉高诱《吕氏春秋序》说：“此书所尚，以道德为标的，以无为为纲纪，以忠义为品式，以公方为检格。”据牟钟鉴先生的分析，前两句指道家，“忠义”句指儒家，“公方”句指法家。高诱指明，《吕氏春秋》以老子道家学说为最高目标和全书纲领，同时在人伦上吸收儒家忠义以为法式，在政治上吸收法家公方以为准则。熊铁基先生也认为“道德”、“无为”是道家的根本思想，但“忠义”与“公方”不能说单是哪一家的思想，而是“采儒墨之善，振名法之要，而加以改造和发挥的结果”。

按照秦的礼制，国君到二十二岁举行“冠礼”即成年的加冠典礼之后，就能亲理国家大事，所谓“冠而听治”。秦王政八年（前 239 年，秦王政 21 岁，明年就要“冠而听治”了。吕不韦就选择在这一年把《吕氏春秋》公布在咸阳市门，“悬千金其上，延诸侯游士宾客，有能增损一字者予千金。”结果谁也不敢改动一字。吕不韦这样做的目的，就是要在成为政治权威的同时，创造理论权威，以便促使“欲为天子”的秦王政亲政后，能够按照吕不韦制定的施政方案行事，成为《吕氏春秋》政治理论的实践者。

第二年，秦王政举行“冠礼”，亲自掌了权，当时爆发嫪毐的叛乱。秦王政在诛灭嫪毐之后，以牵连之罪将吕不韦免职，并驱逐出咸阳，让他到食邑河南去。吕不韦住在河南一年多，因诸侯宾客和使者同他来往还是很多，秦王政又要把他流放到蜀地去。在秦王政的旨意到达后，吕不韦马上就畏罪自杀了。很可惜，这部兼采各家之长的《吕氏春秋》的理论，没有机会得到实施。

原来，吕不韦的《吕氏春秋》围绕建立和巩固中央集权，主张德法兼治，对秦自商鞅变法以来的法治传统进行了补充和修正，同奉行韩非法治学说的秦王政发生了冲突。具体表现在：

一是反对人君“独擅”。吕氏反对专制，立论至为透辟。战国末期是我国由封建割据走向统一的历史转折时期，吕不韦一方面极力主张天子的权力必须高度集中，“国必有君，所以一之也。天下必有天子，所以一之也”。此言论，很像法家鼓吹封建君主专制主义的中央集权的口吻。但另一方面，吕不韦并不像申不害和韩非那样，把君权至上推到极致。吕氏在申述君主“执一”时，却对君主运用自己的权力提出种种限制，使其不得自恣。他以“天无私覆也，地无私载也”为依据，要天子效法天地，在《贵公》与《去私》中，要求实行开明政治，不要搞一人“偏私”和“独断”。并一再倡明：“昔先圣王之治天下也，必先公，公则天下平也。天下，非一人之天下也，天下之天下也”。不仅如此，《吕氏春秋》甚至提出了要“废其非君而立其君道者”的主张。这种咄咄逼人之势，对秦王政不能说不是一个莫大威胁。

二是吕氏虽主张实行法治，以新法代旧法。但是他并不赞成韩非那种废弃仁义德化，片面强调皆断于法、唯法是治的主张。吕氏吸收了儒家的“仁德”和墨家的“重义”观点，认为仁义德化更重要，能起到赏罚所起不到的作用。但秦王政不是吕不韦，他不尚仁义，并没有接受吕不韦那套说教，而是坚决奉行韩非的法治主张，这就使《吕氏春秋》只能束之高阁。

三是《吕氏春秋》坚持黄老学派关于“君道无为，臣道有为”的基本观点，突出地发挥了“因者无为”的“贵因论”。要求国君依循客观事物规律，顺乎民情，不要包揽一切事务，而应努力使臣下竭智尽力，有所作为。在吕氏看来，国君只是一种象征、一种虚设，不该拥有实际权力。这就是吕氏主张“君道无为”的实质。但随着秦王政的渐渐长大，其刚愎暴戾的个性也日益凸显。而《吕氏春秋》公布那年，正是嬴政年满二十一岁，年少气盛、奋发有为之时，他所面对的局面是秦国统一大业未竞，仍然面临东方诸国合纵攻秦的威胁。值此存亡安危的紧急关头，深受法家思想濡染、熏陶的嬴政，正希冀建功名于天下，树王威于臣下，他怎么可能采纳接受吕不韦“君道无为”的主张呢！

在秦都咸阳编撰而成的《吕氏春秋》是杂家的代表作，虽然没有成为秦国统一天下建立新政权的思想基础，但其对百家的文化整合、对正义战争的定义等，实际都为秦国进行其后统一中国的战争提供了合理的理论解释。《吕氏春秋》认为正义的战争，即“攻无道而伐不义”的战争，不仅可以除暴安良，而且还可以得到人民的衷心拥护。秦始皇统一天下的理由就是按这个来解释的。

《史记·秦始皇本纪》记载："秦初并天下，令丞相、御史曰：'异日韩王纳地效玺，请为藩臣，已而倍约，与赵、魏合纵畔秦，故兴兵诛之，虏其王。寡人以为善，庶几息兵革。赵王使其相李牧来约盟，故归其质子。已而倍盟，反我太原，故兴兵诛之，得其王。赵公子嘉乃自立为代王，故举兵击灭之。魏王始约服入秦，已而与韩、赵谋袭秦，秦兵吏诛，遂破之。荆王献青阳以西，已而畔约，击我南郡，故发兵诛，得其王，遂定其荆地。燕王昏乱，其太子丹乃阴令荆轲为贼，兵吏诛，灭其国。齐王用后胜计，绝秦使，欲为乱，兵吏诛，虏其王，平齐地。寡人以眇眇之身，兴兵诛暴乱，赖宗庙之灵，六王咸伏其辜，天下大定。'"秦始皇强调，秦对六国的兼并战争是"攻无道而伐不义"的正义战争，因为都是六国的"不义"引起的。

三　秦无儒——荀子在咸阳的感慨

荀子约生活在公元前 298－238 年，他是儒家在战国时的最后硕果，也是春秋战国诸子学说的集大成者。其主要思想是礼治，主张"法后王"，有融合法家的成份。

大约在秦昭王四十二年（前 265 年），荀子这个大学问家来到了秦国，并对秦国政治作出了由表及里的深入考察，给今天的我们认识秦都咸阳的社会风气提供了绝佳材料。

《史记·孟荀列传》中没有荀子赴秦之事，但《荀子·儒效篇》记有荀子与秦昭王的问答，《强国篇》载有荀子同应侯的对话，而且对秦的认识具体细致，应该是亲自观察的结果，故多数学者认为荀子到过秦都咸阳。

汪中《荀卿子年表》将荀子赴秦的时间考证为昭王四十二年，是根据应侯即范雎拜相于昭王四十一年（前 266 年）。钱穆《先秦诸子系年考辩》认为，荀子在齐襄王时在齐都临淄，做“稷下祭酒”。“至王建之立，乃去齐适秦。反（返）而归于赵。大抵荀卿留秦决不久，其去秦东归，当在长平一役之前”。[1] 长平之役在昭王四十七年（前 260 年）。由此可推断，荀子在秦都咸阳的时间并不太长。

据《荀子·强国篇》，荀子在秦都咸阳时，秦相应侯曾经接见过他，当面向这个大学者询问在秦国的见闻，想知道其对秦国的评价。荀子对秦国的政治有过直接的观察，并对其有客观清醒的认识。他看到秦国地理位置的优势，认为秦国“其固塞险，形势便，山林川谷美，天材之利多，是形胜也”。经过商鞅变法以来四世的以法治国，秦国人民勤劳朴实，令行禁止，“入境观其风俗，其百姓朴，其声乐不流污，其服不佻，甚畏有司而顺，古之民也。”各地方官员奉公敬业，循规蹈矩，“及都邑官府，其百吏肃然，莫不恭俭敦敬，忠信而不楛，古之吏也。”

到了秦国都城咸阳之中，荀子考察了士大夫与朝廷的办事效率，也是赞不绝口：“入其国，观其士大夫，出于其门，入于公门，出于公门，归于其家，无有私事也；不比周，不朋党，倜然莫不明通而公也，古之士大夫也。观其朝廷，其朝闲，所决百事不留，恬然如无治者，古之朝也。故四世有胜，非幸也，数也。”

荀子在秦似乎也对秦国军队有过亲自观察，了解到其具有的强大战斗力，后来在赵国议兵时就谈到了这一点。《荀子·议兵篇》载：“齐之技击，不可以遇魏氏之武卒；魏氏之武卒，不可以遇秦之锐士。”较为准确地评价了秦国军队在战国末期的绝对优势。

---

① 钱穆《先秦诸子系年考辩》，台北东大图书有限公司 1990 年版。

荀子重视礼仪教化，认为秦国在稳定富强表象下也存在着不小的危机，于是他直言不讳地告诉应侯说："虽然，则有其諰矣。兼是数具者而尽有之，然而县之以王者之功名，则倜倜然其不及远矣。是何也？则其殆无儒也。"就是说，秦国距离王者的标准还差很远，这是因为秦国"无儒"，即没有礼仪仁政，仅仅以法家耕战治国是不够的。

范雎把荀子的认识向秦昭王作了汇报，昭王听到最后指责秦国"无儒"的话，大为不满，也很不客气地向荀子发难说："儒无益于人之国"。荀子自然要作一番解释，这就是《荀子·儒效篇》的大段议论。荀子认为，儒家之礼治，重在长远的人的精神建设，纯粹以儒家思想治国，则可以王天下，杂以其他思想，只是眼前的富国强兵，仅能称霸而已。

大概这次争论并没能说服秦昭王，荀子也因为道不同不相与谋，很快离开了秦国。

荀子在秦都咸阳的活动时间不知有几年，但他以"稷下祭酒"这样的大学者身份来到咸阳，一定会引起秦国统治者的高度重视。他受到秦国丞相应侯的接见，并探讨相关问题，是否见到昭王尚不敢肯定，但其思想无疑已经传达到这个最高统治者那里。从荀子对咸阳朝廷、士大夫的观察，对秦国形胜、官民的考察来看，他在咸阳的学术实践是非常活跃的。

荀子对秦国的认识由表及里，特别深刻准确。后来，其学生李斯到了秦国咸阳，得到了秦王政的信任，此时距他离开咸阳已近 30 年。听到这件事后，年事已高的智者荀子仍然"为之不食"。这是因为他对秦国和李斯都很熟悉，想到二者的结合会产生不幸的后果，因而忧虑得吃不下饭。一是他看到秦国的内在危机，怕李斯助纣为虐，为李斯的品行忧；二是知徒莫如师，他深知李斯的功名心切，在秦的政治危机中必有不测，为李斯的命运忧。结果，还真没有出乎其意料之外。

四　墨、纵横与兵家——诸子在咸阳

1．墨者在咸阳

墨家学派的创始人墨翟，出生于春秋战国之际。墨家代表着平民小生产者的利益，主张自下而上的改革，追求的理想是尚同、尚贤、兼爱、非攻。他们拥有严密的组织和严明的纪律，勇于身体力行的实践，舍身求道，“赴汤蹈火，死不旋踵”。

墨子要求自己的弟子，“能谈辩者谈辩，能说书者说书，能从事者从事”。谈辩者专注于名辩逻辑，游说诸侯，从政当官；说书者乃教书和研究典籍；从事者重在技艺劳作和具体事务，尤其是把墨子的守城防御技术发扬光大。

战国中叶约公元前四世纪，墨学与杨朱学领天下学术之先。孟子曰：“杨朱、墨翟之学盈天下。天下之言不归杨，则归墨。”到了公元前三世纪，墨学地位仍然很高，与儒学并列为当世显学。韩非子说过这种情况：“世之显学，儒墨也。儒之所至孔丘也；墨之所至，墨翟也……孔墨之后，儒分为八，墨离为三。取舍相反不同，皆自谓真孔墨。孔墨不可复生，将谁使定后世之学乎”。《吕氏春秋》也记载有儒墨并为显学的盛况：“孔子墨翟二氏……徒属弥众，弟子弥丰，充满天下”，“后世显荣于天下者众矣，不可胜数”。

墨学的活动区域开初以中原为主，后来随学派的日益壮大，势力扩大到南方的楚国和西方的秦地，形成了东方、南方与西方三个大的派别。而各派均自居正宗，相互倾轧；又加不重视理论的建设与发展，没能与时俱进，终使墨家元气大伤，日趋分化式微。

商鞅变法以后，墨家传人大批涌入秦国首都咸阳。惠文王时，墨子钜子腹䵍居秦，很得惠文王的重用和信任，同时为秦王所用者还有墨者唐姑果，而东方墨者谢子、田鸠也通过特殊的途径专门来到咸阳，拜见游说秦惠文王。这都说明秦国之墨学特盛，首都咸阳成为墨学活动的重镇。

《吕氏春秋·去私》云："墨者有钜子腹䵍，居秦，其子杀人。秦惠王曰：'先生之年长矣，非有它子也，寡人已令吏弗诛矣，先生之以此听寡人也'。腹䵍对曰：'墨者之法曰：杀人者死，伤人者刑。此所以禁杀伤人也。夫禁杀伤人者，天下之大义也。王虽为之赐，而令吏弗诛，腹䵍不可不行墨者之法'。不许惠王，而遂杀之。"

"钜子"是墨者的领袖，所属数十人或数百人不等，其徒众惟钜子之志是从。腹䵍以钜子居秦，深得惠王信任，其门徒数量不会太少。可见惠王时代，秦国墨者集团之活跃和数量之多。也正因为如此，东方之墨者才多有意奔秦。

《吕氏春秋·去宥》云："东方之墨者谢子将西见秦惠王。惠王问秦之墨者唐姑果。唐姑果恐王之亲谢子贤于己也，对曰：'谢子，东方之辩士也，其为人甚险，将奋于说以取少主也'。王因藏怒以待之。谢子至，说王。王弗听，谢子不说，遂辞而行。"

这件事说明秦之墨者在政治上已有一定影响，唐姑果才能把"东方之墨者谢子"拒之门外。值得注意的是唐姑果挑拨惠王冷淡谢子的两条理由：一是说谢子是"东方之辩士也"，似乎谢子为东方"谈辩派"的代表。大致说明了唐姑果和谢子不是一个派别，唐姑果属于"从事派"，起码是以"从事派"的面目活跃于秦惠王驾前；二是说谢子"将奋于说以取少主也"。"少主"是指惠王太子，这大约是利用惠王年老怕失去权力而对太子心存戒备的心理，故意挑起惠王对谢子的不满。

希望到秦国来宣传自己主张的东方墨者，除了谢子，见诸记载的还有田鸠。田鸠见到秦王的过程特别曲折，也很有意思。《吕氏春秋·首时》载："墨者有田鸠欲见秦惠王，留秦三年而弗得见。往见楚王。楚王悦之，与将军之节如秦。至因见惠王。告人曰：之秦之道乃之楚乎？固有近之而远，远之而近者。时以然。"在秦都咸阳城钻营了三年也没见到秦王，后来奔楚，得以楚使节身份又来咸阳，才终于见到了秦王。为此他还对"时"也就是机会，发了一通很有深意的感慨。

如果秦墨主要是"从事"一派，则我们可以推测一下，他们在秦都咸阳所从何事。从其才艺与秦富国强兵之基本国策可知，秦墨主要是进行军事、手工业方面的身体力行者，大概从事两方面的工作，一是兵法的应用研究，提供军事技术；二是从事官营手工业的生产管理和技术支持。

除墨家经典《墨子》外，吕不韦所编《吕氏春秋》对墨家之道、墨者故事记载的最多，似乎这些记载是吕不韦编书宾客中的墨者执笔完成。马非百《秦集史》也由此推测："墨学在秦，直至吕不韦当政时期，犹未稍衰矣。"[①] 我认为这种观点可以成立。不过，在完成统一的秦都咸阳城中，却再也未见到实干家墨者的踪影，似乎也说明了墨学的式微。

墨学在秦都咸阳一度得到重大发展的原因，我认为在于以下诸端。

首先，秦孝公为富国强兵，欢迎东方大国之人才到秦国建功立业，且后来诸王都坚持这项政策，给墨者入秦创造了机会。

其次，墨者中"从事派"弟子均身怀绝技，擅长工巧制作，在军工技术上出类拔萃，这特别适应秦国的实际需要。墨翟对军事工程技术的研究与创造独步海内，而且众多弟子也已经尽传其学，这一点从其"止楚攻宋"的事例中就可得到有力

① 马非百《秦集史》页346，中华书局1982年版。

证明。墨子与公输般在楚王面前比试攻防技术，结果“公输般九设工程之机变，子墨子九拒之。公输般之攻械尽，子墨子之守圉者有余”。公输般想杀掉墨子以绝其术，墨子对楚王说：“臣之弟子禽滑离三百人已持臣守圉之器在宋城上，而待楚寇矣。虽杀臣，不能绝也。”这三百弟子也不是墨者之全部，而是精于军工技术的“论从事者”的那一部分。秦惠王重用墨家，但却不用墨学的“辩士”，说明秦主要是利用墨者的精湛技术。据蒙文通《论墨学源流与儒墨汇合》一文的考证，今本《墨子》的兵法，实出于秦国的墨者；而且也不是纯粹的墨家兵法，实是墨子守城兵技融入秦国的法令而成。李学勤利用新出土的云梦秦简资料，进行对照，也证明了这一点[①]。

第三点，墨家不徇私情，执法如山，即使钜子本人也不例外，如钜子腹䵍之“依法斩子”。这一点与秦法制立国的政策也有很高的契合度。马非百认为：“居秦之墨，虽不免有排斥秦以外诸墨之事实，而其所具有之宗教精神，与秦之立法精神，根本上不唯不相冲突，而且适足以相反相成。秦人之所以保持其一贯的勇武轻死之风尚，数世有胜者，此种宗教精神之传布于关中，未始非其一极重要之原因也。”[②]

2. 纵横家在咸阳

纵横家在战国时代并没有一个固定的称呼，当时他们多被称为“游士”“说士”“辩士”“智士”“权变之士”，只是后来合纵连横的斗争成为他们的主要战术和实践方式，才被称为纵横家。

所谓合纵连横，鲍彪所编《战国策》引用孟康的说法是：

---

① 李学勤《秦简与墨子<城守>各篇》，见《云梦秦简研究》，中华书局1981年。

② 马非百《秦集史》页346，中华书局1982年版。

"南北为纵，东西为横"。高诱注："连关中之为横，合关东之为纵"。也就是说，以韩、魏、赵三晋为中心，北连燕、南连楚为纵，西连秦、东连齐为横。这是就地理方位而言。韩非则就政治关系下定义说："纵者，合众弱以攻一强也；而横者，事一强以攻众弱也。"战国七雄时代，各国为了自己的利益相互征战，都想广结联盟，打败敌人，扩张领土。当时的游说之士奔走各国朝廷，晓以利害，决定着战和、结盟等策略，对统一战争的形势与进程影响很大，于是形成了一个专门的学派，即纵横家。纵横家注重研究现实社会与天下形势，可为各国制定出最符合实际的军事外交方案。得势之后的纵横家直接掌握国家权力，对内参预军国大计，对外联盟他国，操纵着天下的形势，被称为"倾危之士"。时人称赞他们说："张仪、公孙衍，岂不诚丈夫哉，一怒而诸侯惧，安居则天下熄。"①

纵横是术，纵横家本身缺乏学术性、思想性，仅是运用纵横术以达到趋功近利的实践群体，与其他诸家基本没有学术与思想上的冲突。

战国后期，天下一统的形势开始趋向明朗，能够完成这一历史使命的国家由齐楚秦三强变成了秦国一家。纵横家的一些大腕级人物纷纷来到秦都咸阳，为秦出谋划策，屡立奇功，在秦实现统一大业的过程中作出过特殊贡献。由历史文献记载来看，活跃在咸阳城，为秦兼并六国建功立业的纵横家有张仪、范雎与蔡泽等人。

张仪是魏国人，与苏秦同为鬼谷子的学生。初次出山游说楚国，由于谋术尚浅，终因"失窃假案"受暴打被逐。回到家中的第一件事就是请其妻子"视吾舌尚在不"。从失败中站起来的张仪凭借三寸不烂之舌，成为战国时代最老辣的纵横家。

---

① 《孟子·滕文公下》。

秦惠文王九年（前 329 年），张仪入咸阳游说秦王。秦惠文王为其言辞所动，委之为客卿，不久就让他做了相邦。张仪为了破坏齐、魏联盟，奏准秦王请免去其秦相职位。他来到魏国为相，又竭力游说魏王结好秦、韩以攻齐、楚。秦惠文王更元十二年（前 313 年），为了破坏齐、楚联盟以便各个击破，复为秦相的张仪与秦王密谋欺楚之计，由张仪出使楚国，以“内攻”之法诱使楚王绝齐。所谓“内攻”，主要是行贿利诱。楚怀王发现上当，发兵攻秦。秦齐共击楚，楚丧师失地。后秦提出以武关外之地换秦黔中地，怀王“愿献黔中地以易张仪”，欲杀之。张仪利用楚佞臣郑袖、靳尚，化险为夷。后张仪成功利用怀王的信任说服怀王与秦亲善。

张仪连横亲秦战略的重点主要有二：一是破坏魏齐联盟以弱魏，二是破坏齐楚联盟以弱楚。从外交战略的高度来说，这些构想很是高明。然而他使用的手段主要靠贿赂收买和诡计欺骗，就显得十分卑劣了。从结果上来看，削弱了魏、楚，秦可专一对付强齐，尤其是楚的萎弱可以说为秦的统一，扫除了最后障碍。

范雎是魏国人，游说诸侯，欲事魏王，因为家贫，先事魏中大夫须贾。后因疑泄机密而被魏相毒打昏迷，诈死方逃出来，改名张禄。秦使者王稽出使魏国，听说范雎有才，就偷偷地将其带到秦都咸阳。当时秦国大权掌握在宴太后及其弟秦相穰侯手中，穰侯计划绕过韩魏而伐齐。范雎以此为契机，向秦昭王建议实行远交近攻战术，先攻韩，深得秦王信任，拜为客卿。

又过数年，秦昭王对范雎更加亲近。于是范雎进言，秦国之大患，在于太后及穰侯一党架空昭王，必须立即解决，否则，“臣窃为王恐，万世之后，有秦国者非王子孙也”[1]。于是昭王废太后，逐穰侯、高陵君、华阳君、泾阳君于关外。拜范雎为相，封于应，故也称其为应侯。范雎为相后，秦攻韩汾陉，并发动长平之战，大破赵军，可以说，东方六国最后一股可以对抗秦的军队被歼灭。

蔡泽为燕国人，先后赴赵、韩、魏三国游说，结果都不成功。到了秦都咸阳就放出大话：“我是燕客蔡泽，天下第一雄辩之士，一见秦王，秦王必夺应侯范雎之位”。秦相范雎听到后，在首府接见了蔡泽。蔡泽以商鞅、吴起、文种助秦、楚、越强国而最终不免被杀的事实，来说明功成身退才能保全自我。范雎真被说动了，终向昭王建议让相位给蔡泽。

蔡泽为秦相后，在秦十余年，事秦昭王、孝文王、庄襄王及秦王政，东收周室，并通使于燕，燕使太子丹入质于秦都咸阳，将秦统一的步伐向前推进了一步。

总之，纵横家在秦都咸阳立下了汗马功劳，李斯的《谏逐客书》就极力称赞张仪、范雎之功绩：“惠王用张仪之计，拔三川之地，西并巴蜀，北收上郡，南取汉中，包九夷，制鄢郢，东据成皋之险，割膏腴之地。遂散六国之从（纵），使之西面事秦，功施到今。昭王得范雎，废穰侯，逐华阳，强公室，杜私门，吞食诸侯，使秦成帝业。”

公元前 221 年，秦始皇统一中国，结束了战国的兼并斗争，把中国历史推向了统一的中央集权的时代，纵横家失去了生存发展的社会基础，基本退出了历史舞台。

3. 兵家在咸阳

战国时代各国之间频繁的战争造就了一些研究战争规律的人，这些军事学家就是我们所说的“兵家”，孙武、孙膑、尉

① 《史记》卷七九《范雎蔡泽列传》。

缭等就是其代表人物。他们有时也带兵打仗，但是却与那些专门带兵打仗的将军不同，他们主要从具体战例中总结战略战术，上升到军事战争的理论层面，留下了影响深远的兵书。

秦孝公时招徕列国人才，以求秦之富国强兵，当时的商鞅既是变法的主角，也是一个军事战略家。他提出的农战思想，认为发展农业，军食充足，才是决定战争胜负的物质基础。他制定了作战奖罚法令，以杀敌表现——获取敌人的首级来作为奖励的标准，使秦军成为一支战无不胜的勇武之师。张仪在游说列国时曾说，秦军作战时不戴头盔，赤膊冲锋，左手提着敌人的头颅，右掖下挟着俘虏。就是因为有着这样的军队，秦王政才能扫平六合，一统天下。我们在秦始皇兵马俑一号陪葬坑中看到的七千多兵俑阵形，就展示了秦军天下无敌的雄姿。

帮助秦王政制定统一六国军事决策的人叫尉缭，他是魏国大梁（今河南开封市）人，少小开始研习兵法，对春秋战国以来军队建设、战争特点及各家兵法颇为精通。秦王政十年（前237年），尉缭由于在魏国未得到重用，就来到了志在统一天下的秦国。在秦咸阳宫廷，见到了踌躇满志年轻有为的秦王政，献上自己所著的兵法，并提出配合扫灭六国军事战略的具体间谍战术："'以秦之强，诸侯譬如郡县之君，臣但恐诸侯合从（纵），翕而出不意，此乃智伯、夫差、湣王之所以亡也。愿大王毋爱财物，赂其豪臣，以乱其谋。不过亡三十万金，则诸侯可尽'。秦王从其计，见尉缭亢礼，衣服食饮与缭同"。

后来尉缭与秦王政接触日多，逐渐认清了其残暴本质，以为"秦王为人，蜂准，长目，挚鸟膺，豺声，少恩而虎狼心，居约易出人下，得志亦轻食人。我布衣，然见我常身自下我。诚使秦王得志于天下，天下皆为虏矣。不可与久游。"① 尉缭

① 《史记》卷六《秦始皇本纪》。

离开咸阳欲另寻出路。秦王政派人追上他，强烈要求他回来为秦服务，并封他为国尉，使其成为秦国最高军事长官。

尉缭入秦时，秦王剪除朝中异己势力，重用李斯，欲用兵六国。尉缭献此间谍战术，李斯赞同，“阴遣谋士赍持金玉以游说诸侯。诸侯名士可下以财者，厚遗结之；不肯者，利剑刺之。离其君臣之计，秦王乃使其良将随其后。”①

天下最可怕者有三点：行贿、暗杀与战争也。自尉缭建言间谍战，乃行贿、暗杀之计也，与其后的秦军大举进攻，遂成秦国扫灭六国之统一战争三部曲，也是关东六国在十年时间内相继被各个击破的最大原因。军事战略既定，秦王选派著名将领王翦、蒙恬、王贲、蒙毅等率领大军攻城略地，则势如破竹，水到渠成。

尉缭著有兵书一部曰《尉缭子》，《汉书·艺文志》载于兵家。南宋开始，有学者怀疑其为伪书。1972 年在山东临沂银雀汉墓中出土《尉缭子》残简，内容与流传至今者基本相同，可证此书不伪。

《尉缭子》一书吸收了兵家以及其他学派的关于“义兵”及“以战去战”等思想，结合自己对战争问题的深刻理解，提出了进步的战争观。他根据战争的不同情况，把战争分为“挟义而战”和“争私结怨”完全对立的两类。《尉缭子》中对战略决策的作用是非常重视的，认为取得战争的胜利有“道胜”“威胜”和“力胜”三种途径，而最高明的是“道胜”，即靠谋略取得胜利。“兵贵精，不贵多”也是《尉缭子》的重要指导思想。兵少且精既可以节约军费，又可以夺取战争的胜利。“百万之众而不战，不如万人之尸；万人而不死，不如百人之鬼。”因而他主张一个好的将领应是以少胜多的著名将领，“古

① 《史记》卷八七《李斯列传》。

之善用兵者，能杀士卒之半，其次杀其十三，其下杀十一。”[1]这里的“杀”应解释为“裁减”，而不是真正意义上的“杀”，其意为运用比别人少一半或者少3/10、1/10的兵力去战胜敌人，才是善用兵者。

《尉缭子》继承了先秦诸子百家有关军事的理论，在新的高度进行论述总结，形成了一部富有特色、自成一体的军事著作，为历代兵家学者所推崇。清朱墉在《武经七书汇解》中说：“七子谈兵，人人挟有识见。而引故谈今，学问博洽，首推尉缭。”因此我们认为，同韩非是先秦法家学派的最后一位大师一样，尉缭是先秦兵家学派的最后一位大师；同《吕氏春秋》是先秦杂家学派集大成的著作一样，《尉缭子》是先秦兵家学派集大成的著作。

五 尊法多元，外来实用整合

从上述百家诸子在秦的思想与活动来看，秦都咸阳在思想文化方面显示出如下特点。

首先，秦咸阳城是商鞅变法的直接产物，也是法家统一天下实施中央集权的大舞台。秦孝公时代大刀阔斧的商鞅变法，给秦国社会带来了一个质的飞跃，宣告了分封制的结束和郡县制的确立，从而大大促进了经济、文化和科学技术的发展，奠定了并吞六国的物质社会基础。咸阳城就是这次伟大变革中由商鞅亲自建立起来的，他“大筑冀阙，营如鲁卫”，在一张白纸上描绘出法制社会的首都中枢图案。到后来，无论妇女儿童，秦国老百姓皆言“商君之法”，可以说在秦国营造了一个以法治国的政治氛围。作为首都和变法中心的咸阳城，当然到处弥漫着法家的思想与精神。

① 《尉缭子·兵令下》。

秦始皇利用法家大思想家韩非的理论，加上法家实践者李斯的政治才干，完成了统一全国的伟大使命，而且制定了一套较为完备的中央集权的政治、经济体制，实行皇帝制度，推行郡县，统一法律，统一货币，统一度量衡，统一文字，宣告了帝国时代的开始。秦都咸阳作为法家中央集权思想传播和实践的中心，在促进中国古代历史的发展方面做出了巨大贡献。

当然应该指出的是，秦人在尊崇法家思想的时候过于刻薄，而秦始皇后来又多破坏法制，专注于“权术”，造成残暴寡恩、酷刑专制的局面，导致二世而亡。而咸阳也在复仇主义的熊熊烈火中化作灰烬，不免令人扼腕叹息。

其次，秦人尊崇法家，但并不完全排斥其他诸家。活跃在秦都咸阳政治、经济、文化舞台上的人才，并不局限于法家一派。从学术渊源上来看，腹䵍、唐姑果、谢子等属于墨家，张仪、范雎、蔡泽等属于纵横家，尉缭则是著名的兵家，荀子这个儒家大学者也来到咸阳，他作为稷下学派的带头人，当时与他同来者一定不少，而且思想成份复杂。

就是上文我们没有单独提出论述的道家、阴阳家、名家之流，也都对秦咸阳城的学术思想带来一定的影响。比如道家学说成为在咸阳成书的《吕氏春秋》的指导思想，史称“以道德为标的，以无为为纲纪”。后来秦始皇虽不用杂家，但道家方术之学反而得到青睐。始皇帝为求长生不老，让那些术士寻求不死之药，而且自称“真人”，不再称“朕”。

《史记·秦始皇本纪》记载：“始皇推终始五德之传，以为周得火德，秦代周德，从所不胜，方今水德之始也。”[①] 他将阴阳家邹衍的终始五德之说，作为秦王朝建立的理论基础，改

① 《史记·封禅书》中也有：“今秦变周，水德之时……于是，秦更名河曰‘德水’，以冬十月为年首，色上黑，度以六为名”。

年、朝贺、衣服、节符、车轨、河名等都改为符合水德的颜色或数字。颜色尚黑，数以六为纪。睡虎地秦简中也有五行相克相生的条文，说明了阴阳家的学说在秦咸阳城相当流行，其受重视程度也很高。

至于学术性特强的名家，追求名实之辨，注重逻辑推理，提出过著名的“白马非马论”。这样的学问应该较不适应追求功利主义的秦国，但是《吕氏春秋》还是特别注意到名家的思想，设有《审分》、《察名》等篇，给予专门论述。秦朝建立后，秦始皇对其消灭六国的原因进行了宣告，主要揭示了六国不义理当诛灭，来给新王朝正名。这其中也似乎是受到了名家的影响。

总起看来，无论百家之何门何派，只要有真才实学或一技之长，而不是只谈游说徒乱耳目者，皆可平步青云，由布衣而卿相，人们常说的客卿即属此类。等而下者，则效力于各个职能或技术部门，做一般官吏或生产指导者。

第三，从价值层面上分析，秦国的文化有一种赤裸裸的功利主义传统，关注形而下的实际功效与直接利益，相对缺乏形而上的思辨和理论。实际上处于割据纷争、你死我活的战国时代，哪个诸侯不重功利呢？孟子见梁惠王，梁惠王第一句话便是：“叟，不远千里而来，亦将有以利吾国乎。”① 也是直接地追求功利。只是秦国对功利的追求更加直白、彻底与持久，既没有蒙上道德的幕纱，也没有披上仁义的外装，更没有涂上浪漫的色彩。

秦国对法家路线的选择本身就是急功近利的，当商鞅入秦说孝公时，准备了帝道、王道、霸道三种方案，结果是可以立竿见影迅速富国强兵的霸道之策合乎孝公的要求。变法与秦国

① 《孟子·梁惠王》。

的传统相结合造成了“上首功”的世风，即以斩首记功纳爵，崇尚战功，同时也造就了“贪狠强力，寡义趋利”的民俗。

秦国对百家诸子的重用也是坚持实用主义的原则，纵横家是为秦推行连横之术的谋士，兵家则是推广其远交近攻进行军事扩张现实需求的战略选择。墨家在秦惠王时得到重用是因为来咸阳的墨者多从事一派，掌握军工生产技术，而对论辩派的墨者谢子之流则拒之门外。也就是说，秦人的功利追求对百家诸子有现实作用的技能和思想进行了必要的选择，凡有用部分则拿来为我所用，所以在秦都咸阳能够见到百家诸子的身影。

第四，就是体现秦文化开放性的“拿来主义”。这方面的具体表现就是百家思想除杂家外，全部来自关东诸国，实际上也可以说是在秦都咸阳为秦建功立业作出重大贡献的政治家、军事家与思想家，几乎全部来源于秦国以外，连杂家创立者吕不韦也不例外。表 5－1 列举了百家诸子在秦都咸阳的活动情况及其国籍来源，可知为秦富国强兵兼并天下立下大功的法家、纵横家、兵家、墨家等学派的学者，除墨家钜子腹䵍国籍没有记载外，其余全部是秦国以外的人才。

这也很好解释，因为春秋以来各种学术思想多兴起于关东诸国，学者当也不出于偏居西隅的秦国。为吸引外来人才，秦国发展完善了客卿制度，使其成为有效的人才引入手段，而诸家学者为建功立业，纷纷西来，入关到达咸阳城。关东六国学者在秦统一天下的历史过程中作用重大。

第五，秦都咸阳的文化具有整合多元、学术走向一统的趋势。从学术发展的过程来看，诸子百家的学者们在相互批判中又相互吸引、学习与补充，到后来观点逐步融合多所相通。如后期儒家巨匠荀子的学说便有了许多法家的观点，后代学人还有人认为其是法家思想的代表人物。其学生韩非成为法家的后期代表，李斯则是法家的实践者。从历史发展的角度来看，战国诸雄相互兼并，也有着逐渐走向天下统一的现实要求，而这种现实又反过来要求学术思想必须整合起来，为统一的社会制定出新时代的政治体制。吕不韦在秦为相时看到了这种学术与社会的发展趋势，便召集各家学者汇聚咸阳，在他融会贯通思想指导下，编成了《吕氏春秋》，创造了一个“杂家学派”。杂家包容各家思想而又有综合创新，是顺应文化整合大趋势，为统一社会寻找基础理论的一次成功尝试。

千古一帝秦始皇建立秦朝以后，选择了韩非的加强中央集权的政治体制，这是继承法家的主导思想意识，同时也兼收并蓄了儒家、道家、阴阳家、名家等多种学说中对已有用的部分，开拓性地建立起帝国统一体制。这些当然也具有思想整合的特征，即如在咸阳实行的“焚书坑儒”措施，具有浓厚的文化专制主义的色彩，却也可以看作其统一文化政策的一种表现，当然应该说是不成功的。

表 5－1. 秦咸阳百家诸子事功表

学派	姓名	国籍	活动时间	基本事功
法家	商鞅	卫	秦孝公	助孝公变法，修建咸阳城，为秦相，封商，后被杀。后人集编《商君书》
	韩非	韩	秦王政	来咸阳谋存韩、弱秦，未成被害；其著《韩非子》，创中央集权制为秦所用
	李斯	楚	秦始皇、二世	谏逐客，为秦相，灭六国，制定中央集权政策与巩固统一措施；拥二世上台，被赵高陷害，斩于咸阳
纵横家	张仪	魏	秦惠王时	相秦惠王，为连横术，破韩楚、齐楚盟约，取蜀地，拔三川，夺汉中
	范雎	魏	秦昭王时	为昭王客卿、相，逐华阳，强公室，建言远交近攻
	蔡泽	燕	秦昭王晚期	为秦相
兵家	尉缭	魏	秦王政	秦国时，献并六国间谍策，为秦统一制定军事战略，有兵书《尉缭子》
墨家	腹䵍		秦惠王	为墨家钜子，不徇私情斩子
	唐姑果	山东	秦惠王	建言惠王拒东方墨者谢子
	谢子	关东	秦惠王	来咸阳游说惠王，未见用
儒家	荀况	齐	秦昭王	赴咸阳，旋去秦适赵，对秦有评论，著有《荀子》
杂家	吕不韦	卫	秦庄襄王、秦王政	立公子异人，后为秦相，灭周，著《吕氏春秋》。后被逼就封国，旋自杀。

第二节　焚书坑儒
——文化专制主义政策的实行及影响

秦王政提虎狼之师，以雷霆万钧之势横扫关东六国，用军事手段结束了一个旧时代；其后他建立皇帝制度，加强中央集权，在全国广设郡县，采取各种措施巩固统一，用政治与经济的专权建立了一个新时代。始皇帝的这种开创之功对中国历史的发展影响深远，应该说这是他成功的一面，因而也被尊为“千古一帝”。秦始皇也有被认为基本失败了的地方，那就是他实行的“焚书坑儒”政策，企图还使用烧与杀的残忍手段实现思想文化上的专制，虽然好像达成了一时之效，但却落下了万代骂名。

一　焚书的烈火在咸阳点燃

据《史记·秦始皇本纪》记载，秦始皇三十四年（前213年），秦始皇在咸阳宫大宴群臣，博士七十人前为寿。仆射周青臣乘机称赞始皇帝实行的郡县制度，他说：“他时秦地不过千里，赖陛下神灵明圣，平定海内，放逐蛮夷，日月所照，莫不宾服，以诸侯为郡县，人人自安乐，战争之患，传之万世，自古不及陛下威德。”秦始皇听后当然特别高兴。

博士齐人淳于越以儒家“法先王”的立场来看待秦朝的政治，反对实行郡县制，认为应该恢复分封制度。于是他当即走上前来，大声驳斥了周青臣的议论，提出了自己的观点：“臣闻殷周之王千余岁，封子弟功臣，自为枝辅。今陛下有海内，而子弟为匹夫，卒有田常、六卿之臣，无辅拂，何以相救哉？事不师古而能长久者，非所闻也。今青臣又面谀以重陛下之过，非忠臣。”

淳于越的意见与当时秦王朝的政治实践有很大差异，秦始皇就把这种建议交给群臣继续议论。一贯主张全面推行郡县制的丞相李斯，大力强调薄古厚今，坚决反对淳于越师古封建的提议。“始皇下其议。丞相李斯曰：‘五帝不相复，三代不相袭，各以治，非其相反，时变异也。今陛下创大业，建万世之功，固非愚儒所知。且越言乃三代之事，何足法也？异时诸侯并争，厚招游学。今天下已定，法令出一，百姓当家则力农工，士则学习法令辟禁。今诸生不师今而学古，以非当世，惑乱黔首。丞相臣斯昧死言：……如此弗禁，则主势降乎上，党与成乎下。禁之便。”

李斯把矛头直接指向了所有的“诸生”及私学，认为儒生“不师今而学古”，以私学指责朝政法令，“入则心非，出则巷议”，甚至造谣诽谤。这种现象必须禁止，否则就会削弱皇帝的权威，使臣下结成反对的派别。

至于如何禁止，李斯也作了具体而又详细的建议：“臣请史官非秦记皆烧之。非博士官所职，天下敢有藏诗、书、百家语者，悉诣守、尉杂烧之。有敢偶语诗书者弃市，以古非今者族，吏见知不举者与同罪。令下三十日不烧，黥为城旦。所不去者，医药、卜筮、种树之书。若欲有学法令，以吏为师。”

李斯的焚书建议马上被秦始皇采纳了，并作为法令，颁布执行。

由上述《史记·秦始皇本纪》所记来看，焚书政策的出台经过了秦王朝君臣的讨论，李斯提出了特别多的理由，制定的政策很详细。《史记·李斯列传》也有几乎相同的叙述，这说明焚书作为历史事实是完全可靠的信史。

《史记》所记李斯的建议很具体，可能就是司马迁录用了其条奏的原文。仔细地阅读其建议，我们不仅可以清楚焚书的书籍类型以及焚书的方法，并且看到了更深层的思想言论控制措施，还涉及到教育制度的改革问题。这些对于认清焚书事件的实质很有帮助，需要我们进行深入分析研究。

我觉得焚书令主要涉及三个方面的内容。

首先是规定了所要焚书的种类，以及按类处理的方式方法。具体有以下各点：

1.“史官非秦记皆烧之”，这是说历史类书籍除了秦人的记载以外，就是指关东六国以及周人的史记，全部检出烧毁。这也很好理解，因为这些书中保存有很多不利于秦的言语和事实。

2. 诗书与百家语类书籍指的是《诗经》《尚书》这类的文学书与诸子百家所写的哲学思想类书，前者也被尊古的儒家奉为经典。对这两类书的处理方法是：除了掌管古今文史典籍的博士官书库里收藏者外，天下所有的人都不得私自挟有诗书、百家语类书籍，现在收藏者要全部交到各地方长官处，统一销毁。

这里要说明的是，并不是秦代博士们可以个人拥有收藏权，而是博士所组成文史机构的图书馆里才能收藏。因为有博士不能收藏此类书的事实，就是儒家弟子伏生，他虽然是秦的博士，可是他还要把《尚书》等儒家经典藏到墙壁里，才得以保存下来。

3. 医药、卜筮、种树类书籍属于科学或者应用方面，符合秦人的功利思想，必须普及社会才能发挥效应，而且也与意识形态无关。所以此类书籍还是流行于民间，不予禁止。

4. 禁书的方法如下，禁书令下达后，藏书者要把书交到地方郡守尉处统一烧毁；如果私藏禁书，三十日内仍然抗拒不交，被查出来的话，将接受黥面（即用刀刺刻额颊等处，再涂上墨）的处罚，并发配到边疆修筑长城四年。

其次，就是在书籍这个物质形态以上的思想言论方面，李斯发明了所谓的“偶语罪”与“以古非今罪”。前者是指今后如果还有敢两人以上谈论诗书者，将被处以“弃市”的惩罚，即在闹市区执行死刑，并将尸体暴露街头；后者就是“以古非今者族”，是说今后胆敢“以古非今”者，将是一人有罪，杀你全家。因为这是意识形态领域的问题，处理起来特别复杂，需要官吏的认真执行，所以还专门规定：官吏如果知道而不检举者，与之同罪。

我们如果拿前面这两点相互比较，就会发现偶语诗书的罪罚，居然远比私藏诗书的罪罚为重。私藏诗书犯了禁书令不过黥为城旦，偶语诗书即讨论古典文献却要弃市杀头。如果再以古典否定当代的政策，这种思想上的触禁将会被诛及全家，罪罚更重。由此可以判断，禁书令的背后还有更大的目的，那就是加强思想上的控制，“偶语罪”禁止了私学，“以古非今罪”杜绝了议论政治，这样也就可以实现思想文化上的统一。

第三，是在教育体制上的改革，最后一条规定：“若欲有学法令，以吏为师。”是说学习的内容只能在法令方面，就是“以法为教”；把教育的大权收归政府，就是“以吏为师”，禁止私学。从培养下一代人才与思想的角度，来达到独尊法家，逐步消灭异端，统一文化意识的长远目的。

第三条虽只有一句话，可其意义却不能小觑。如果把它与前两个方面联系起来，再结合秦王朝当时的文化政策与社会形势来进行分析，我们更能够明白这一教育改革的实质，以及它在焚书事件中的地位。

秦国虽然在原创思想上缺乏活力，但他特别喜欢“拿来主义”，不断吸收六国的人才与文化为己所用。秦统一天下的时候，已经设置有博士，始皇帝二十六年（前 221 年），在讨论皇帝称号的廷议中，博士就参与其中。

秦博士官共有七十人，大体是按照齐国稷下学派员额设置的。其成分复杂，天下诸子百家学有所成者皆可为秦博士，其留存姓名者之中，儒学弟子最多，如上述廷议中争论的双方周青臣与淳于越，以及叔孙通、伏胜、沈遂等都是。其他各家人物及术士也名列其中，如《汉书·艺文志》记名家代表作有《黄公》四篇，作者“名疵，为秦博士”。这是说名家学人黄疵为秦博士；又如卢敖，即后来的坑儒事件的主要人物之一的卢生，《淮南子·人间》讲到他的身份，“始皇时为博士”。是方术士也可为秦博士，即始皇帝三十七年召问的占梦博士，似也属此类。

始皇帝统一六国后，视天下一切皆为其个人所有，对待文化思想界也然，无论诸子百家、何门何派都要为我所用。《史记·秦始皇本纪》记载始皇帝的话说，他曾经“悉诏文学方术士甚众，欲以兴太平。”其中的文学即指文人，乃当时的文章博学之士，泛指各派的传人；方术士则是通晓神仙术与药方之人。

天下学者面对秦始皇开创的新局面，起初也曾满怀信心和喜悦，以为自己能够学有所用，大显身手。于是很多人来到了秦都咸阳，成为秦朝的博士官和诸生。贾谊《过秦论》中对此种情况有所记载：“秦并海内，兼诸侯，南面称帝，以养四海，天下之士斐然向风，若是者何也？曰近古之无王者久矣。”[①]翦伯赞先生认为，秦始皇时“征聘了七十位学者，授以博士之官。此外，又召集了至少两千以上的知识分子，置于七十位博士的领导之下，而命之曰诸生。”[②]

秦博士官的职掌，《汉书·百官公卿表》：“博士，秦官，掌通古今。”这是一种参与政治决策议事的工作。秦国有廷议制

① 《史记》卷六《秦始皇本纪》。

② 翦伯赞《秦汉史》，北京大学出版社，1983年版。

度，政府有大事时，就请朝廷大臣共同讨论，然后将讨论结果上奏国王或皇帝，供其采用。秦统一天下后，博士官取得了参加廷议的资格，如《史记·秦始皇本纪》所记，有二十六年博士参与了帝号之议、分封与郡县之议；《史记·封禅书》记有二十八年，博士提出的刻石颂秦统一之议、封禅祭山川之议等。至于导致焚书的周、淳之争，也是发生在三十四年的宫廷宴会上，秦始皇亲自耳闻目睹了两位博士的争论。

从《史记》记载的廷议结果来看，博士官们基本不能说服秦始皇，没有达到学有所用的政治目的。二十六年廷议帝号时，始皇帝不用博士及丞相们提出的“泰皇”之号，自作主张称号“皇帝”。封禅泰山时，博士的建议各自乖异，难以施用。始皇帝最终不让他们参与大典之中，令博士们大为气愤。直到统一八年后的三十四年，博士淳于越在宫廷宴会上大肆抨击始皇帝引以为自豪的郡县制度，动摇了秦王朝立国根本，影响巨大。于是，李斯提出“以古非今”之禁，基本上取消了博士们“通古今”的政治使命。不仅此也，秦始皇还破坏了群臣“廷议之制”，变得更加专制集权。故卢生、侯生议论说：“博士虽七十人，特备员弗用。丞相诸大臣皆受成事，倚辨于上……天下之事无大小，皆决于上。”

博士官除了“通古今”的政治职掌以外，还有“典教职”的文化教育职能。[①]这也是他们原来的基本职业，所谓“诸生”也大多是这些博士们的弟子门生。盖春秋战国以来，诸侯分立，“私学”也随之兴盛，诸子百家莫不各以其所学，招收门徒，形成独立之学派。

博士官是发达的私学背景下产生的诸家人物，思想主张各有所本，对新建立的政治制度颇多非议，是秦王朝推行统一政

① 马非百《秦集史》页 893，中华书局，1983 年版。

策的巨大障碍。李斯上奏焚书令的建议就分析了这种情况：“古者天下散乱，莫之能一，是以诸侯并作，语皆道古以害今，饰虚言以乱实。人善其所私学，以非上之所建立。今皇帝并有天下，别黑白而定一尊，私学而相与非法教人。明令出，则各以其私学议之，入则心非，出则巷议。夸主以为名，异取以为高，率群下以造谤。如此弗禁，则主势降乎上，党与成乎下。禁之便。”①

为了统一思想，必须废止“私学制”，把教育权收归政府，“以吏为师”。这也就是李斯“焚书令”的第三个重要内容。

李斯建议的“以法为教”“以吏为师”是一种政教合一的教育体制，马上得到秦始皇的同意，而推行全国。《汉书·楚元王传》记载：“汉高祖少弟刘交，与鲁穆生、白生、申公俱受诗于浮丘伯，及秦焚书，乃各别去。”是说刘交等多人原来受教于浮丘伯，属儒家私学之一，到了秦颁布焚书令，私学被禁，诸位学生不得不自行解散。

焚书事件以博士之争为导火线，实际上是蓄谋已久的巩固统一中央集权新政府的文化教育改革。其广泛收集和清查天下古典书籍，禁止那些不利于秦王朝的书籍流行，诚如秦始皇后来所说：“吾前收天下书，不中用者尽去之。”又废止私学，严惩“偶语诗书”与“以古非今”的文人。博士的议政功能基本废止了，连传统的职业“典教职”也被剥夺，思想与言论也动辄触禁。如此一来，博士诸生的生存空间被大大压缩，只有走向与政府合作这一途径，这也是秦始皇政治经济统一八年后实行文化政策所希望达到的局面。

① 《史记》卷六《秦始皇本纪》。

二　坑儒的发生及其真相

焚书事件发生的次年，即秦始皇三十五年（前 212 年），秦都咸阳又发生了一次重大文化事件，秦始皇坑杀了术士为主包括各家“诸生”在内的四百六十位文人。后世多称此事为“坑儒”，并把它与“焚书”联系起来，合称“焚书坑儒”。随着后人不断地增加一些新内容，“焚书坑儒”的内容也有不少变化，成为秦始皇残暴毁灭文化的铁证。

要想清楚“坑儒”事件的发生过程及其真相，还是先把最原始详尽的文献史料奉献给读者。西汉中期史学家司马迁所著《史记·秦始皇本纪》对其记载最为详细：“三十五年……卢生说始皇曰：‘臣等求芝奇药仙者常弗遇，类物有害之者。方中，人主时为微行以辟恶鬼，恶鬼辟，真人至。人主所居而人臣知之，则害于神。真人者，入水不濡，入火不爇，陵云气，与天地久长。今上治天下，未能恬倓。愿上所居宫毋令人知，然后不死之药殆可得也。’于是始皇曰：‘吾慕真人，自谓真人，不称朕。’乃令咸阳之旁二百里内宫观二百七十复道甬道相连，帷帐钟鼓美人充之，各案署不移徙。行所幸，有言其处者，罪死。始皇帝幸梁山宫，从山上见丞相车骑众，弗善也。中人或告丞相，丞相后损车骑。始皇怒曰：‘此中人泄吾语。’案问莫服。当是时，诏捕诸时在旁者，皆杀之。自是后莫知行之所在。听事，群臣受决事，悉于咸阳宫。

侯生、卢生相与谋曰：‘始皇为人，天性刚戾自用，起诸侯，并天下，意得欲从，以为自古莫及己。专任狱吏，狱吏得亲幸。博士虽七十人，特备员弗用。丞相诸大臣皆受成事，倚辨于上。上乐以刑杀为威，天下畏罪持禄，莫敢尽忠。上不闻过而日骄，下慑伏谩欺以取容。秦法，不得兼方，不验，辄死。然候星气者至三百人，皆良士，畏忌讳谀，不敢端言其过。天下之事无小大皆决于上，上至以衡石量书，日夜有呈，不中呈不得休息。贪于权势至如此，未可为求仙药。’于是乃亡去。始皇闻亡，乃大怒曰：‘吾前收天下书，不中用者尽去之。悉召文学方术士甚众，欲以兴太平，方士欲练以求奇药。今闻韩众去不报，徐市等费以巨万计，终不得药，徒奸利相告日闻。卢生等吾尊赐之甚厚，今乃诽谤我，以重吾不德也。诸生在咸阳者，吾使人廉问，或为訞言以乱黔首。’于是使御史悉案问诸生，诸生传相告引，乃自除。犯禁者四百六十余人，皆坑之咸阳，使天下知之，以惩后。益发谪徙边。始皇长子扶苏谏曰：‘天下初定，远方黔首未集，诸生皆诵法孔子，今上皆重法绳之，臣恐天下不安。唯上察之。’始皇怒，使扶苏北监蒙恬于上郡。”

东汉初期经学家卫宏《诏定古文尚书序》也记载有颇为传奇的“坑儒”故事，他说：“秦既焚书，恐天下不从所更改法，而诏诸生，到者拜为郎，前后七百人。乃密种瓜于骊山陵谷中温处，瓜实成。诏博士诸生说之，人言不同，乃令就视。为伏机，诸生贤儒皆至焉，方相难不决，因发机，从上填之以土，皆压，终乃无声”。

现代学者主要由这两段文献史料入手研究，对“坑儒”事件的认识却有很大不同，我归纳了一下，主要有两派四个观点。

第一派相信“坑儒”确有发生，基本上有两种观点。一是对上述两条史料都深信不疑，认为他们所记反映了秦始皇两次杀戮儒生的事实。一次是卫宏所记的谋杀，即在骊山温汤西南坑儒谷机关射杀或活埋700人；还有一次即《史记》所记在咸阳坑杀的460人，两次共集中坑杀1160多人。

持此观点的学者还根据后世方志与传说资料，指出卫宏所记坑儒发生的具体地点，在西安东南之洪庆堡。此地汉代叫愍儒乡，唐叫旌儒乡，唐玄宗在此修庙祭祀，立有《旌儒庙碑》，由贾至撰文，颜真卿书碑。宋朝此地改称横坑，清朝叫灭文堡，民国时改称兴文堡。此观点还有考古调查资料的支撑，谓此地方曾经先后出土秦汉瓦片及铁器，还有一尊大型唐代文人石像。

相信“坑儒”的学者中，也有许多不相信卫宏的记述，只认为司马迁《史记》记载得较为准确，是“坑儒”只发生一次，其在咸阳集中坑杀儒生 460 人，具体地点不详。这是第二种观点。

第二派是怀疑论者，其具体观点又分成两种，一是怀疑坑杀的对象主要不是儒生，460 人中主要是“方术士”，即“坑儒”的说法不对，应该叫“坑方士”。因为此事的起因是方士卢生、侯生讥议皇帝，犯禁诸生也主要是献方不验与诽谤妖言罪的方术之士。司马迁的《史记》中就两次明确记载此事，其《儒林列传》曰：“及至秦之季世，焚诗书，坑术士，六艺从此缺焉”。《淮南衡山列传》也说：“昔秦绝圣人之道，杀术士，燔诗书”。都很确切地记载，秦始皇坑杀的是“术士”而非“儒生”。这是第三种观点。

怀疑论者中还有更彻底否定“坑儒”事件发生者，最近读到著名古史推理家李开元先生的文章，他根据多方考证，认为“坑儒”整个故事都是后世儒生编造的。秦始皇绝对没有坑杀过任何人，不但没有坑埋儒生，也没有坑杀文本中所记的 460 个术士。其文章的题目就叫《焚书坑儒，半桩伪造的历史——儒生们“坑”了秦始皇》[①]。这是第四种观点，新近出现，很有创新，颇引大家关注。

我重新查阅了现代学者运用到的所有古典文献，而且又重

① 李开元网易博客，2009 年 10 月 29 日。

点阅读了《盐铁论》等西汉时代的资料，经过认真比较分析，我得出了一个关于坑儒事件的折中观点。

首先，我认为司马迁《史记·秦始皇本纪》的记载是可信的史料，即秦始皇确实在三十五年于咸阳集中坑杀了违禁的四百六十个诸生，而且只有这一次，卫宏所记的另一次“议瓜坑儒”事件似乎是后人的杜撰。

有学者认为司马迁《史记·秦始皇本纪》的此段故事中，开初是有名有姓术士的欺骗、诽谤与逃亡事件。这引起了秦始皇的愤怒，他出口谴责的是那些文学方术士，而到了后来，犯禁遭坑杀的又变成了“诸生”，最后又通过公子扶苏的口，说出了坑杀的多是“皆颂法孔子”的诸生。坑儒事件受害者的称谓有过这样由具体的方士到抽象的整体概念诸生，又到儒生的这种不寻常变化，所以应该是“有一只暗藏的黑手，巧妙地偷换了历史的内容”。于是推论出始皇帝从来就没有过坑儒的结论。

仔细分析《史记》这段文本，我却觉得这种概念的变化非常符合“坑儒”事件发展的内在逻辑，因而应该是真实可信的。

“坑儒”事件的导火线在于侯生、卢生等术士的欺骗、诽谤与逃亡。原来，秦始皇统一天下后，恐惧死亡，于是开始相信方术士的神仙理论，追求起长生不老之药。大量的方士云集秦都咸阳，给皇帝请仙求药，也得到了始皇帝的礼遇和厚重的赏赐。

然后，转眼五六年过去了，连仙人和不死神药的影子也没见着，方士们不免心虚起来，于是实行金蝉脱壳计，把责任推到皇帝自己身上。据上述《史记》记载，卢生对皇帝说：臣等屡求仙人和不死神药，之所以未能成功，乃是因为有恶鬼作祟。如果今后皇帝你所居之宫室及行踪不让臣下们知道，这样就能避开恶鬼，真人才愿意来，不死之药才可求得。

谁知道秦始皇对求仙已是走火入魔，还真相信了卢生的谎言。他首先决定放弃统一初制定的皇帝称“朕”的制度，自称“真人”。同时，还将咸阳及其周边二百里之内270多个别馆，用复道与甬道连接起来，各宫馆都安排帷帐钟鼓及美人宫女，以乱人视听。皇帝行踪所到之处，有向外泄密者处死，而且还真的严格执行下来。于是大家再也不知道皇帝的行踪所在。

方士们眼看再也无法蒙混过关，而按照秦朝法令，献方不验者将被处死。他们为保全性命，只有三十六计走为上策，而且在逃跑之前仍然散布舆论，将失败的责任推到始皇帝身上。侯生与卢生一致认为：秦始皇刚愎自用，以诸侯之身兼并天下，意得志满，自以为前无古人。只重用法官律吏，以法治国。文人知识分子七十人为博士官，但仅是摆设而不用。就连丞相诸大臣也都是只能承上旨意办事，无由发表自己的意见。秦法严酷，动辄得罪，候气望天之方术士来咸阳者三百多人，都是高人，然畏忌讳谀，不敢有所行动。皇帝贪恋权势，天下事无大小皆不放过，夜以继日地工作操劳，我们不能给他求得不死神药。他们就串通起来，一起逃出咸阳。

秦始皇听说这件事后特别生气，愤怒地说：我去年没收天下的书籍，将其中没有用的统统烧掉。还曾经广泛召集文学方术之士，希望由此达致天下太平，让方士们寻求仙药。现在我听说韩众早就逃亡，徐市等耗费数以万计，最终仍没得到不死之药，每天传来的都是他们相互告发的各自图利的消息。对待卢生等人，我不但尊重而且厚赏有加。现在他们反而诽谤我，以加重我的不德。我派人查问，连咸阳的诸生，他们也有人制造谣言，惑乱百姓。

在秦始皇的话语中，首先说到了文学、方术士，这是他在统一天下后特意招集来的诸国知识分子，其中七十人为博士官，其余二千余人为诸生，希望他们为新王朝出谋划策。结果却事与愿违，这是始皇帝要处置违禁文人的前提条件，从始皇的嘴中说出来是顺理成章的。

接下来，始皇帝提到了两种现象，一种是方士们的欺骗与诽谤，具体说了韩众、徐市与卢生等人的不同情况。第二种是“诸生在咸阳者”，有些人妖言惑众。前一现象是引起坑儒的重要原因，后者是秦始皇派人查问得到的事实，其连带出来的方士与某些“诸生”这些概念应该说是很正常的。

秦始皇所说“文学与术士”和“诸生”是整体概念。但秦始皇也没有都把他们当作违禁当诛者，违禁者是其中的一部分，这是很明确的。于是，秦始皇命令御史官员进行具体审查，把在咸阳诸生拿来询问，诸生相互告发以解脱自己，结果查出犯禁者 460 人。始皇帝决定严加处置，就把犯禁者全部在咸阳某地坑杀，让天下人都知道，以惩戒后来者。

对此“坑儒”事件，秦始皇长子扶苏认为不合时宜，于是进谏说：方今天下初定，远方的百姓还没有得到有效控制，那些诵法孔子的文人（诸生），你用重法绳之，坑于咸阳。我害怕天下不安，请皇上考虑。

扶苏提到的“诸生皆诵法孔子”，是坑儒事件中那部分以言语获罪者，相对方士们罪行较轻，似乎有些冤枉。于是他拿出来作为进谏的典型材料，不是受害者全部，我觉得也还合情合理。

总之，司马迁所说“坑儒”事件中人物的称谓虽叠有变化，但如果考虑到具体的语境和提出者的立场，我认为还都是合理的，基本上不会使人产生歧异的理解。

以上从《史记》文本中论述了坑儒事件的真实性，从与司马迁稍后时代的盐铁论者的言语中，也可证明这一点。《盐铁论》卷五《利议第二十七》：“大夫曰：‘嘻！诸生阘茸无行，多言而不用，情貌不相副。若穿逾之盗，自古而患之。是孔丘斥逐于鲁君，曾不用于世也。何者？以其首摄多端，迂时而不要也。故秦王燔去其术而不行，坑之渭中而不用。乃安得鼓口舌，申颜眉，预前论议，是非国家之事也？'"

这段话是说，大夫说："哈哈，诸生缺乏良好的品行，话虽多却无用，名不副实。像爬墙偷盗者，自古被人认为是祸患。因此孔丘被鲁君驱逐，未曾有用于世。为什么呢？是因为他瞻前顾后，见解迂腐，不合时宜。因而秦始皇烧毁其书不使其流传，坑杀其弟子于渭中而不用之。你们这些儒生，怎么还鼓动口舌，眉飞色舞，来御前讨论国家大事呢？"

盐铁会议举行于汉昭帝始元六年（前 81 年），《盐铁论》就是汉宣帝时代的学者桓宽以当时的会议记录整理成书的。当时的政府官员仍然认为儒生们复古守旧，无益于世，也难怪秦始皇要焚书坑儒。这表明汉代中期的大夫清楚这一历史公案，而且对秦始皇是持肯定态度的。其听到这些话以后，与大夫辩论的文学并没有对焚书坑儒有具体的议论或者否定，似乎说明这个事件在当时是众所周知的事实。

盐铁大夫以儒生代表被坑杀的诸生似乎有些以偏概全。但如果考虑到盐铁会上，大夫的辩论对手是儒家子弟为主的"文学"，而且被埋杀的诸生中确有不少"妖言惑众"的文学类诸生，则此种语言也似乎无可厚非。

《汉书·高后纪》记，高后元年（前 187 年）正月春，诏除妖言令。又其书《文帝纪》，载文帝二年（前 178 年）五月，除诽谤妖言之罪。结合刘邦初入咸阳为秦人约法三章的语言："父老苦秦苛法久也，诽谤者族，偶语者弃市。"可知秦末汉初确实存在着偶语罪、诽谤罪以及妖言罪，至汉文帝二年方才全部革除。那么，如果仔细考察这三个罪名设立时间的话，可以从《史记·秦始皇本纪》中关于焚书坑儒的记事中找到一些线索，偶语罪起源于焚书令，诽谤罪、妖言罪似乎起源于次年的坑儒诏，秦始皇坑儒前的语言中提到了这两个名词，而且成为后来问罪之主要证据。诽谤、妖言罪存在于秦末汉初，似可作为《史记》坑儒事件的最直接证明。

从前一年焚书的这个大背景来看，虽然焚书令颁布对博士官影响很大。但实际上同为文人的诸生也同样失去了议论政治的权利，其原来所学诸子的思想和知识差不多完全失去了作用，对诸生的打击可谓沉重。在这种情况下，当然会有一些人不愿与秦合作，怨恨政府，甚至发出愤怒的反抗之声。在严加查问下，这就造成有不少诸生以诽谤、妖言之罪犯禁。这是从当时文化政策的实际来推论，坑儒事件的发生在所难免。

卫宏所说的“议瓜坑儒”，是秦始皇又一次大规模的“坑儒事件”，七百多名儒生顷刻间化为冤鬼，而且是利用欺骗手段和“机关”干的，更具有残酷性。

卫宏的说法没有具体时间，也不知有何根据。但卫宏是东汉初期的训诂学家，写过《汉官旧议》、《训旨》等著作，治学态度严谨，故有些学者认为他不会信口开河。再说，到了唐朝时，学者颜师古《汉书注》、孔颖达在《尚书正义》中都将此引文写入了注解，说明他们相信这种说法。故而现代学者也有未加考证而盲从此观点者。

实际上卫宏的说法难以成立，这可从两个方面来说明，一是其“坑儒”的方法颇类传奇故事，尤其是用欺骗方法，哄儒生进京师可作“郎”官，设温泉种瓜之计，引诱七百人前观的坑杀现象，而且预设“机关”没有罪名或者不宣布罪名就暗杀了这些人。这绝对不符合秦始皇办事的风格，始皇帝想杀人就杀人，可总也光明正大，且要找出一些罪名来。

二是卫宏之前的秦与西汉二百五六十年，没有一条史料有如此记载，卫宏凭空揭露此段秘事，难以服人。如果考虑到东汉初期“焚书坑儒”的故事已经演变成为文人阶层的共识，那么可以推断卫宏所谓“议瓜坑儒”似乎是他杜撰的故事，秦始皇没有二次“坑儒”。

王莽托古改制篡权，中兴之后光武帝建立东汉，于是拨乱反正，大力用儒学消除王莽的影响。其后明帝、章帝一脉相承，儒学成了国教。“焚书坑儒”对文化的迫害就有了更符合儒家要求的演义内容。与卫宏“议瓜坑儒”几乎同时代，班固所著的《汉书·五行志》揭露始皇帝的暴政，已将二事并举：“燔诗书，坑儒士”。再经精炼提取，“燔书坑儒”作为专用名词，出现在《汉书·地理志》。

其次，我认为秦始皇坑杀的对象是违禁“诸生”，不仅仅包括方士，而且还有儒生及其他诸家的文人。据《史记·秦始皇本纪》这次坑杀之祸主要因为方士们的诽谤与逃亡，最后经过御史对诸生的仔细查问，圈定 460 余人犯禁。根据秦始皇讲话提到的罪名，这些人大体上属于三种类型：

一是方术不验者。“秦法不得兼方，不验辄死”。始皇帝所举具体事例中都是方士们的“终不得药”，方术不灵验已属死罪，更何况方士们还骗取大量资金，中饱私囊，“费以巨万计”，“徒奸利相告日闻”。说明这类犯禁者都是方术之士。

第二类是诽谤者，秦始皇帝就提到过：“卢生等，吾尊赐之甚厚，今乃诽谤我，以重吾不德。”第三类是“妖言以乱黔首”者，今天所说的名词“妖言惑众”可能就起源在这里。由此两类新设置了“诽谤罪”与“妖言罪”，直到西汉初期才被废止。

西汉文帝废除诽谤妖言罪时，诏曰：“今法有诽谤妖言之罪，是使众臣不敢尽情，而上无由闻过失也。将何以来远方之贤良？其除之。民或祝诅上，以相约而后相谩，吏以为大逆，其有他言，吏又以为诽谤。此细民之愚，无知抵死，朕甚不取。自今以来，有犯此者，勿听治。”原来诽谤罪与妖言罪都是在思想言论上实行专制主义的产物，凡语言不符合官方意识形态的异端皆可以此罪名消灭之。故上述诽谤、妖言两类人员不仅包括方术之士，而且更多的应该是到咸阳来的百家子，即所谓诸生。从坑儒之后的扶苏语言和《盐铁论》大夫所说的事实来看，儒生应该在其中比例不小。

第三，“坑儒”的儒有多种解释。东汉以后，“焚书坑儒”名词固定后的“儒”，是汉武帝实行“罢黜百家，独尊儒术”的儒，专指孔子开创的学派儒学的子弟，这一直影响到现在的我们。我认为这是后代的认识，不能反映始皇帝“坑儒”的实际。上述论证可知，始皇帝坑杀之人包括儒生，同时也有方士及其他诸子文人。那么，早期的“儒”还有更宽泛的内涵，史称“儒有三科，关‘达’、‘类’、‘私’之名。”即广义上的儒是所有的私学当先生者，同时也可指当时的所有文人，今天叫作“知识分子”。由于“方术士”属于阴阳五行或道家者流，也属于广义的知识分子之范畴，故从这个意义上来说，“儒”反映了始皇帝坑杀文人的所有内涵，“坑儒”的叫法也无可厚非。

三　焚书坑儒的影响

“焚书坑儒”在秦始皇后期的发生具有一定的必然性。首先，秦国自商鞅变法以来，采取的就是法家为主体的文化专制政策,《商君书》中就有“燔诗书以明法令”的措施。战国后期的韩非专门著书将儒生等列为五蠹，认为他们是破坏君主独裁的有害因素，应该铲除，建议实行“以法为教，以吏为师”的教育制度。秦王朝建立后，全盘采用了韩非的理论，因而焚书坑儒发生就很难避免。

其次，秦始皇统一中国的前 8 年，他把主要精力放在了制度建设和巩固统一方面，建立中央集权体制，巡视各地，统一文字度量衡，修长城拓疆土等，干出了一番大事业。相对于此，这几年的文化教育方面却无大建树，召集博士诸生到咸阳来，主要的目的还是让他们为新王朝提供服务。在中央集权制建立和全国统一得到基本巩固以后，文化思想上的百家争鸣状况就不能适应了，各派思想有些内容反对新政治，诸子学者无法纳入新体制。文人们仍然利用各自掌握的私学资源，议论朝政，造成了意识形态上极大的混乱。正如李斯所说："明令出，则各以其私学议之，入则心非，出则巷议。夸主以为名，异取以为高，率群下以造谤。如此弗禁，则主势降乎上，党与成乎下。"在此情况下，秦始皇施以政教合一、思想控制的文化专制主义就在所难免了。

但是，焚书坑儒毕竟是秦始皇以烧杀手段实行文化专制的暴行，在当时对于秦王朝的统一确实有一定的促进作用，但却在中国历史上开创了毁灭文化的恶例，影响深远。

首先，焚书令下达后，在秦都咸阳点燃起的烈火蔓延到全国各地，而且燃烧了整整一个月时间，大量人类文化财宝即先秦古典文献在无情的大火中变成了灰烬，造成了文化传承的断裂。

从焚书的结果上考察，史书的损失要比诗书、百家语更为惨重。《史记·六国年表》记："秦既得意，烧天下诗书，诸侯史记尤甚，为其有所刺讥也。诗书所以复见者，多藏人家，而史记独藏周室，以故灭，惜哉惜哉。"各国史记对秦大多有刺讥，因而全面烧毁。司马迁时只有秦纪还可看到，可见史书焚烧之彻底。

诗书与百家诸子之书也应在焚烧之列，只是因为学者们想尽各种方法私藏保护，才大部分保存下来。那种认为秦始皇焚书不及诸子的说法难以服人，比如王充《论衡·书解》中认为：

“秦虽无道，不燔诸子，诸子尺书文篇具在。”刘勰《文心雕龙·诸子》中也说：“暴秦烈火，势炎昆冈，烟燎之毒，不及诸子。”这都不是历史事实。

其次，坑儒是从肉体上消灭异端文人，开暴力手段解决思想争端之先河。

第三，焚书坑儒产生了控制思想文化的具体法令，比如挟书令、偶语罪、诽谤罪与妖言罪等，同时取缔私学，以法为教，以吏为师，形成了政教合一的教育体制。从而在教育基础、法律制度上保证了文化专制主义时代的到来，也造成了百家争鸣之思想文化繁荣局面的结束。

秦始皇焚书坑儒使用暴力和法令来强行统一思想与文化，虽可取得一时之效，但却不能治本。“坑灰未冷山东乱，刘项原来不读书。”焚书坑儒没过几年，秦王朝就被关东起义的烈火毁灭，而广大受迫害的知识分子也纷纷加入到了推翻暴秦的队伍之中。此后建立了西汉王朝，在汉武帝进行文化整合时，就吸取了秦的教训，改用温和的收买手段，设五经博士利诱文人与政府合作，逐步地实现了“罢黜百家，独尊儒术”的目的。

第六章

秦都咸阳的科学与艺术

秦都咸阳城在科学与艺术领域也有非凡贡献，比如秦都咸阳城市的宫殿建筑与道路设计、青铜浇铸与秦俑塑造等多个科技与艺术领域，都走在了世界的前列。本章分节论述了对秦都咸阳城市建设影响较大的城郊水利事业与我国发现最早的秦宫壁画，希冀作为反映秦都咸阳科技与艺术繁荣的代表。

第一节　秦都咸阳的水利开发

经过 2001—2003 年的考古发掘，秦始皇陵 K0007 陪葬坑的部分内容已揭示出来，其中有人工营造的水文环境，随葬着青铜水禽与乐舞人俑。从人工河池、水禽、乐舞俑的有规律布设来看，秦人的意识和实践中已经出现了较为成熟的人造水景。这不仅说明了秦都咸阳应该会有人工水利的开发和利用，而且还反映了其水利的功能具有多样性。前人对秦都咸阳的都市水利多语焉不详，本节特辑历史文献与考古发掘资料，对渭河南北咸阳城郊范围内的水利发展、种类、功能及其历史地理基础进行初步的研究。

一　秦陵北侧 K0007 陪葬坑所见的河池水景

2000 年，在秦始皇陵东北鱼池遗址的东侧钻探出一个 700

平方米的陪葬坑，距陵园外城东北角900米，被定名为K0007陪葬坑。经过此后的局部发掘，坑中出土的青铜水禽与特殊姿势的陶俑引起了人们极大的关注和兴趣。

K0007坑中出土有青铜水禽44件，已经辨识的为仙鹤、天鹅、鸿雁等，全为青铜铸造。这些青铜水禽都位于陪葬坑底两侧的垫木台阶之上，斜向成行排列。两侧台阶的中间有条形深槽，槽中有水生动物，明显是一水文环境，代表着河川流水。

如此众多的水禽，栖息在河槽两边，嬉戏自乐，怡然自得，构成了一幅美妙的水景图画。已经辨识的青铜鸿雁16件，体长48厘米，高40厘米；青铜天鹅14件，长57.6厘米，高27.5—47.5厘米不等；青铜仙鹤形体高大，高77厘米，长达125厘米，是此坑出土文物最大的水禽造形。参见图6－1，K0007坑出土的青铜水禽。

在K0007坑的另一个发掘探方中，出土有15尊陶俑。从已经修复完整陈列出来的两尊来看，一尊呈箕踞坐姿，也就是直身坐下，双腿向前平伸，上身稍前倾，双臂斜向下垂置于双腿之上，右手掌心朝下，手指内收；左手掌心朝上，半握。从其形体姿态分析，该俑似乎在演奏乐器，左手应持一长长的乐器，右手向下似在拨动乐器上的弦索。他头戴布帻，身穿长襦，下着长裤，腰系革带，右腰际悬有长方形扁囊，头微低，神态专注，显示出他不是政府官员，像一个技艺纯熟的乐人。参见图6－2，K0007坑出土的陶俑乐师。

另一尊为跽姿陶俑，双膝跪地，左膝前伸；左臂自然下垂，右臂微屈上举，拇指平伸，余四指半握。从其姿势看，右手原来好像执有一长方形物件。他头戴布帻，身穿长襦，腰系革带，右腰际悬有长方形扁囊，脚穿布袜。目光下视，面呈祥和之态，似乎是一个正在舞蹈的陶俑。虽然多数陶俑没有能够

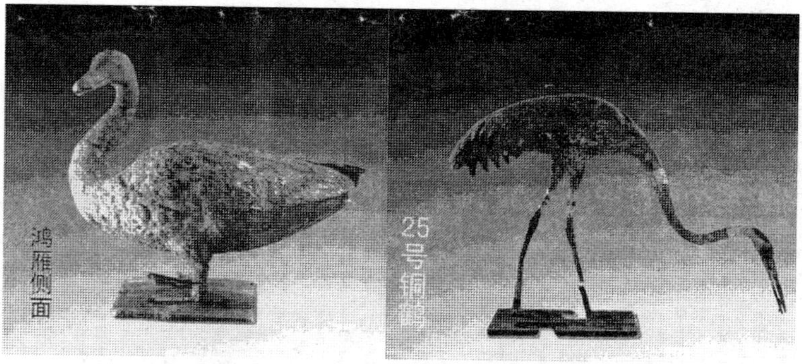

图 6－1.　K0007 坑出土的青铜水禽

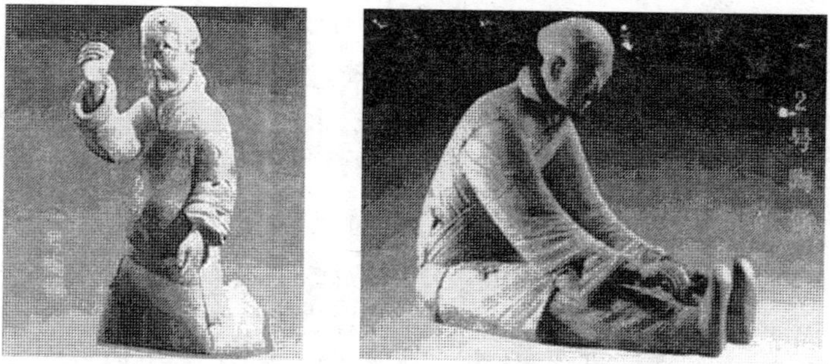

图 6－2.　K0007 坑出土的陶俑乐师

修复，“但这是一组乐舞形象是不成问题的”①。

据 2004 年 7 月 27 日段清波研究员所作的《秦陵考古四题与文献记载》学术报告，K0007 陪葬坑中的俑人是乐师，因为坑中出土了很多的乐器部件，如银义甲一件，骨气眼多件，骨垫片多件等。这也与上述结论基本一致。

中间为水流，两侧有水禽，旁边又有乐舞人群，K0007 陪

① 张敏、张文立著《秦始皇帝陵》，三秦出版社 2003 年版，页 91。

葬坑的这些内容代表着什么意思呢？

首先，我们来分析一下水体的含义。水与人类的生产生活息息相关，是人类生存必不可少的物质和环境之一，因而古代的人们认为水泽具有神灵之性，进而人们还会人为营造池沼水景作为神明的居处，以便与神相通。周人有“灵沼”在“灵囿”之中，与“灵台”相伴而生①。汉代有“灵沼”，有“神池”，有时二者并称，《文选》卷一班固《西都赋》所谓：“神池，灵沼，往往而在”；有时二者互称相通，《三辅黄图》卷四引《三秦记》曰：“昆明池中有灵沼，名神池”。也就是说，人工水景水体除了具有园林景致、养殖生产与生活用水的功能之外，还作为供奉神灵之处以便娱神通灵。具体到 K0007 陪葬坑这个地下礼制性建筑，后一种功能应该是主要的。

其次，分析一下水禽的意义。远古时期人类有万物皆灵的意识，鸟兽也不可避免地具有了神性。正因为此，鸟兽也就可以充当下达天帝之命令的使者，《诗经》所谓“天命玄鸟，降而生商”，就是典型的例子。帝王为应天承命之举也总要同时有鸟兽等“符瑞”出现才名正言顺，才能让周边的人们来迷信自己，誓死追随。当然很多祥瑞都是帝王及其部下们自己人为营造出来的。《礼记·礼运》就说：“天降甘露，地出醴泉，山出器车，河出马图，凤皇麒麟，皆在郊薮，龟龙在宫沼，其余鸟兽之卵胎，皆可俯而窥也。”《白虎通义·封禅》也说：“德至鸟兽则凤凰翔，……白雉降，白鹿见，白马下。”在众多的“符瑞”名列的鸟兽中，人们最看重的是龙（鱼）、凤（燕、雉、鹤）、麒（鹿）等几种。K0007 坑中的鹤、天鹅、鸿雁等水禽都是美丽珍稀的鸟类，在古代均是吉祥神异之鸟，鹤被神化有延年益寿之功，鸿雁在秦人心目中是志向高远的飞禽，陈

① 《诗经·大雅·灵台》。

胜所谓“燕雀焉知鸿鹄之志”即为明证。因而 K0007 陪葬坑青铜水禽不仅有祈寿祈福的性质，更多的可能还是传达天神旨意，向人间呈祥献瑞的意味。

第三，来看乐舞俑的功用。池沼岸边，乐师们演奏着神秘庄严的祭曲，巫师们手舞足蹈，凭着特殊的感觉，随时将神的意志传达给周围的人们；同时也把世人对水神天地的崇拜与祈福之情上达天庭。也就是说乐舞俑似乎具有享神娱人即承担着人神相通的神圣使命。

K0007 陪葬坑有神灵居住的水泽，又有上天降临的瑞鸟与人类表演的乐舞，表现的主题是在水景下人与神的相通。周文王大修灵台与灵池，就有此情此景，这在《诗经·大雅·灵台》诗篇中有具体描述：“经始灵台，经之营之。庶民攻之，不日成之。经始勿亟，庶民子来。王在灵囿，麀鹿攸伏。麀鹿濯濯，白鸟翯翯。王在灵沼，于牣鱼跃。虡业维枞于，贲鼓维镛。于论鼓钟，于乐辟廱。于论鼓钟，于乐辟廱。鼍鼓逢逢，矇瞍奏公。”此诗叙述周文王营造灵台、灵囿、灵池，以承接天命，有兴周翦商之兆。首先是万民拥戴，得人之利；其次是灵囿中鸟兽献瑞，灵沼中鱼跃龙腾，符瑞毕观，是得天授神权之天时；台池周围，众多的人们在巫师率领下敲钟击鼓，载歌载舞，喜庆热烈庄重的气氛上达于天，以翼神灵的欢愉；同时，人们也由此而更感到了神的崇高，尤其是意识到神与自己的同在，达到了人类意志与灵沼灵台之神性的交流与沟通。在水景边娱神，使人精神得到最大的满足，达到那个时代意识形态极高的层位。K0007 陪葬坑的意义也应基本如此。

K0007 陪葬坑是秦始皇陵的地下礼制性建筑，在其人工水景下营造的通天娱神场景反映到地面现实建设上，至少说明秦都咸阳城郊范围内应该有河池水景的建设，因秦陵是仿照秦都咸阳的基本制度营建的。众所周知，物质决定意识，先有地面上客观存在的事实，才能有地表下陵寝制中的仿制建筑。第二，说明了秦咸阳城都市水利建设的目的是多样性的。通常我们认识到它能够提供城市居民生活与生产用水，而这是物质层面上的；实际上还有更深的精神层面上的功效，即水景的营造还有改善环境的生态效应，又有供人游乐的园林功用，更有与神相通的祭祀作用。

秦都咸阳城初修于渭河以北，位于今咸阳渭城区窑店镇附近，后来扩展到渭水南岸，形成渭水贯都的庞大规模。秦每破诸侯，写仿其宫室作于咸阳北阪上，掠其王室财富，所得诸侯美人钟鼓甚多，皆运之咸阳，统一天下后，"徙天下豪富于咸阳十二万户"，咸阳城成为当时全国最大的政治经济文化中心。

渭北是咸阳的主体，宫殿区位于北阪上，手工业商业与居民区在渭河之滨。在渭河南岸，分布着咸阳的宗庙、宫殿、章台、陵寝与上林苑①。渭南与渭北两大区域构成秦都咸阳的城郊范围，以下按此分区论述其都市水利建设。

二　渭北区的都市排水、兰池引水与凿井汲水

咸阳的城郊水利在战国秦朝时代有较大的发展，秦人因地制宜，在渭北城区修建了兰池，开创了中国水景园林一池三神山的营建格局；在渭河边凿井汲水，供应城市生活和手工业生产用水。

1. 都市排水技术的发展

营建大型城市与宫殿时，必须考虑到雨水或污水的排放问题。诗人杜牧在《阿房宫赋》中说道，宫女们每天洗浴后的污水倒入河流，就会使渭河泛涨起来，这虽然是艺术的夸张，但

① 李令福《论秦都咸阳的城郊范围》，《中国历史地理论丛》2002 年 2 辑。

可以看出污水处理在宫室建筑中的重要性。在秦都咸阳的建设过程中，各项排水技术的运用就很成功，可以说代表了当时世界的先进水平。

秦都咸阳的排水技术可以分为两个方面，一是宫室内部的污水排放，一般采取的是排水池加地下排水管道相结合的方法。考古人员在秦都咸阳宫殿一号建筑遗址的发掘中，发现了四个排水系统，每个都是由水池、漏斗、地下排水管等几个部分组成，设备比较完善。尤其是北面的一个漏斗下面，水管装成弓形，最高点与落水口平行，从而形成了虹吸现象，加速了过水的流速，可以防止沉淀的停滞，特别符合科学原理。当时使用的陶制漏斗和弯头不仅科学合理，而且烧制简单。这在中国地下管道的安装技术上应该是一个极大的进步，表现出当时的卫生设施已经具备很高的水平。参见图 6－3. 秦咸阳遗址出土的排水漏斗与图 6－4. 秦咸阳遗址出土的排水弯头。

图 6－3.　秦咸阳遗址出土的排水漏斗

考古人员在秦都咸阳一号宫殿遗址中还发现有水池、排水设施以及供取暖用的壁炉等，专家推测，这是一个浴室。该室

图 6－4. 秦咸阳遗址出土的排水弯头

东南角有个水池，长 3.2 米，宽 2.7 米，深 0.4－0.7 米。落水漏水在南，东池壁尚有当年镶嵌的五块空心砖的残片。在池上北端靠着北壁有一座壁炉。该水池建在室内，从其性质及周围的设施来看，应是一个大浴室，可供两三个人同时洗浴。池底有坡度，便于排水；旁边有壁炉，可以取暖。这在当时条件下是比较完善的洗浴设施[①]。

还有一类就是大面积的雨水与污水的排放方法，秦都咸阳采取的是地面沟渠、板瓦水道与地下陶管水道相结合的处理方式。地面板瓦水道是多个大板瓦首尾相接，相互连接起来的。地下陶管水道则是选择好有利的地形，先挖一条一定深度的沟槽，再在槽内放置相互套接的陶水管道，然后填土夯实，以与地平。

20 世纪 80 年代初期，考古工作者在秦都咸阳遗址就暴露

① 张厚墉《由秦都咸阳一号建筑基础看秦代的卫生设施》，《考古与文物》1982 年 5 期。

在沟坎、断崖的地下陶质水管道作过调查，也对沟边的个别排水管道进行了随工清理，以便了解其地层关系及其安装工序。目前已发现地下排水管道 37 处 42 列，绝大多数分布在宫殿区周围。范围大体东起柏家嘴，西至石桥乡摆旗寨村；南起渭河岸边，北迄高干渠，计东西 14 公里，南北约 3 公里。具体分布地点见附图 6－5. 秦都咸阳遗址部分排水管分布图。

管道一般深埋于土层之中，作“暗渠”使用，最深者达 5.5 米。排水系统使用的建材大都是专门制作的有泥条盘筑成型的圆形陶管和五角星陶管。就管道的安装形式共分三种类型：单列排水道、双管并列排水道与四管并列排水道[①]。参见图 6－6. 秦都咸阳遗址发现的四管并列排水道。

单列排水管道是指入水处只用一列管道进行排放，是秦都咸阳遗址中发现最多的类型，其中因管道材料与安装方法的差异又构成以下几个不同的种类：一是圆形陶管排水道，这是最常见的形式，发现了 27 处。其中一个每节长 96 厘米、内径 56 厘米、壁厚 3 厘米，至目前发现的同类圆管中直径最大、陶管最长的一处排水管道。其他为五角星陶管排水道，两管相套排水道，筒瓦扣合排水道，板瓦排水道，筒瓦、板瓦、圆形陶管装接排水道等几种类型。可以说是类型多样，因地制宜，具有一定的科学性。

虽然说双管并列与四管并列不是主要的形式，但也可以说明管道设计的周到与合理，即根据地面上建筑排水量的多少而分别采用不同大小的、数量不等的管道。如 1 号建筑基址周围分别安装有单管和双管并列两种管道，13 号遗址则出现四管

① 陕西省考古研究所编著《秦都咸阳考古报告》之《第四章手工业作坊遗址的调查、钻探与试掘》，科学出版社 2004 年。本节关于排水管道的论述资料皆来源于此，特此说明。

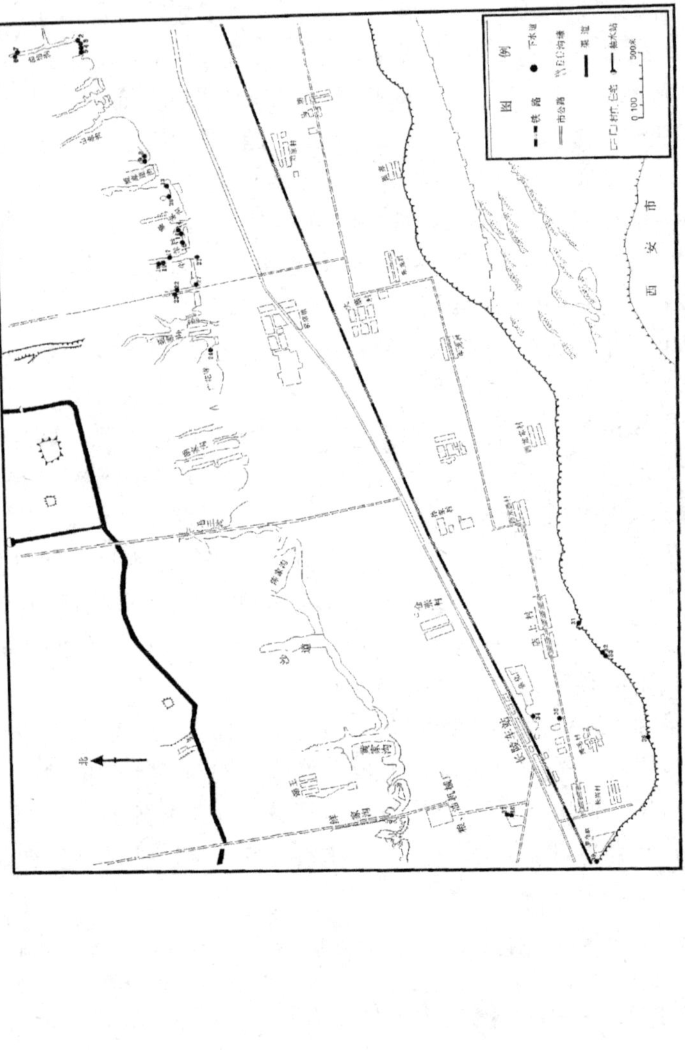

图 6-5. 秦都咸阳遗址部分排水管分布图

道并列的情况，充分反映出当时都城排水技术的进步。

图 6－6. 秦都咸阳遗址发现的四管并列排水道

2. 兰池的建设

《史记·秦始皇本纪》记载，始皇帝三十一年（前 216 年），“始皇为微行咸阳，与武士四人俱，夜出，逢盗兰池。见窘，武士击杀盗。关中大索二十日”。据《括地志辑校》卷一《雍州·咸阳县》：“兰池陂即秦之兰池也，在雍州咸阳界”。《元和郡县图志》卷一《京兆府·咸阳县》记载，秦兰池“在（唐咸阳）县东二十五里”，是始皇逢盗之处，而同时还记载“秦兰池宫在县东二十五里”。宫与池里距相等，说明兰池宫正建于兰池之旁，借水景成为一游乐胜地。从出土写有“兰池宫当”文字的瓦当可知兰池宫位于今窑店东柏家嘴一带，而其东侧是一个呈簸箕形的杨家湾，北西东三面有高约五米的崖畔，南面平坦开阔而达渭河之滨，为今渭河电厂家属区所在地。此湾内淤泥层甚厚，钻探得知秦汉以来的覆盖物有20多个文化层，浅处30米可见生土，深处70米才到生土层，可见当时水很深。此处为秦兰池所在，西汉时仍为水体游览区，称周氏陂。

兰池的具体情况只有《三秦记》给予简要的记述，但原本失佚，后来的引文多有歧义。刘昭《郡国志补注》引《三秦记》曰："始皇引渭水为长池，东西二百里，南北二十里，刻石为鲸鱼，长二百丈"[①]。《括地志》引曰："始皇都长安，引渭水为池，筑为蓬莱山，刻石为鲸，长二百丈"。《元和郡县图志》等史地著作多综录之。是可知兰池是秦始皇引渭水为水源营建的以水体为主景的园林式建筑，水面浩大，其中垒石以像蓬莱仙山，刻石为巨鲸，当然其它辅助设施一定不少。从秦始皇多次东巡到海上，相信方士"海中有三神山，名曰蓬莱、方丈、瀛洲，仙人居之"的上书，派徐福率童男女入海求仙人，且从黄土高原到浩渺大海边的那种惊喜，见到鲸鱼宠然大物的诧异，令其营建兰池并在其中筑山刻鲸，也是很可信的。这种模仿海中三山的造园方法对后世影响颇大。程大昌《雍录》认为"武帝之凿昆明池，刻石为鲸鱼及牵牛织女，正以秦之兰池为则也"[②]。可以说后世一池三神山的造园方法就是从秦代开始的。

只是如《三秦记》所言，兰池"东西二百里"，又谓之长池，则其引渭水口定会在秦都咸阳以西，只其过咸阳城时是在今断崖下呢，还是咸阳宫以北今高干渠一线即同西汉成国渠线走向一致，根本无法确定，因为无论是古典文献还是实地勘查

① 《括地志辑校》卷一《雍州·咸阳县》。

② 《雍录》卷第六《兰池宫》。

都找不到确切的线索[①]。

3．滨渭地区的陶井

在渭河北岸，从西龙村到长兴村之间，发现有数以百计的陶井，尤其是店上村、滩毛村一线向北推进到长陵车站一带最为集中，往往三五成群，排列密布，在西北方的石桥乡摆旗寨村也有发现。这些陶井多开凿于二道原下，因历史时期渭河的北移，现在大多分布于渭河滩地上。这些水井大部分都是由当地村民取沙而出土的，估计还有不少的水井已经被北移的渭水冲毁，或者在村民的掏沙活动中销声匿迹了。秦代水井在此范围内的具体分布，参见图 6－7．长陵车站作坊遗址水井与下水道分布图。

1960 年春季，考古人员在此地调查发现暴露于渭河北岸河滩的水井 27 处，清理 3 眼。1981 年，又在这里出现水井 89 处，考古人员选择了其中不同类型的 20 眼进行了清理。为我们研究秦代水井的技术特点留下了宝贵的资料[②]。

考古人员发现的水井除个别开口在汉代文化层底部外，全部均开口在秦文化层，可证明多是秦代水井。发现陶井之处是咸阳的手工业作坊区，陶井的开凿保证了城市手工业生产的大量用水，当然也可以供应咸阳居民的生活用水。

---

① 王学理先生在《咸阳帝都记》页 151（三秦出版社 1999 年 8 月版）中提出一个新观点，认为秦长池是从眉县引渭水沿今渭惠高干渠路线东行入咸阳东兰池的，其主要依据是《三秦记》所谓的“引渭水东西二百里”的记载，其注释中所写的实地考察资料，既没有说明资料出处，也没有分清秦与汉的时代不同，因为汉成国渠与其推测路线相同，可能是用汉成国渠的资料。故其说现在仍未得以证实。

② 陕西省考古研究所编著《秦都咸阳考古报告》之《第四章手工业作坊遗址的调查、钻探与试掘》，科学出版社 2004 年。本节关于水井的论述资料皆来源于此，特此说明。

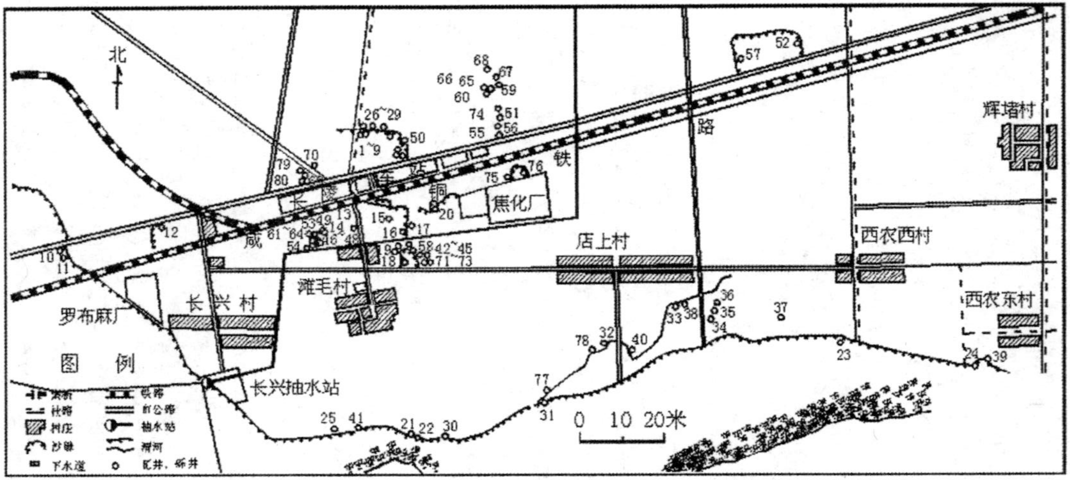

图6-7. 长陵车站作坊遗址水井与下水道分布图

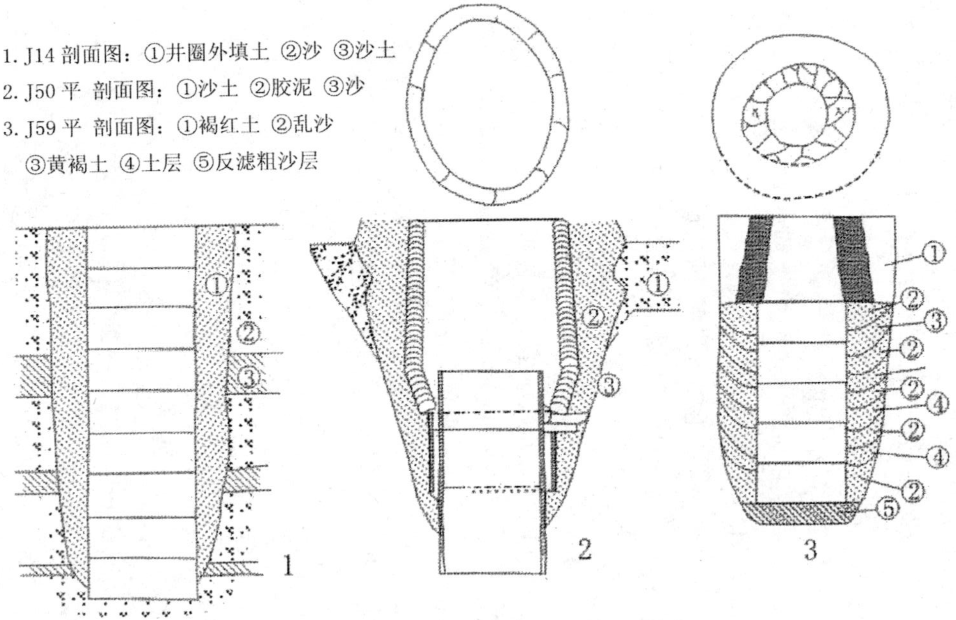

1. J14 剖面图：①井圈外填土 ②沙 ③沙土
2. J50 平 剖面图：①沙土 ②胶泥 ③沙
3. J59 平 剖面图：①褐红土 ②乱沙 ③黄褐土 ④土层 ⑤反滤粗沙层

图 6-8. 秦咸阳城水井立面图

水井密布地区土质疏松，上层覆盖有半米至一米的黄土层，其下全为沙质土。为固定井壁以防流沙，秦人采用了叠垒陶井圈的方法，即先凿好井筒直至深入到水面以下，再由井底向上一层层地垒叠陶质井圈，并在圈外填土以保证井体的稳定。陶井圈呈圆筒状，直径65－90厘米，高30－34厘米，壁厚3－4厘米。各井垒放陶圈数量不等，少则5节，多则可达9节以上。井深在1.18—3.9米之间。有些井壁不用陶井圈，而用瓦片杂以陶器碎片砌筑而成。还有部分井壁同时采用上述两种方法，即下部垒陶圈，上部砌瓦片。

秦代水井都是圆口形。除一些尚无法确定结构的以外，秦代水井的具体结构均可归纳为圆形瓦圈井、瓦箍井和上瓦箍下瓦圈组合井三类六种。参见图6－8．秦咸阳城水井立面图。

圆形瓦圈井又分通体单圈和上部单圈，下部双圈两种。图6－8中的1号井就属此类，井用圆形瓦圈箍成，现存九节，每节高35、口径88厘米。瓦圈饰细绳纹，内压麻点，泥条盘筑痕迹明显。瓦圈与井壁之间填以黄灰沙土。

瓦箍井，井身通体为残板瓦或夹杂少量圆形瓦圈残片及陶器残片构筑。

上瓦箍下瓦圈井，井身通体用瓦与瓦圈，或上筒瓦下瓦圈，或上板瓦下瓦圈，或上板瓦、中单圈、下双圈构筑。图6－8中的2号井即属此类，其井身上半部用完整的细绳纹变形筒瓦箍圈，瓦圈作椭圆形，内径1.03－1.45米，瓦层厚1.64米；下部安装圆形瓦圈，现暴露四节，其中一节安装于1－3节之外，以承托瓦圈上面的筒瓦层。图6－8中的3号井下部为五节瓦圈，上部用板瓦残片垒砌，属此类的上板瓦下瓦圈型。

三　渭南的湖池泉源利用

秦都咸阳渭南城郊应用水体造景和沐浴者共有三类，一是用于沐浴的温泉，在丽山；二是大型宫殿内部或近旁的池沼，多人工凿修，本文谓之宫中之池。兴乐宫中的酒池是其著名者也，阿房宫中也发现五个不知名湖沼；三是利用自然湖沼造景，也可养殖渔产，多位于禁苑之中，本文称之为苑中之池。上林苑的牛首池、滈池、滮池，杜南苑的曲江即此类。

1．丽山温泉

丽山今写作骊山，位于今西安市临潼区东南，其地质构造很特殊，正处于多个断层的交汇处，来自地下千余米深的热水常年涌流，温度保持在43℃左右。聚之为池，景色绝佳；且泉水含多种矿物质，洗浴具有疗养作用。人们很早就认识到这些，并加以利用，据说西周时代已开始用此温泉，因当时无宫室建筑，沐浴时可见天上星辰月亮，故曰星辰汤。《汉武帝故事》记载："初始皇砌石起宇，至汉武帝又加修饰焉"，谓秦始皇时开始在此砌石作浴池并营建屋宇。《水经注·渭水》引《三秦记》曰："丽山西北有温水，祭则得入，不祭则烂人肉。俗云始皇与神女游而忤其旨，神女唾之生疮，始皇谢之，神女为出温水，后人因以洗疮"。其中强调了温泉的神异，却也说明了秦始皇时已经认识到温泉的疗养价值。这也应成为始皇帝在此修池筑屋的一个重要原因。

秦时不仅利用温泉洗浴疗养，而且还利用温泉水灌溉，培育出早熟的东陵瓜。据卫宏《古文尚书序》，秦始皇尝"密令冬种瓜于骊山陵谷中温处，瓜实成"，因成熟期较早，博士诸生异之，言人人殊。《史记·萧相国世家》则说，秦东陵侯召（读邵）平在秦亡后种瓜于骊山西麓，今临潼区仍有邵平店的村名。两个故事联系起来看，秦时引温泉水栽培出东陵早熟之瓜也是可能的。

在对唐华清宫遗址考古发掘的过程中，发现了堆积有绳纹板瓦、筒瓦、条砖、方砖及房屋构架物、门楣、门栓等秦代物质的文化层，残存的房基有断壁和砖铺地面，陶质、石块与方砖砌筑的水道，表明当时已有浴池的修筑。考古资料充分证实了上述文献的准确性，秦始皇时代丽山温泉确实已有人工修建的浴池和屋宇。

丽山与东陵为邻，秦封泥中出现的“东苑”可能在此范围，如此则丽山温泉似应为秦东苑中之汤池。

2. 宫中之池

酒池 《三辅黄图》卷之四《池沼》曰：“秦酒池，在长安故城中，《庙记》曰：‘长乐宫中有鱼池、酒池，池上有肉炙树，秦始皇造’”。长乐宫是以秦兴乐宫为基础改建的，是秦始皇所造的酒池当在兴乐宫内，汉代又利用并扩建之，故《三辅黄图》接下去说汉武帝：“行舟于池中，酒池北起台，天子于上观牛饮者三千人。”又曰：“武帝作，以夸羌胡，饮以铁杯，重不能举，皆抵牛饮。”

酒池在秦兴乐宫即汉长乐宫中，大致位置在西汉故城东南，只具体所在在北魏时已经不太清楚。北魏郦道元《水经注·渭水》中，长乐宫殿“东北有池，池北有层台，所谓是池为酒池，非也。”其相对位置文献上有所记载，《括地志》谓：“汉太上皇庙在雍州长安县西北长安故城中，酒池之北。”《汉书·西域传》臣赞补注引徐松曰：“酒池约在长乐宫中东司马门内，其水来自未央宫”，是酒池约在长乐宫即秦兴乐宫之东北隅。

秦酒池是兴乐宫中人造景观，只具体形制设施全未可知。商纣王有酒池，据说为酒注之池，汉武帝时在酒池泛舟设宴饮酒，是知秦酒池也应该是游赏宴乐之地。上述资料中的鱼池似也为秦始皇建造，其主要具有生产效用。

阿房宫中之池 1994年底西安市文物局文物处与西安市文物保护考古所联合对秦阿房宫遗址进行了调查与钻探，在传称秦始皇“上天台”遗址东南，沈家寨与府东寨两村的南北两侧共发现5大片湖相沉积物，总面积达到27万平方米，距地表1.2米深处分布有大面积细沙，沙质为黄色，部分地带有泥沙分布①。史称阿房宫“络樊川以为池”，是说把自然水源樊川纳入宫中，而此5个小湖泊在阿房宫范围之中，应是其宫中的水体风景区，水源来自其东侧不远的潏水，今称滈河。其水面很大，推测是利用自然湖泊而又经过人为改造建成的宫中湖泊。

3. 苑中之池

牛首池 秦上林苑中之池。《三辅黄图》卷四《池沼》曰：“牛首池在上林苑中西头”；《长安志》卷三《宫室·秦》载：“秦上林苑有牛首池，在苑西头”。《文选》卷八《上林赋》云：“西驰宣曲，濯鹢牛首”，言西游上林苑，过了宣曲宫，下牛首池划船。郭璞注：“牛首，在丰水西北，近漕河是也”。而《括地志辑校》卷一《雍州·长安县》则明确说：“牛首池在雍州长安县西北三十八里”。如此则可大致推测出牛首池的位置，其在苑西头，而秦上林苑西不过沣水，至郭璞所谓“在丰水西北”乃是指后代丰水尾闾改为东北行之时，说明牛首池在丰水下游一带，且据《括地志》，由唐代长安县驻地向西北38里也正在此处。是牛首池应该是丰水尾闾摆动而形成的水体，是秦上林苑西头的一个池沼。

镐池 《史记·秦始皇本纪》载：三十六年（前211年）“秋，使者从关东夜过华阴平舒道。有人持璧遮使者曰：‘为吾

① 《秦阿房宫遗址考古调查报告》，《文博》1998年1期。

遗滈池君’。因言曰：‘今年祖龙死’。使者问其故，因忽不见，置其璧去。使者奉璧具以闻。始皇默然良久曰：‘山鬼固不过知一岁事也’。退言曰：‘祖龙者，人之先也’。使御府视璧，乃二十八年行渡江所沉璧也。”是说秦始皇快要死去之时，江神道华山下还其祭祀之璧。《春秋后传》也记有相似的故事，只其情节更加神异，同小说家言，谓使者郑容真的见到了滈池君[①]。《三辅黄图·池沼》曰：“镐池，在昆明池之北，即周之故都也。”郦道元引《十道志》曰：“镐池一名元耻，在昆明池北，始皇毁之”。镐池一名滈池，又作鄗池，原是西周镐京的一大池沼，是都城的重要水源区，也是天子与贵族渔猎、游乐的场所。秦代将镐池辟为上林苑中的一处风景区，是否有祭礼娱神之用不可得知，从镐池君之掌管祖龙生死簿来看，镐池是人神相通之灵异处无疑。

镐池的位置文献记载非常明确，《庙记》与《三辅黄图》都谓在昆明池北，《水经注·渭水》曰镐水“上承镐池于昆明池北”，位置也相同。《括地志辑校》卷一《雍州·长安县》曰：“镐京在今县治西北十八里镐池”，《长安志》卷十二《长安县》也谓：“镐水出县西北十八里镐池”。是文献可知镐池在唐长安县城西北18里，位于昆明池以北。昆明池是汉武帝在西周镐京位置凿建的，唐代又有扩建，使位居其北的镐池在唐时并入昆明池中。学者经过实地勘察，多认为镐池遗址就是今牛郎石

① 郦道元《水经·渭水注》引《春秋后传》曰：“使者郑容入柏谷关至平舒置，见华山有素车白马，问郑容安之，答曰之咸阳，车上人曰：‘吾华山君使，原托书致镐池君。子之咸阳过镐池，见大梓下有文石，取以款列梓，当有应者，以书与之。勿妄发，致之得所欲’。郑容行至镐池，见一梓下果有文石，取以款梓，应曰：诺。郑容如睡觉而见宫阙若王者之居焉，谒者出受书，入有顷，闻语声言祖龙死。神道茫昧，理难辨测，故无以精其幽致矣。”

像以北至斡龙岭之间的洼池。其范围北不过斡龙岭，南不过北常家庄，东西两侧不超过唐代昆明池遗址的东西两岸，大致相当于《庙记》所言的“周匝二十二里”。

滮池 滮池也应是上林苑中的沼池，周时已经利用，《诗经》曰：“滮池北流，浸彼稻田。”《水经注·渭水》记载：“鄗水又北流，西北注与滮池合，北出镐池西，而北流入于镐”，明确说明滮池在镐池西北部。《长安志》卷十二《长安县》：“滮池水出县西北二十里滮池”，则谓滮池在镐池西二里许。现代学者勘察，多认为滮池遗址在今长安县北部丰镐村与落水村之间，池周约十五里，当地群众俗称为小昆明池。

曲江 秦杜南苑苑中之池，旁有宜春宫，汉武帝时“周迴五里”，为游览胜地，位处今西安市东南曲江乡曲江村。汉司马相如《哀二世赋》中有对此处景色的描述：“登陂池之长阪兮，坌入曾宫之嵯峨。临曲江之隑州兮，望南山之参差。岩岩深山之谾谾（音龙）兮，通豁兮谽（音酣）谺（音瞎）。汩淢（音域）噏习以永逝兮，注平皋之广衍。观众树之塕薆兮，览竹林之榛榛。东驰土山兮，北揭石濑。”意思是：登上陂池的漫长阪道，进入嵯峨壮观的宜春宫。俯视曲江弯曲的隑州，遥望高峻层叠的南山。三面土山夹着长谷，通谷宽阔而深邃。汩汩急流飘然向下流逝，浇灌那近水的平畴沃野。观赏谷中浓荫蔽日的树木，游览那莽莽榛榛的竹林，东上土原而走马驰骋，北行提衣踩石而过急流。湖池、宫观、山原、竹树混然相间，景色绝佳，园林生态效用明显。

有学者认为汉代上林苑中昆明、镐池、牛首诸池，所产鱼类等水产品除用于祭祀外，有余则供皇家饮食宴会，有时还送到长安市场上出售。以此类比，秦代苑中之池，除游览、观光功用外，实际的经济价值也是不容忽视的，兴乐宫中还有秦始皇造的鱼池呢。在秦始皇陵北侧 K0007 陪葬坑的西部有一个以动物为主的陪葬坑，出土有鱼鳖等 8 种动物[①]，均是活体陪葬，就是此点的有力证明。

宋敏求《长安志》卷十三《咸阳县》引《括地志》："漆渠，胡亥筑阿房宫开此渠，而运南山之漆。"因阿房宫和南山皆在渭河南岸，故此渠也应该在渭河以南区域，只具体所在已不可考知了。

四　水利开发的历史地理背景

秦都咸阳都市水利开发技术较为先进，既有凿井汲水之制，又有引流河川湖沼的修渠建池之法；其功能多样，既能满足都市居民生活用水，又提供制陶等手工作坊用水，也有鱼鳖养殖等渔业生产用水，还能够营造出园池景观，具有生态游乐效用，最独特的是其具有通天娱神之功；在区域分布上明显地表现出渭水南北两岸的差异性。秦咸阳城郊水利这些特点的形成有着深刻的历史地理基础，并对汉都长安城都市水利开发有巨大影响。

首先分析影响秦都咸阳城郊水利开发的思想背景。秦统一天下后，"始皇推终始五德之传，以为周得火德，秦代周德，从所不胜。……更名河曰德水，以为水德之始[②]。"《史记·封禅书》也说："秦始皇既并天下而帝，或曰：'黄帝得土德，黄龙地螾见。夏得木德，青龙止于郊，草木畅茂。殷得金德，银自山溢。周得火德，有赤乌之符。今秦变周，水德之时。昔秦文公出猎，获黑龙，此其水德之瑞'。于是秦更命河曰'德水'。"这是说秦始皇信奉阴阳五行家的"五德终始"思想，认

① 段清波《秦陵还会有多少陪葬坑》，《文物天地·秦俑秦陵秦始皇特刊》，2002 年。

② 《史记》卷六《秦始皇本纪》。

为在水、火、金、木、土这五德之中，相生相克循环以进，秦为水德，故可以代替火德的周，而且秦先祖文公曾获黑龙，是已经显观出其水德之符瑞。

秦始皇以水为德，当然对池沼水泽有一种更深的崇拜，这从其改河水为德水可以看出；其对水利开发也更加关注，秦人创修的都江堰、郑国渠、灵渠都是举世闻名功在千秋的大型水利工程，具有创始性。《史记·封禅书》所谓："及秦并天下，令祠官所常奉天地名山大川鬼神可得而序也……霸、浐、长、沣、涝、泾、渭等非大川，以近咸阳，尽得比山川祠，而无诸加。"这说明秦对首都城郊的水泽更加礼遇，对其水利开发当然也是用力最勤了。秦陵 K0007 陪葬坑所表现的神人相通之处是水景，与秦水德思想应该大有关系吧。

对秦都咸阳水利开发产生巨大影响的另一个思想因素是来自齐地方士的神仙术。《史记·封禅书》曰："自威、宣、燕昭使人入海求蓬莱、方丈、瀛洲。此三神山者，其传在勃海中，去人不远；患且至，则船风引而去。盖尝有至者，诸仙人及不死之药皆在焉。……及至秦始皇并天下，至海上，则方士言之不可胜数。始皇自以为至海上而恐不及矣，使人仍赍童男女入海求之。"这种神话认为东海之中有蓬莱、方丈、瀛洲三神山，山上有壮丽的宫殿、珍禽异兽、不死之药和长生不老的仙人等，为了求得不死之药，秦始皇统一六国后不惜投入巨额人力物力去海中求仙。始皇帝数次东游，皆以临海为高潮正说明了这一点，如二十八年临之罘、琅琊，立石颂秦德；二十九年，再临之罘，刻石颂德；三十二年临碣石，又刻石，这在《史记·秦始皇本纪》中有详细记载。

海在秦人心目中有着无比崇高的地位，原因很多，比如海上有仙山、仙人、仙药，蔚蓝辽阔的大海对于来自黄土高原的秦始皇来说有一种视觉的震撼，这种巨大的反差产生了极大的吸引力，同时海洋在空间上无边无际的特点更适于空前统一大帝国的心理需要，而且秦又以水为德。秦始皇信奉东海神仙术更加提高了水体在园林景观中的地位，兰池建设中引入的三神山与鲸鱼石刻的内容，就是蓬莱神话对秦咸阳城都市水利开发产生的直接影响。

其次，我们来讨论一下影响秦都咸阳都市水利开发的生产技术条件。战国末期，随着铁农具的推广普及，兴修各种水利工程的生产力条件基本完备，而当时水利知识的积累和人工开渠凿井技术的成熟，从技术上为都市水利的兴修奠定了基础。秦人建设的三大水利工程各有特点，建于成都平原的都江堰具有引水灌田与水运交通双重功效，关中平原的郑国渠是北方大型淤灌工程的创始，长三百里，灵渠沟通南岭交通，它们的开凿成功证明了秦人水利工程技术已达到相当先进的水平。

在秦始皇陵的建设过程中也运用了极为先进的水工技术，如《史记·秦始皇本纪》记载，秦陵地宫“穿三泉，下铜而致木椁，……以水银为百川江河大海，机相灌输，上具天文，下具地理。以人鱼膏为烛，度不灭者久之。”这些已被现代的考古成果基本证实，通过对各布点水银含量的测量，可知地宫附近汞（水银）异常；通过对秦陵地宫南侧地下排水沟及挡水墙结构及材料的考古发掘和分析，说明了秦陵地下水处理的技术已经较为合理和科学。地面以下尚且能够堵泉引水，地面上的建设更不在话下。

最后，分析渭河南北两岸产生区域差异的地理基础。渭北咸阳城原下滨渭部分，地下水位浅，凿井汲水特别方便，故秦时以凿井汲水为主。咸阳头道原上部分，原面高亢，河流湖泊稀少，据李吉甫《元和郡县图志》，整个咸阳原“南北数十里，东西二三百里，无山川陂湖，井深五十丈”[1]。《三秦记》也说：“长安城北有平原，广数百里，民井汲巢居，井深五十丈”[2]，现在咸阳原地下水位深及20—50米。秦代咸阳城原区部分也应以凿井取用地下水为主，这当然是由其区自然地理特征决定的。

渭河南岸河流纵横，湖泉众多，咸阳城郊范围广大，东有灞浐，南有潏滈，西括沣涝，加上北部的泾渭，形成了“荡荡乎八川分流”横贯环绕的局面。灞河原名滋水，春秋时秦穆公为显示其称霸之功，改称霸水，多写作灞水。其发源于秦岭山麓，循白鹿原之东，接纳西南来的浐水后，北流入渭。潏水发源于终南山大义峪，流经路线基本同今洨河。滈河位于潏水之西，今名太平河，先入注滈池，池水北出注入渭河。沣河源于终南山的沣峪，北流注渭，周文王所建丰京就在沣水西岸。涝河源于户县西南秦岭北坡，北流入渭。咸阳渭南除了有密如蛛网的河流外，还有繁若群星的池泽，上林苑中的牛首池、滈池、滮池、皇子陂、曲江、兴乐宫中的酒池等在秦汉时代见于文献记载，所言均与秦代史实有关。它们既提供了咸阳渭南地区的生产与生活用水，又为秦离宫苑囿带来了秀丽风景，从秦陵K0007陪葬坑性质来看，这些池沼有些还有人神相通的祀礼功能。这种河湖泉源地表水丰富的自然地理条件决定了咸阳渭南地区的都市水利发展与布局的特征。

第二节　秦都咸阳的壁画艺术

壁画主要是指装饰建筑墙壁表面的画，就是用绘制、雕塑

---

① 《元和郡县图志》卷一《关内道一·咸阳县》。

② 郦道元《水经注·渭水》引。

及其他造型手法或工艺手段，在天然或人工墙壁上制作的画，分为室内壁画和室外壁画。壁画作为建筑物的附饰部分，通过建筑与绘画的相互适应，达到建筑的实用性与绘画的感染力的和谐统一。壁画既具有意识形态方面的功能，又具有建筑的装饰与美化功能，是构成环境艺术的一个重要方面。

在秦咸阳城的考古工作中，发现了比较完整的秦代壁画，在我国尚属首次。就其时代而言，它是战国中期秦孝公迁都咸阳、营建咸阳宫室时制作，又在以后维修工程中加以复制或新作的。这批壁画，虽遭秦末战乱而受到毁灭性的破坏，但仍不失其为我国古代都城考古中的重大发现。壁画涉及到秦文化的许多方面，对于它的深入探讨必将推进对秦代历史以及当时绘画艺术成就的认识。

一　秦壁画的发现过程、位置与内容

秦代咸阳宫廷壁画主要发现于第三号宫殿建筑遗址之中，分前后两次出土。第一次是在 1979 年的考古发掘过程中，在宫殿西侧的一条南北走向的廊道墙面上，发现了保存相对完好的壁画长廊。第二次是在 1980 - 1982 年，在倒塌的建筑堆积层中发现壁画碎片 180 余块，经过考古人员的细致查找拼对，制成可以作为标本的共有 162 块。

第三号宫殿遗址出土的壁画主要有两大类，一是发现于宫殿西侧长廊东西壁的墙面上，成组分间分布，组成一个较为完整的长卷轴式画廊。二是出土于回廊的堆积层中，或在台榭建筑底层屋宇的外墙下部，这是最多的；个别壁画残片发现于房屋的门道内；未在房屋内发现壁画的遗存。从其散落于地面的位置大致可以判断原来的位置所在，即知秦都咸阳的壁画基本属于室外壁画的性质，绝大多数绘制于回廊的墙上。宫室内部因为光线等原因，可能很少有壁画。

选择在回廊上制作壁画还是较为科学的。回廊在秦咸阳宫这样的高台基多宫室的大型建筑中还是很多的，在各宫室之间起着通道的连接作用，已经发掘的一、二、三号遗址中均有发现，而且互相连通。廊的位置与结构使他的墙面具有开放性，不仅有充足的光线而且便于流动观看，成为最理想的“画廊”选址。廊上画壁，也提高了廊在宫室建筑群中的地位。

出土的壁画按其画面的主题内容，大体可区分为人物车骑、车马出行、动物、植物、台榭建筑、神灵怪异、图案装饰和其他杂画八类。有些画面内容丰富，既有人物也有车马、道路与树木，分类比较复杂。

在第三号宫殿建筑遗址西侧回廊的东西两壁出土了成组的长卷轴式壁画，相对比较完整，也最有意义。画廊按两壁排列对称的立柱计算，共有九间，南北全长 32.4 米，东西宽 5 米。两壁上部均已被破坏，原高度不明，现存高度由南向北 0.20－1.08 米，出土壁画均在残存的墙面之中。

东壁上的壁画保存比较完整，从南向北分间叙述其主要内容。第一与第二间墙体全毁，壁画无存。第三间仅在墙底保留着少许几何图案边饰。

第四间壁画保存较好，为车马图，画面前后排列三组(套)，各组以四马一车编制，由南向北一组高于一组。在北组与中组之间，两侧各绘有树木立于道路的两边，其中一组成双对称。路右两树为一组，树冠已无遗存，仅留树干。路左也是两树一组，共两组，尚保存完好，型似塔松，枝绿干褐，树冠蓝绿色。

第五间壁画上端与北侧已被破坏，画面现存人物 11 人，以及左右两根由下向上似作交叉的杆状物体。人物分上下（即前后）两列，均作南北向呈一字型排列。前列现存人物图像 5 人，站立于南北两侧，南 4 人北 1 人。后排为 6 人，分南北 2

组朝北呈一字型排列，每组3人，各组人间距相等。从人物排列队型与衣服来看，第五间壁画内容为仪仗队的队列。见图6－9．秦都咸阳三号宫殿出土的廊墙壁画。

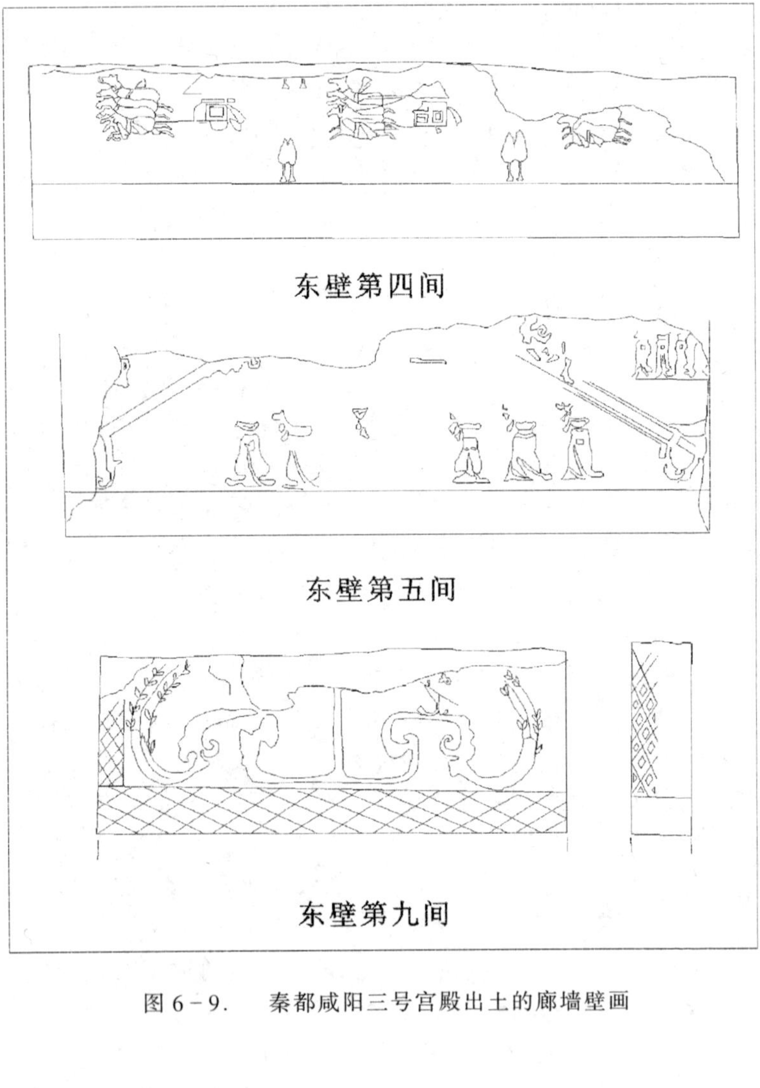

图6－9．　秦都咸阳三号宫殿出土的廊墙壁画

第六与第七两间均绘有车马图，前者分南北两组，均向南奔驰，后者一组，四马一车，也向南奔驰。第八间的壁画已经剥落殆尽。

第九间的图案中心似“山”字形，两边均对称发展出一云纹图案，其外又各发展出一枝麦穗图案，涂以黑色，被称为麦穗图。见图 6－9. 秦都咸阳三号宫殿出土的廊墙壁画。

回廊西壁也隔成对称的九间，墙上原来应该绘有图画，可惜墙体毁坏严重，现存壁画较少。从遗存可知，西壁绘有车马图、台榭建筑图、人物图、麦穗图、植物及几何纹图案等。

咸阳秦宫出土的这批壁画，就其时代而言，它是战国时代秦营建咸阳宫的时候开始制作的，又在以后维修工程中加以复制或新作的[①]。这批壁画，虽遭秦末战乱及以后两千多年的风吹日晒，受到了毁灭性的破坏，但仍不失为我国古代都城考古中的重大发现。壁画的出土，不仅再现了我国古代宫殿建筑与绘画的艺术成就，而且其许多形象直观的图案描绘，也为我们了解秦代社会生活的诸多方面提供了极有价值的实物资料。

二　壁画的历史考古价值

咸阳秦宫出土的壁画中，还出现有极个别带有宗教色彩的奇禽异兽，这是商周以来精神文化领域蒙昧的产物。由于历史条件的限制，秦人不可能完全脱离那种宗教神秘感。但是，我们应该看到，秦壁画主要还是表现诸如车马出行、礼仪宴乐、骑马射猎等反映社会现实生活的生动图景，强调写实的美术思想占据了显著的地位。壁画的这些内容为我们研究秦代历史提供了重要的直观资料。

① 李光军《略谈秦都咸阳第三号宫殿建筑遗址壁画年代》，《秦汉研究》，陕西人民出版社 1992 年。

1．车马道路图

秦咸阳城三号遗址西侧画廊出土的壁画中共有车马七套，每套四马一车。这与《诗经·小雅·车功》记载的“四马”“四牡”“四黄”等每辆车的驾四制度相同。

七套马的颜色计三种：枣红、黄和黑，每套四匹马的颜色是一样的。七套马中，枣红色三套，黄和黑色各两套。廊东壁南、北两组车马的第一套，均以枣红马为先导，南组其后两套先后分别为枣红马和黑马；北组其后两套均为黄马。廊西壁仅见一套车马，马为黑色，这套马从其所在画面位置分析，应为三套车马一组中的最后一套，该组第一、二套车马已毁，马色无从谈论。从上可以看出，保存较好的东壁两组车马，起先导作用的第一套均为枣红马，而黄和黑马在各组车马中均在第二、三套车马的位置。从壁画车马图内容及马之颜色来看，壁画上的马似为《周礼》记载的“齐马”。“齐马”用于仪仗、祭典。

壁画可看出的车共五辆，基本结构相同。车均单辕，每组车马的第一辆车的辕又均较直，而每组车马的第二辆车的辕或较弯曲或斜直。车箱有大小二窗[①]，小窗在前，大窗在后。车伞，黑褐色，顶部前平缓，后高突，上有一桥形耳。

廊东壁第四间车马图可以清楚地看到，车马、道路和树木安排在同一画面上，车马在道路上奔驰，道路两旁植以树木。这可能就是秦国道的真实写照。见图6－9．秦都咸阳三号宫殿出土的廊墙壁画。

历史文献记载，秦始皇兼并六国后修治驰道，通往天下，也就是把秦人原国道制度推广到全国。据《汉书·贾山传》，驰

---

① 《秦都咸阳第三号宫殿建筑遗址简报》所称廊第四间东壁车马图的车之车箱有一窗，应为二窗。

道“广五十步，三丈而树……树以青松。”秦壁画显示在组合上是青松两株一组，路左右青松对称安排，这可能不只是为了追求画面的艺术效果，而是反映秦王朝当时道路的真实。至于树间的距离，在壁画上恰为一套车马之隔，根据秦始皇陵兵马俑坑出土的车马与实际车马大小相似大小计算，一套车马长约 6 米多[①]。壁画道路上的松树树冠为黑褐色，树干呈褐色，树冠内还描绘有树枝，从树冠外形看酷似现在的塔松，也有学者判断可能是白皮松。

2. 仪仗图、倡优图、走马骑射图与车马出行图

仪仗图 分布在廊第四间东壁，可以看出人的形象个体的共 11 人。整个画面可分上下两列，每列又可分南北两组。

11 人均身著长袍，前裾覆足，后裾曳地。上列左边一人和右边四人，袍较窄瘦，形如汉俑的喇叭口状。下列六人，可看出袍服者显得身衣更为宽大，襟长曳地如狐尾。《秦会要订补》卷九载：“袍者，有虞氏即有之，故国语曰袍以朝见也。”因此，著名考古学家刘庆柱先生认为这幅壁画上的人物应为仪仗队[②]。

11 人袍色有别，为褐、绿、红、白和黑色。上列此组仅存一人，着绿袍。南组四人，二人着绿袍，一人着褐袍，一人着白袍。下列六人，可看出袍色者四人，分别为深褐、褐、红和黑袍。《中华古今注》载：“秦始皇制，三品以上，绿袍深衣，庶人白袍，皆以绢为之。”

在仪仗图中，从下列六人的头部可以看出的轮廓，系禽兽

---

① 马身长 2 米，车箱长 1.2 米，马前车后各余 1.5 米，与秦之三丈折今 6.6 米相近。

② 刘庆柱《秦都咸阳第三号宫殿建筑遗址壁画考释》，《人文杂志》1980 年 6 期。

之头状。这种人身兽首来充当仪仗，大概即历史文献所记之武士和虎士的形象。

仪仗图中所表现的人物形象、服饰及其颜色，都与历史文献的记载一致，充分说明了壁画的存史价值。

倡优图 画像绘于白色壁面上，人物绘制于一个黑色宽带的三角形右侧。倡优头戴风帽，身穿白色缁衣，长袍曳地，白带束腰垂地。脸向前方，跪地回身，双手平举，击打乐器说唱。《西京杂记》记述秦人固有之乐："击瓮叩缶，弹筝搏髀，而歌呼呜呜。""秦王无道，奢淫不制，徵天下美女，以充后宫。乃纵酒离宫，作戏倡优，宫女侍者千余人"①。《西京杂记》又载咸阳宫："有琴长六尺，安十三弦，二十六徽，皆用七宝饰之，铭曰：'璠玙之乐。'玉管长二尺三寸，六孔，吹之则见车马山林，隐辚相次，吹息亦不复见。铭曰：'昭华之琯'。"② 参见图 6－10. 秦都咸阳三号宫殿遗址出土壁画：倡优图。

秦王朝时期有一个著名的优伶叫优旃，他虽身为侏儒，却聪明伶俐，诙谐风趣，常在宫中侍从皇帝以调笑取乐，有时也能用自己的智慧办成大事。据《史记·滑稽列传》，秦始皇欲扩建苑囿，东到函谷关，西到雍地陈仓，大臣们心中虽有意见，却也不敢公开反对。优旃笑嘻嘻地说："善，多纵兽于其中，寇从东方来，令麋鹿触之足矣。"始皇闻听此言大笑，还真的收回成命。二世时欲漆其宫城，优旃曰："善。主上虽无言，臣固将请之。漆城虽无百姓愁费，然佳哉！漆城荡荡，寇来不能上。"二世听此一说，便会心一笑，放弃了漆城的念头。

走马骑射图 出土于三号建筑遗址 2 号宫室门道的堆积层

① 《绎史》卷一四九引《琴苑要录》。

② 《西京杂记》卷三《咸阳宫异物》。

图 6－10.　秦都咸阳三号宫殿遗址出土壁画：倡优图

中，画面已残缺，但其轮廓线基本清楚。图像绘于土黄色壁面上，画像置于一个约 38 厘米的黑色三角宽带纹之中。画面人体的下肢和马腹色彩已脱落，武士身着戎装，头戴黑色护耳盔帽，乘骑一匹棕红色健马。侧身，左臂前伸，手中持弓；右臂向后弯曲，做挽弓下射状。肩背带有三角形黑色佩饰，两旁饰黑色卷云纹；盔帽黑色平涂，弓箭与人体皆用褚红色线勾勒。马作缓行状，头高昂，两耳耸立；马嘴微张，臀部有辔，作黑色；腹下垂两条柳叶形黑带，疑为鞍鞯上的装饰物；其前端有一黑色方形物件，疑为马镫。

与此同时、同地出土的还有身躯全损的七幅马头，估计同属此类。

古代战争和交通都用车，马驾车，不单骑。《曲礼》曰："前有车骑，则载飞鸿"，疏云："古人有骑马，经书无言骑者，今言骑，当是周末时礼。"《左传》昭公二十五年："左师展将以公等乘马而归"，疏曰："古者服牛乘马，马以驾车，不单骑也。至六国时始有单骑。"《史记·张仪列传》："虎贲之士百余万，车千乘，骑万匹。"《日知录》论骑射之始云："春秋之世，戎翟杂居中夏者，大抵皆在山谷之间，兵车之所不能至。齐桓、晋文仅攘而却之，不能深入其地者，用车故也。中行穆子之败翟于大卤，得之毁车崇卒；而知伯欲伐仇犹，遗之大镜，以开其道，其不利于车可知，势不得不变而为骑。骑射，所以便山谷也。胡服，所以便骑射也。"

1995 年陕西咸阳市塔儿坡 28057 号秦墓出土两件骑马俑，马身瘦长而低矮，头短而肥大，耳较长，两马均作站立状。俑为圆平脸，长高鼻。俑与马之间是利用一小孔连接；5 号马长 18.4 厘米、高 17 厘米，骑马俑通高 22.6 厘米；6 号马长 18 厘米、高 17 厘米，骑马俑通高 22.3 厘米。马背均无坐垫，马为手制磨光，俑为捏制、穿短裤，无铠甲。时代属战国晚期偏早。这是我国目前发现最早的骑马俑 ，它与这里出土的骑射图的年代大体相当。秦始皇陵兵马俑 2 号坑有骑兵队伍，也反

图 6-11. 秦始皇陵兵马俑坑出土的骑兵俑

映了这一现实。参见图 6-11. 秦始皇陵兵马俑坑出土的骑兵俑。

这是一幅反映秦人固有的射猎图画，如果将它与同地同时出土图中的野猪和猎犬拼凑在一起，则将是一幅完整的骑马射猎活动图像。

车马出行图 在三号宫殿建筑遗址西侧回廊的东西两壁出土的长卷轴式壁画，长达三十余米，两层分间绘图，虽经两千年的历史演变已经遭到严重破坏，但我们仍然能把残存内容联系起来，恢复出一幅气势磅礴、震撼人心的艺术巨制。七套四马一车，在宽阔的道路上奔驰，每套车上的马色完全相同，分枣红、黄与黑三种；十几名着各色长袍、戴武冠的文臣武将分列左右，很可能是一组仪仗队伍；配以宫室建筑、对称树木、麦穗图案及各种几何纹饰，表现的是高规格的秦王出行的阵式，给人以极强的感染力。参见图 6-12. 秦都咸阳三号宫殿

图 6-12　秦都咸阳三号宫殿遗址出土壁画：驷马一车

遗址出土壁画：驷马一车。

在三号遗址宫室 1 号门道前的倒塌堆积层中，还发现了一幅车马出行的壁画。图像基本保存完整，绘于白色壁面之上；一条黑色宽边一端有卷云纹的菱形方格，作其外框。主图为二马并列系靷绳驾舆奔驰，马作赭黑色，马头高昂，马臀浑圆，前肢跨步，后肢伏曲作飞奔状。车舆为长方形，舆上站立一缁衣大袖人物。人头画面已剥落，躯体前倾，右手执鞭后甩，作赶马状。舆下系两条黑色什物，随风飘忽。这幅壁画给我们留下了秦咸阳城官吏皇室乘车舆出行的真实形象。参见图 6-13. 秦都咸阳三号宫殿遗址出土壁画：二马一车。

3. 麦穗图及其它植物图

图 6－13　秦都咸阳三号宫殿遗址出土壁画：二马一车

画廊第八间东壁和第六间西壁各有一幅麦穗图。前者保存较好，后者剥落殆尽。由于画得逼真，从形象上就很容易判断壁画上的作物穗是麦穗。秦代农作物品种不少，如麦、禾、黍、稻等，但除麦穗外，都与壁画所绘作物穗相去较远。

麦穗图反映出小麦在当时粮食作物中的重要地位。秦汉时代，主要粮食作物为麦禾。这在当时历史文献记载中不乏其例，如《吕氏春秋·任地篇》载："今兹美禾，来兹美麦。"又如《汉书·食货志》载董仲舒语："春秋它谷不书，至于麦、禾不成则书之，以此见圣人于五谷最重麦与禾也。"麦穗图在秦壁画上出现，正说明封建统治阶级对农业的重视，而在农业中麦子已成为主要粮食作物。

壁画中除了麦穗这种农作物以外，还发现了少数绘有竹、梅的壁画残块。这些图像对于研究当时咸阳的植物与气候很有帮助。图 6－14．秦都咸阳三号宫殿遗址出土壁画：竹、梅。

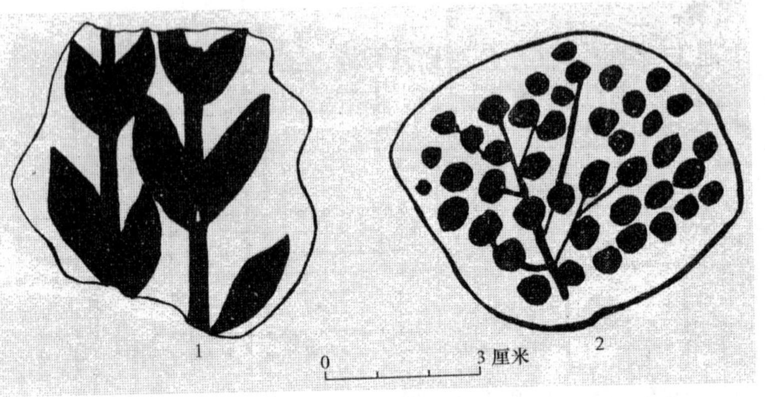

图 6－14　秦都咸阳三号宫殿遗址出土壁画：竹、梅

竹，两株并立，杆圆形，叶片质地薄，呈披针形，颜色似现在的紫竹，亦称黑竹。当时陕西关中及渭水流域种竹甚多，《史记·货殖列传》载："渭水千亩竹……其人皆与千户侯等"。《史记·河渠书》载秦岭西端，有"褒斜材竹箭之饶"。《汉书·地理志》载："秦地有鄠杜竹林，南山檀柘，号陆海。"秦不仅将竹用于建筑和制作竹器，在秦咸阳一号宫殿遗址中用竹做夹墙的实物就不少；而且还大量制作文书使用的"竹简"。1975年湖北云梦睡虎地秦墓出土的110枚竹简即是一例。在宫廷壁画里出现竹子，除了说明当时咸阳周边竹子众多外，还可能证明这种植物当时可能已栽种于帝王庭院之中。栽竹原因，大概由于"凤皇栖帝梧桐，食帝竹实"之故。

壁画中还有一幅梅的图像。其梅似一种落叶小乔木或灌木状，叶阔卵形，似现在的榆叶梅，枝叶为黑色。梅对土壤适应性强，但它性喜温暖湿润，现在多分布在长江以南各地。《诗经·国风·秦风》记载："终南何有，有条有梅"。这说明关中地区周秦时代有梅树，因此当时关中的气候比现在要温暖湿润。

梅是园林绿化主要观赏树种之一，故国秦汉宫中植梅，文献也有明确记载。《西京杂记》载："上林苑有朱梅、同心梅、紫叶梅、燕支梅、丽枝梅、紫花梅、侯梅。"

秦咸阳第三号宫殿遗址壁画题材，主要是具体社会生活中的车马道路、仪仗人物、走马出行、麦穗植物等。已经由脱离尘世的神灵鬼怪中解放出来，走向了充满生机的现实主义世界，值得我们充分肯定。

三　壁画的艺术成就与特点

秦宫壁画是目前所见时代最早的也是唯一的壁画实物，非常珍贵。现存的秦代壁画属于宫廷壁画，它们多为宫廷画师、名家巨匠所绘，所以艺术水平很高。从其制作过程、画法色彩、构图形象、线条勾画与图案设计等方面可以看出其达到了一定的艺术高度。

首先，从壁画制作的过程来看，当时的壁画制作已经成为一门成熟的艺术。

留存下来的壁画残片可以说明壁画制作的过程比较讲究。绘画前先将墙壁切削成上下垂直的平面，再在墙面上用三层泥做成绘画的墙面。先以 5 厘米左右厚度的粗草泥打底，再用 0.8－1 厘米的谷糠细泥涂抹，最后在细泥上以 0.3－0.5 厘米厚的白灰浆粉刷抹光，这才制成了可以染色或绘画的墙面。然后由画师在白底墙上涂色或绘画，才算完成壁画的制作。

这种墙面经过粗草泥、谷糠泥和白灰浆三层处理，制作起来比较复杂。但对于壁画绘制却有好处：首先是墙面平整，便于作画；其次是墙面涂成简洁的白色，是最能衬托壁画颜色效果的底色；还有就是多层不同结构的泥底，不仅使壁画墙面结实，不易脱落，而且可以防潮。

其次，从画法与色彩方面考察，可以看出绘画技术的多样，颜料选择的丰富，给秦宫壁画带来了较高的艺术美感。

壁画主要使用了两种画法，一种是现在画面上打好底稿，再仔细描绘并涂上颜色。比如在倡优图中，我们发现存在着一个侧身蹬地、挽弓射箭的人物形象，用袜红色线条勾勒而成，没有涂色。从其大小与整个现存画面的比例失调来看，考古人员推测其“似为弃而不用的线描画稿”。

第二种画法就是直接彩绘上墙，不用事先勾画轮廓，被认为是中国传统绘画没骨法的最早范例。这是秦宫壁画多数作品的技法，反映了其绘画方面具有一定的先进性。

在出土植物类的壁画中，有以柳树为题材者。柳在树木中是较难用绘画表现的题材，《绘画微言》云：“画工不画柳，画柳便妆丑。非柳难画也，多因欠工夫耳”。柳之所以难画，大抵是由于它的树干向上，而柳条向下垂，长而且密，在运笔上容易产生矛盾。然而，秦宫壁画的画工成功地以现实手法，绘出了柳枝的自然柔美。参见图 6－15．秦都咸阳三号宫殿遗址出土壁画：柳枝。

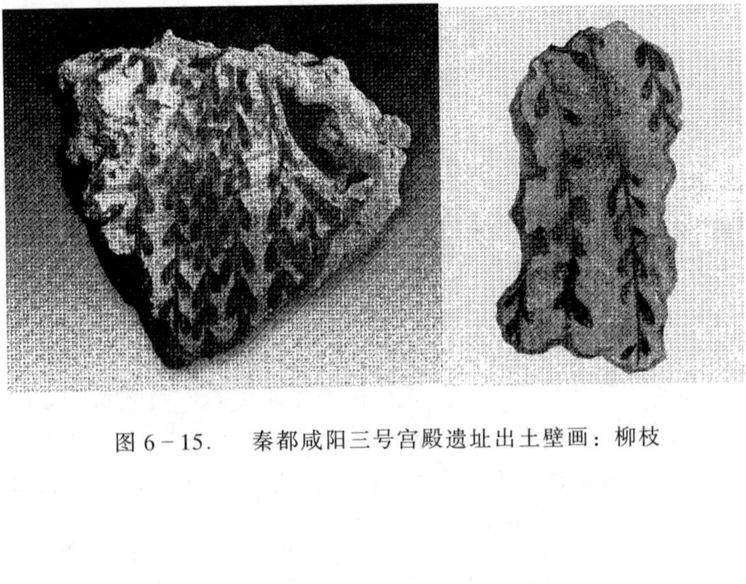

图 6－15．　秦都咸阳三号宫殿遗址出土壁画：柳枝

壁画使用的颜料有朱砂、石绿、石青、石黄、赭石等，均为矿物质颜料，能够保存很长时间。也使用了一些动物颜料，如蜃灰即蛤粉等。壁画图案以红、绿、青、黄、黑等颜色平涂与点染绘成，变化丰富，风格雄健。经过了两千多年，现在出土时仍然色彩鲜艳，没有多大变化。

秦壁画的着色方法为平涂和点染两种。平涂手法主要运用于壁画的人物车马与台榭楼阁等主题内容之中，树木和部分背景画面则采用直接用色的点染法，也不用勾勒外线轮廓。以后的中国画尤其是山水画中的树木，都继承了这种画法。有些形象的色彩还呈现复色和单色深浅的变化，使形象立体感增加。秦壁画着色上的丰富变化，说明了中国绘画的发展。

第三，从构图和形象刻画上看，秦宫壁画达到了较高的水平。构图自由灵活，形象生动传神，每一幅都不失为绘画中的精品。

秦宫壁画大多采用俯视的散点透视，构图自由合理。由具体主题分组占据几个坎墙，构成既有联系又单独成立的画面。整个画廊具有连续性，好像连环画那样，情节由低到高，内容由少到多，上下饰以花边，显得整齐美观。这种构图形式打破了以往多层平列呆板的构图，能够突出主题。不仅如此，秦宫壁画在构图上还表现出一定的透视关系。车马图中以简单的空白和树木表示林荫大道，车马以阶梯形的构图，既增加了奔驰的速度感，又加强了画面的动态效果。在仪仗图中，前景人物和远景人物也有近大远小之分。这都说明秦壁画构图上的丰富与灵活，较以前已经有了很大进步。

在形象刻画上，虽然几匹马的奔驰形态还遗留着以前那种前后腿张开并列奔驰的效果，但我们可以清楚地看到，几匹马的头部描绘富于变化，有的扬起，有的平伸。人物造型浑厚生动，有的站立，有的左视右盼，相互照应。那幅武士力挽强弓、纵马驰射的走马骑射图，形象生动，传神动感。

第四，秦宫壁画线描的运用特别成功，线条匀称健劲，圆润流畅，不同的形象采用不同形式与颜色的线条来勾勒。

线描是中国绘画的特长，在秦宫壁画中有充分的发挥。大多数形象采用线描勾勒，不同的是有些采用不同颜色来勾线，如仪仗人物衣饰和车马的飘带，以中锋画出富于弹性的长线条，使衣袍和飘带显得古朴厚重，又潇洒流畅。马则以刚健的线描表现其浑圆有力的形体和具有弹性的肌肉，车和建筑则使用刚劲均匀的线条表现形体的坚固。在特别注意线描表现外形结构的同时，秦壁画还关注到形体内部细小的结构，对它们采取不同形式。这就不仅丰富了线描的造型力量，而且使形象富于立体感，反映了秦代画师对客观形象的现实认识能力和绘画技艺的进步。

第五，壁画用线条绘制出的装饰图案，变幻多端，富有特色。

图案在秦宫壁画中主要用作墙壁的边饰，条带状围合成壁画的外框。线条丰富多变，以粗细穿插、宽窄疏密来构成各种几何纹样或卷云图形。从堆积层中发现的壁画残片中菱形几何图案最多，共有 72 块，其他为奇异动物头像、圆璧形、花形图案装饰，各一二块。图案也涂色，有单色的，还有许多彩绘的，用多种颜色配合成，达到富丽而又欢快的艺术效果。

总起来看，秦宫壁画在题材上完成了一个变革，由宗教神灵走向人间生活，体现出写实主义的内容。与此同时，其技法上也由呆板单调发展为复杂多变，形成一种崭新的艺术风格。

第七章

秦都咸阳的毁灭与历史地位

在战国后期急剧扩展起来的秦都城咸阳，到秦始皇统一全国时达到发展的鼎盛时期，成为中国第一个大一统的中央集权制帝国的都城，而且城市规模空前发展，号称“渭水贯都”。可惜，始皇帝死后不到三年，项羽入关，屠城焚宫，咸阳顿成废墟。咸阳这个历史名城在西安古都发展史上是颇具辉煌又最为沉重的篇章。本章简要叙述其毁灭的过程，并分析其在中国古都发展史上的重要地位。

第一节　咸阳城的毁灭

秦始皇晚年在政治上、文化上由原来比较开明转为极端专制。从三十五年（前 212 年）起，他把咸阳宫殿用复道、阁道与甬道连接起来，不令外人见，完全封闭起自己；他迷信崇尚诈力的法家学说，焚书坑儒，听不得不同政见；滥用民力，南戍五岭，北击匈奴，筑长城，修丽山陵墓，建阿房宫殿，每项举措皆征调劳役几十万人；而且严刑酷法，动辄遭斩，连在城市“弃灰于道者”都要遭到杀头的处罚。秦始皇日益残暴与专制的统治必然会导致社会矛盾的激化，关东及咸阳城内都已发生了大规模反抗斗争。他巡视关东时遇刺博浪沙，而在兰池宫东侧兰池游玩时，也曾逢盗险遭不测，为此他在包括都城咸阳在内的关中大搜查了整整20天。阿房宫门用磁石造成，以防“隐甲怀刃”者通过。连宫内也要严加控制，据《西京杂记》，“秦宫有方镜，广四尺，高五尺九寸，表里洞明……女子有邪心，则胆张心动。秦始皇以照宫人，见胆张心动者，则杀之也”。方镜不会有如此功能，但却说明了秦始皇这个专制残暴皇帝当时的紧张神经。

秦二世是赵高这个阴谋家利用诡计推上皇位的，无知昏庸的二世，于是成为赵高手中的王牌，在都城咸阳倒行逆施，挥舞屠刀，滥杀无辜，很快就使咸阳城陷入血雨腥风、分崩离析的衰败局面。二世接受赵高的建议：“灭大臣而远骨肉，贫者富之，贱者贵之，尽除先帝之故臣。”结果，“公子十二人戮死于咸阳市，十公主矺于杜，财物入于县官，相连坐者不可胜数。”公子将闾昆弟三人因被诬而不服，“仰天大呼天者三，曰：天乎，吾无罪！”拔剑自杀。公子高眼见诸公子全遭杀害，自己必不可免，本打算逃出咸阳，但怕连累族属，乃上书自请为始皇帝殉葬，二世大喜，“可其书，赐钱十万以葬。”秦始皇陵东侧发现有十七座秦代墓葬，考古人员清理了其中的八座，发现墓主全部是被杀后入葬的，且死得凄惨，埋得草率，陪葬品却较为豪华。考古学者推测这是秦二世屠杀的“秦始皇的宗亲或大臣”的陪葬墓。

二世元年（前209年）七月，陈胜吴广领导的大泽乡农民起义点燃了反秦战争的烈火，各国旧贵族趁势组织武装复国活动。陈胜部将周文率兵突破函谷关，攻到今临潼区东北的戏水一带。秦二世采取少府章邯建议，赦免了正在修筑始皇陵墓的刑徒和“奴产子”（奴隶），授予武器，参加战斗，方击退农民军。秦都咸阳遭此打击，更加混乱，秦二世听信赵高的谗言，诛杀左丞相李斯、右丞相去疾、将军冯劫等，使赵高独揽大权。后来赵高更导演了一场指鹿为马的历史闹剧，逼杀二世于咸阳望夷宫中，并且“六国复自立，秦地狭小，乃以空名为帝不可”的理由立子婴为秦王。子婴设计杀了阴谋家赵高，但没有多少时日，咸阳已经处于刘邦大军的控制下，子婴只好投降，秦帝国至此寿终正寝。

刘邦受降后，进入首都咸阳，在萧何等人劝说下还军霸上，并与秦人约法三章：“杀人者死，伤人及盗抵罪”，尽除秦严刑酷法，令各级官吏各守其职，百姓各安其业。这种收买人心的措施虽然是为其称王关中的政治目的服务的，但也起到了安定社会秩序的作用。项羽闻听刘邦入关中，欲为王，大怒，乃攻破函谷关率四十万大军进驻戏下，准备攻击霸上的刘邦军。在项羽军力居于绝对优势的情况下，刘邦听从张良建议，亲赴鸿门宴，在“项庄舞剑意在沛公”的刀光剑影中侥幸逃回。其后项羽带兵进入秦都咸阳，烧杀抢掠，无所不用其极。据《史记·项羽本纪》，“项羽引兵西屠咸阳，杀秦降王子婴，烧秦宫室，火三月不灭。收其货宝妇女而东。”宏伟的咸阳城在二世的祸害中衰落，而项羽的复仇主义烈火则把咸阳的城市设施烧为灰烬。咸阳城的毁灭何其速也。

第二节　秦都咸阳的历史地位

秦都咸阳自孝公始都至二世秦亡，跨越了战国与秦朝两个历史阶段，走过了由诸侯之都到大一统帝国之都的发展轨迹，在西安古代都城变迁史上占有承前启后、继往开来的重要地位，在整个中国古代史上也具有划时代的意义。

秦灭六国，在华夏大地上建立起一个统一的多民族的中央集权的大帝国，这是中国历史至秦开始的一个划时代的巨大变化。秦的统一，结束了诸侯割据局面，有利于促进民族的融合和文化的交流，不仅奠定了中国早期的基本疆域，而且也为中华民族的形成奠定了基础。咸阳作为秦帝国的首都，也成为当时全国政治、经济、文化的中心而永载史册。在政治上，在咸阳宫廷制定的君主专制的中央集权制，即皇帝制与郡县制，这种基本政体被后代的统治者所继承，一直沿续了两千多年。就连一些称谓制度如天子自称曰“朕”、命为“制”、令为“诏”、书曰“奏”、皇帝之印为玺等也一直流传到辛亥革命之前。所谓“百代犹行秦政治”，即此也。在经济文化方面从咸阳都城推向全国的一系列统一措施，如统一度量衡、统一文字、货币等，为全国范围内的商品流通带来了极大方便，客观上促进了社会经济的发展，而文字作为社会中人们交流思想与传播文化的载体，其统一对其后的文字发展起了奠基作用，也对中国传统文化的保存和发展起到了巨大作用。当然，在咸阳也发生了臭名昭著的焚书坑儒事件，也为后来的专制帝王在箝制思想文化方面起了带头作用，给中国传统文化的发展带来了恶劣的负面影响。

秦都咸阳兴起于渭北，后来扩展成渭水贯都的规模，与西周丰镐二京隔丰水相对的规制相似；同时，秦始皇在上林苑中营建阿房宫，也是受“丰镐之间，帝王之都也”思想意识的影响，这些都体现了秦咸阳对西周都城丰镐的继承。而且秦咸阳最后形成的布局直接影响到了其后的西汉长安城，这主要表现在三个方面，一是汉长安城的营建就主要利用了咸阳渭南宫庙区的部分宫室旧址，如长乐宫、桂宫、北宫是在秦兴乐宫、甘泉宫、极庙的基础上兴建的，未央宫的前殿基址建立于秦章台旧址之上，就连汉长安城的名称也源自秦代渭南的长安乡名。二是汉长安城也是以宫庙建筑群为主体，各宫殿区四周筑有宫城，自成一体，这一点也与秦咸阳极为相似。三是汉代上林苑的规模布局基本与秦代禁苑相同，以致人们多用汉上林苑的资料来复原秦苑。这些都是“汉承秦制”在都城建制上的主要影响，其余细节方面更是不胜枚举。总起来看，秦都咸阳上承西周丰镐，下启西汉长安城，在西安古都发展史上具有继往开来的重要作用。

从都城的建筑方式上来讲，秦都咸阳在中国古都发展史上也颇具承前启后的地位，很多方面具有开拓意义。秦咸阳在初期受到鲁卫等都城影响，商鞅曾“大筑冀阙，营如鲁卫”。秦在兼并六国的过程中在渭北仿建六国宫室，集萃了当时六国都城建筑的精华。这些都是秦都咸阳在全国范围内吸收先进文化的表现。而秦都咸阳开创的一些都城规划与建筑模式，也为后世中国都城建设带来了深远影响，其“法天思想”的都城形制，对汉唐长安之宇宙之都的设计有重大影响，咸阳宫以则紫宫也成为其后中国皇宫称作紫禁城的开端。高台基建筑不仅直接影响到汉长安城诸宫前殿的营建，而且给整个中国古代宫殿建筑的基础都打上了夯筑烙印。兰池中的一池三神山模式奠定了汉唐长安宫廷苑池建筑的基础，即在明清北京城中南海、北海及其中诸山的建设也能反射出秦都兰池的影子。秦都咸阳的宫殿建筑的实体被项羽一把火烧毁了，而其精神却能通过后世都城的规划闪现出灵光。

秦都咸阳是一颗璀璨的明珠，她不仅在西安古都发展的链条中放射出耀眼的光辉，而且在中国乃至世界古都文明的历史上也占据着重要地位。

附录　秦都咸阳大事记

一　秦孝公

十二年(前 350 年)	1.令商鞅“作为咸阳筑冀阙”。开始修建咸阳。
十三年(前 349 年)	1.正式迁都咸阳。 2.商鞅在咸阳实行第二次大规模变法,内容如下: a.“集小乡邑聚为县”,计立 31(或说 41)县。规划咸阳城乡亭里基层组织; b.为田开阡陌封疆; c.平斗桶权衡石丈尺,统一度量衡; d.初为县有秩史。
十四年(前 348 年)	1.初为赋。 2.韩昭侯来朝。
十六年(前 346 年)	1.咸阳桃李冬天开花。
十九年(前 343 年)	1.周“天子致伯霸”,封孝公为霸。
二十年(前 342 年)	1.“诸侯毕贺”,各国使者至咸阳向秦表达祝贺。
二十二年(前 340 年)	1.商鞅率兵攻魏,迫使魏交还河西部分土地。 2.封大良造鞅十五邑于商,为列侯,号“商君”。
二十四年(前 338 年)	1.孝公去世,葬弟圉。

2.惠文君立,以谋反罪车裂商鞅,以徇咸阳。

二　惠文君(惠文王)

元年(前 337 年)	1.楚、韩、赵、蜀派使者来咸阳朝见。
	2.洛阳人苏秦来咸阳,说惠文君并诸侯,吞天下称帝而治。惠文君不用。
二年(前 336 年)	1.周天子礼贺秦君新立。
	2."初行钱",发行圆形方孔铜币。
	3.有新生婴儿曰:秦且王。
三年(前 335 年)	1.惠文君行冠礼(成年礼)。
四年(前 334 年)	1.周天子"致文武胙"。
	2.魏夫人来咸阳。
	3.狼入咸阳市。
五年(前 334 年)	1.阳晋人犀首为大良造。
	2.魏人张仪来咸阳,惠王以为客卿。
八年(前 330 年)	1.魏向秦献纳河西地。
十年(前 328 年)	1.张仪为秦相。
	2.魏向秦献纳上郡十五县。
十二年(前 326 年)	1.初腊,即效仿中原各国,开始猎禽兽以岁终祭祖。
十三年(前 325 年)	1.惠文君改称惠文王。因称王,其后改年号曰更元。
更元三年(前 322 年)	1.韩魏太子来咸阳朝拜。
	2.张仪免相。
更元五年(前 320 年)	1.王北游戎地,至河上。
更元七年(前 318 年)	1.乐池为秦相。
	2.楚韩赵魏燕齐帅匈奴共攻秦,至函谷关,秦出兵击之,六国皆引兵退。

更元八年(前317年)	1.张仪复相秦。
更元九年(前316年)	1.张仪、司马错争议于朝廷,司马错反对张先取韩国之议,建议取蜀国。卒用司马错计伐蜀,灭之。
更元十一年(前314年)	1.韩太子苍来咸阳为人质。
更元十三年(前312年)	1.楚怀王因秦取其汉中地六百里,怒发全国兵复袭秦,战于蓝田,大败而归。
更元十四年(前311年)	1.蜀守张若城成都等城,置县官及盐铁市官并长丞,市张列肆,与咸阳同制。
	2.惠文王去世,葬公陵。陵丘在今咸阳市渭城区周陵乡陵召村北。
年份不详者	1.惠文王扩修咸阳宫室,南临渭,北至泾,其中包括望夷宫。
	2.今户县境内有"萯阳宫,秦文王起",即惠文王造。

三　武王

二年(前309年)	1.初置丞相,樗里疾、甘茂分别任左右丞相。
	2.命丞相甘茂、内史匽更修田律,疏通河道筑堤引水,咸阳附近农业得到发展。
三年(前308年)	1.渭水赤三日。
四年(前307年)	1.魏国太子来朝咸阳。
	2.秦武王勇武尚力,大力士任鄙、乌获、孟说皆至咸阳,拜为高官。
	3.武王与力士孟说竞举鼎,绝膑,死。葬永陵,陵丘在公陵北100米。
	4.族孟说。

四　昭襄王

元年(前306年)	1.昭王立,年少,太后自治,以其异父长弟魏冉为将军,卫咸阳。
	2.严君疾(即樗里疾)为相。
二年(前305年)	1.彗星见。
	2.魏冉镇压诸公子在首都的叛乱,诛公子壮、公子雍及其党羽,指使叛乱的惠文后忧死,武王后被迫离开咸阳。
三年(前304年)	1.昭王行冠礼(成年礼)。
四年(前303年)	1.彗星见。
	2.楚国使太子横入咸阳为质。
五年(前302年)	1.韩太子婴至咸阳。
	2.楚太子横杀秦大夫,逃回楚国。
六年(前301年)	1.狼入咸阳市。
	2.日蚀。
七年(前300年)	1.樗里疾死,葬渭南,预言曰:百年后当有二宫夹处吾墓,谓西汉未央宫与长乐宫也。
八年(前299年)	1.楚怀王受骗入武关,遂被掳至咸阳。昭王于章台见之,如藩臣礼。
九年(前298年)	1.齐孟尝君田文入秦为相。
	2.赵主父(即胡服骑射的赵武灵王)"诈自为使者入至秦",至咸阳六英宫,观秦王之为人。
	3.河、渭绝一日。
十年(前297年)	1.孟尝君免相被囚,后借鸡鸣狗盗之力出函谷关,返齐为相,合多国兵攻秦,至函谷关。

十一年(前296年)	1.彗星见。 2.楚怀王死于秦,还葬。
十二年(前295年)	1.秦免赵人楼缓相,用魏冉为相。 2.给楚国粟五万石。
十五年(前292年)	1.魏冉免相,以客卿寿烛为相。
十七年(前290年)	1.东周君及城阳君来咸阳朝秦。
十九年(前288年)	1.十月,魏冉约齐称帝,齐为东帝,秦为西帝。 2.十二月,齐用苏代计放弃帝号,秦也放弃。
二十年(前287年)	1.昭王出游汉中、上郡、北河。
二十六年(前281年)	1.魏冉复为相,后杜仓代之。
二十七年(前280年)	1.咸阳发生地震,毁坏城垣。震中推测为今咸阳渭城区窑店镇黄家沟。
二十九年(前278年)	1.周君来咸阳。
三十四年(前273年)	1.渭水大赤三曰。
三十五年(前272年)	1.“宣太后诱杀义渠王于甘泉宫”,先是宣太后与义渠王私通,生二子。 2.楚使黄歇与太子完入秦咸阳为质。
三十六年(前271年)	1.魏人范雎在咸阳初见昭王。
三十七年(前270年)	1.周君来咸阳。
四十年(前267年)	1.悼太子质于魏,死,归葬芷阳。
四十一年(前266年)	1.用范雎谋,废太后,逐穰侯、高陵、华阳、泾阳君于关外,不得留咸阳。 2.范雎为相,用其远交近攻之计。
四十二年(前265年)	1.安国君为太子。 2.宣太后死,葬芷阳。
四十五年(前261年)	1.楚顷襄王卒,太子完自秦逃归,立为考

	烈王，黄歇为相，纳地于秦求和。
四十六年（前 260 年）	1. 大饥荒，应侯请发五苑之蔬果以活民，昭王不许，因秦有法曰无功不受赏，不可违法。
五十年（前 257 年）	1. 白起遭谗，不得留咸阳，出咸阳西门十里至杜邮亭，自杀。约在今三姓村，今仍有白起墓。秦人怜其累建军功而死于非罪，建祠祭祀。
	2. 诸侯皆贺，赵王使来贺，三次皆不得拜见秦王，后赵派谅毅为使入咸阳，完成使命。
五十一年（前 256 年）	1. 西周君背秦，秦攻之。西周君来咸阳谢罪，尽献其土地人口。昭王受献，归其君于周。
五十二年（前 255 年）	1. 西周君及王皆卒，周民东逃，其九鼎宝器入咸阳，西周灭。
	2. 于咸阳市处死有间谍行为的王稽，免范雎相。
	3. 学术大师荀况来咸阳，王闻其贤而召见之，卒不能用。
	4. 昭王新悦蔡泽计谋，遂相之。
五十三年（前 254 年）	1. 诸侯使来朝咸阳，魏人后。秦出兵伐之，魏委国听令。
	2. 韩王入秦咸阳朝见。
五十四年（前 253 年）	1. 王郊祭上帝于雍。
	2. 王有病，里中百姓买牛以为王祈祷，昭王知之，按秦国法而罚之。
五十六年（前 251 年）	1. 昭王去世，葬芷阳。韩王着葬服来咸

	阳吊，各诸侯国也派使者来咸阳参加丧礼。 2. 子柱继立为秦王，即孝文王。
年份不详者	1. 蔺相如奉和氏璧来咸阳，朝章台，后完璧归赵。 2. 兴修宫殿，在渭南兴修章台宫、兴乐宫、长杨宫及其射熊馆；修穆公始建之霸宫，改名芷阳宫，于其地置芷阳县。 3. 为渭水两岸交通方便，兴修渭水桥。 4. 昭王欲召魏公子无忌，无忌不敢前，使朱亥奉璧一双诣咸阳，王怒，使置朱亥兽圈中。朱亥瞋目怒视猛兽，兽不敢动。

五　孝文王、庄襄王

孝文王元年（前 250 年）	1. 文王立三日而亡，葬寿陵。 2. 大赦天下，尊祭先王功臣，厚养宗室。 3. 驰苑囿。
庄襄王元年（前 249 年）	1. 子楚继位为庄襄王。 2. 大赦天下，纪念先王功臣，布惠于宗室与民众。 3. 用吕不韦为相国。 4. 灭东周。
二年（前 248 年）	1. 日蚀。
三年（前 247 年）	1. 魏公子无忌率赵、燕、韩、楚、魏五国兵击秦，秦却于河外。时魏太子增质于咸阳，王听谋士计，以增为贵客而使齐韩等国起疑，又反间于魏王，夺无忌将印，于是合纵散。 2. 庄襄王去世，葬芷阳东陵。

六　秦王政(秦始皇)

秦王政元年(前 246 年)	1.吕不韦为相,封十万户,号文信侯。 2.秦招天下宾客,文臣武将齐集咸阳,欲以并天下。 3.按章程开凿秦王政寿陵丽山,由相国吕不韦主持。 4.作郑国渠。
三年(前 244 年)	1.岁大饥。
四年(前 243 年)	1.蝗虫自东方来,蔽天。天下无瓜瓠,又疾病流行。 2.秦许富户纳粟千石,换一级爵位。 3.燕太子丹来咸阳为质。
七年(前 240 年)	1.彗星先出东方,见北方,五月见西方。后复见西方十六日。
八年(前 239 年)	1.封嫪毐为长信侯,恣意横行,得太后宠。 2.吕不韦养士三千人,组织门客编成《吕氏春秋》布之咸阳市门,宣称“有能增损一字者予千金”,此成语“一字千金”之由来。
九年(前 238 年)	1.彗星见,或竟天。 2.秦王政满二十二岁,至旧都雍城举行冠礼,嫪毐乘机叛乱,发兵欲攻雍祈年宫。相国昌平君、昌文君受秦王令率兵攻之,战于咸阳,平定叛乱,追杀嫪毐等。迁太后于雍。 3.四月雨雪,民有冻死者。
十年(前 237 年)	1.丞相吕不韦坐嫪毐案免。

	2.齐赵使者来,置酒相贺。
	3.接受茅焦建议,迎太后复居咸阳甘泉宫。
	4.秦王发布“逐客令”,李斯上《谏逐客书》,秦王撤销“逐客令”,任用李斯为客卿。
	5.魏人尉缭来咸阳,献重金行贿六国权贵,勿使合纵以便各个击破之计。秦王任尉缭为国尉。
	6.由韩国水工郑国主持修建的引泾水利工程竣工,渠长三百里,灌田四万余顷,此后“关中无凶年,秦益富强”。渠历时十年始成,名曰:“郑国渠”。
十二年(前 235 年)	1.吕不韦自杀。
	2.天下大旱。
十三年(前 234 年)	1.彗星见。
十四年(前 233 年)	1.秦王政读韩非之文,辄心向往。韩非被逼以韩国使者来到咸阳。王用李斯、姚贾谋留韩非,韩非死云阳狱中。
	2.韩王纳地效玺,请为臣。
十五年(前 232 年)	1.燕太子丹质于秦都咸阳,请于王,求归。王曰:乌头白,马生角,乃可。于是遂亡归燕。
十六年(前 231 年)	1.初令男子书年,即登记男子年龄。
	2.秦置丽邑,创立陵邑制度。
十七年(前 230 年)	1.内史腾攻韩,得韩王安,尽纳其地。灭韩。
	2.地动。民大饥。

十八年(前 229 年)	1.兴兵伐赵,围邯郸。
十九年(前 228 年)	1.得赵王迁,流之于房陵。
	2.赵公子嘉之代,自立为代王,与燕合兵拒秦。
二十年(前 227 年)	1.燕太子丹使荆轲入秦献图,在咸阳宫刺杀秦王,未遂。
	2.使王翦、辛胜攻燕。
二十一年(前 226 年)	1.大雨雪,深二尺五寸。
二十二年(前 225 年)	1.王贲攻魏,引河水灌大梁城;魏王假请降。灭魏。
二十四年(前 223 年)	1.王翦、蒙武破楚国,虏其王负刍。灭楚。
二十五年(前 222 年)	1.王贲将兵攻燕辽东,得燕王喜,灭燕。
	2.五月,因秦平定韩、赵、魏、楚、燕五国,天下大酺。
二十六年(前 211 年)	1.王贲从燕攻齐,得齐王建。灭齐。
	2.秦初并天下,改帝号,命为制,令为诏,天子自称朕。
	3.除谥法,秦王政为始皇帝,后世以计数,二世三世至千万世。
	4.始皇推终始五德之传,以秦为水德,并相应地改制。
	5.在咸阳宫廷仪,废分封,实行郡县制。
	6.大酺。
	7.收天下兵,聚之咸阳,销以为钟镓、金人十二,重各千石,置咸阳宫前。
	8.统一度量衡,车同轨,书同文。
	9.徙天下富豪于咸阳十二万户。

	10.秦每破诸侯,写放其宫室,作之咸阳北阪上,南临渭。自雍门以东,至泾渭,殿屋复道周阁相属。所得诸侯美人钟鼓以充入之。
二十七年(前220年)	1.始皇帝由咸阳出发巡行天下,西北巡视陇西、北地。
	2.作信宫渭南,已更命信宫为极庙,象天极。
	3.自极庙道通骊山,作甘泉前殿。
	4.赐爵一级。
	5.修治驰道,起自咸阳,东穷燕齐,南极吴楚。
二十八年(前219年)	1.始皇帝第二次出巡,东行郡县,上邹峄山,刻石纪功,封禅泰山;作琅琊台,遣徐市率童男女入海求仙。
二十九年(前218年)	1.始皇帝第三次出巡,东行郡县。
三十一年(前216年)	1.使黔首自实田。
	2.始皇帝微行咸阳,夜出逢盗兰池。关中大索二十日。
	3.赐黔首里六石米,二羊。
三十二年(前215年)	1.始皇帝第四次出巡,至碣石。
	2.使将军蒙恬发兵三十万北击胡,略取河南地。
三十三年(前214年)	1.南取岭南,北逐匈奴,筑长城河上为塞。
三十四年(前213年)	1.始皇帝置酒咸阳宫,博士祝寿,因群臣争论分封,以古非今,乃下其议。
	2. 李斯建言焚书,听之。

三十五年(前 212 年)	1.修筑直道,自云阳北至九原。 2.营作朝宫渭南上林苑中,先作前殿阿房。 3.徙三万家丽邑。 4.用卢生议,令咸阳之旁二百里内宫观二百七十,复道甬道相连,行所幸,有言其处者罪死。 5.听事、群臣受决事,悉于咸阳宫。 6.在咸阳坑杀犯禁术士等文人四百六十余人,史称“坑儒”。 7.长子扶苏谏坑儒,始皇怒,贬其出咸阳。
三十六年(前 211 年)	1.有水神遗滈池君,预言:今年祖龙死。
三十七年(前 210 年)	1.始皇帝第五次出巡,七月崩于沙丘平台。 2.赵高、胡亥勾结丞相李斯密谋篡权,矫诏赐死公子扶苏,始皇帝尸至咸阳发丧。 3.胡亥篡位为二世皇帝。 4.九月,葬始皇帝于骊山。

七　秦二世、子婴

元年(前 209 年)	1.宫中雨金,既而顷刻皆化为石。 2.赵高为郎中令,专权用事。 3.十月,大赦罪人。 4.十一月,为兔园。 5.令群臣议尊始皇庙。 6.春,二世东行郡县,刻石纪功。 7.二世听赵高建议,诛杀先帝大臣及公子公主。

	8. 四月，复作阿房宫。
	9. 尽征其材士五万人为屯卫咸阳，令教射狗马禽兽。
	10. 七月，陈胜于大泽乡起义，天下响应。
二年(前 208 年)	1. 周章起义军攻入关中，至戏，震惊朝野。
	2. 章邯率骊山徒等击破义军，东进杀陈胜，破楚地义军。
	3. 二世听赵高计，常居禁中，与高决诸事。逼右相去疾，将军冯劫自杀，腰斩左丞相李斯于咸阳市。
三年(前 207 年)	1. 八月己亥，赵高在秦咸阳朝廷指鹿为马，残害忠臣。
	2. 二世入上林斋戒，日游弋猎。
	3. 二世斋于望夷宫，赵高令其婿咸阳令阎乐等入宫，逼二世自杀。
	4. 以黔首葬二世杜南宜春苑中。
	5. 子婴刺杀赵高于斋宫，夷其三族以徇咸阳。
	6. 子婴为秦王四十六日，刘邦入武关，屯军霸上。子婴降于轵道旁。
	7. 刘邦遂入咸阳，封宫室府库，还军霸上。
	8. 项羽带诸侯兵入关，杀子婴及秦诸公子宗族，遂屠咸阳，烧其宫室，火三月不灭；虏其妇女财宝，诸侯共分之。
	9. 秦朝灭亡，咸阳顿成废墟。

后　记

古人有云：十年磨一剑，而我这本书却“磨”了十四年。

记得那是1995年底，史念海先生正带领我们为西安市编绘《西安历史地图集》，在基本完成初稿时，他老人家提议编撰多卷本的《古都西安丛书》，作为地图集的后续研究工作。此项提议得到时任西安市委书记的崔林涛先生的大力支持，也就紧锣密鼓地实施起来。我因为在地图集编绘中负责初编秦时期诸图，就很自然地申请到编写《秦都咸阳》一书的任务。

接到任务后，我按要求编写本书的写作提纲，然后交给史念海先生为领导的编委会，请他们审查提出意见，再让我做进一步的补充与修改。记得这样来回往复四次，才最后确定了写作提纲。

进入写作阶段，才慢慢地体会到自己写文章的慢与著作书的难。有一天，夫人叫我帮助干家务，自己不想干，就煞有介事地说：“我在写东西哪！”“噢，写的啥？”答曰：“《秦都咸阳》。”谁知夫人鼓掌大笑说：“哎呀呀！我怀着李子时你就说要写这书的啊。现在李子都长得比你高了，还没写完！”

这是实情，我一时无语，好在马上想到一则古代笑话，也就借那秀才的话语搪塞：“你哪知道，写书比你生孩子难多了。生孩子多容易，因为肚子里有货。写书嘛，则要自己备好货才行啊。”后来大家都知道了这个真实的故事，我也就更加同情和理解了那位古代的秀才。

这么多年来，自己确实也花了不少时间，努力认真地备过一些货。我曾经大量阅读历史文献与考古资料，并且十多次赴秦都咸阳城遗址实地考察，在此基础上撰写出《秦成都“与咸阳同制”考辨》《秦都城咸阳形制若干问题的探讨》《论秦都咸阳西城东郭说之不能成立》《论秦都咸阳的城郊范围》等多篇论文，基本搞清了秦都咸阳城的扩展过程、布局特点与城郊范围；同时我还发表了《秦都咸阳兴起的历史地理背景》《周秦都邑迁徙的比较研究》《论秦都咸阳城郊的水利》《论秦咸阳城郊的禁苑与厩苑》等论文，就秦都咸阳城市兴起的外部地理基础与内部水利建设、苑囿马厩等基本要素作了较为深入的探讨；2003 年春季，完成了 5 万字的《秦帝国的都城——咸阳》，作为朱士光教授主编的专著《古都西安——西安的历史变迁与发展》（西安地图出版社 2003 年 12 月）的第五章。

即便如此，这本书还是因为各种具体原因陷入了难产的境地。直到 2009 年初，《古都西安丛书》的其他书籍大部分出版完成，本书还没有一点预产的征兆。多亏了《丛书》编纂委员会副主任朱士光先生近几个月不断地鼓励与督促，终于在千呼万唤之中，《秦都咸阳》的初稿来到了人间。

读着电脑里刚刚诞生的书稿，虽然自己尚有一些不太满意处，但总觉得这是自己来之不易的孩子，也就忘记了生产的阵痛，心中多了几分怜惜之情。同时，也从心底里涌起对我完成本书有大贡献的诸位先生的感激之情。

首先要感谢朱士光教授，如上所述，他对本书的完成起到了“助产催生”的关键作用。还要感谢西安出版社的李宗保先生，他作为本书的责任编辑，在文字校对、版式设计等各方面操心费力，帮助颇多。

本书吸收了考古与历史地理学界许多前辈的研究成果，如考古学者刘庆柱、李毓芳、陈光英、袁仲一、焦南峰、田亚岐、段清波、王学理等先生的考古发掘报告与研究结论成为本书撰写的基本资料；历史地理学者史念海、何清谷、徐卫民、吕卓民等教授的论著，对我的启发很大。即在两周之前，著名古史推理专家李开元教授发表了关于“焚书坑儒”的相关研究成果。其全新观点刺激我花了一周时间重查两汉时代的文献，对发生在咸阳的“焚书坑儒”事件产生了新的思考，也促使我把此节书稿的大部分文字做了改写，增加了不少新内容。在此谨向以上诸君及其他对秦都咸阳城有所研究的先生表示最衷心的谢意。

1981 年我中师毕业，在农村中学教书两年后，考上大学、研究生，才有了踏入历史地理学术之门的机会。后来留在陕西师范大学西北历史环境与经济社会发展研究中心，从事教学与科研工作，至今已有 20 个年头了。其间有幸获得各级课题资助超过了 10 项，包括有 2 项国家社科基金课题。2008 年又获得教育部人文社科基地重大项目《历史时期西安与周边城市经济关系的协调发展研究》(08JJD770092) 和 211 工程三期建设项目的一个子课题。我所在单位良好的科研环境和上述课题的大力资助，也是本书最终能够完成的基本条件，本人觉得也有在此说明的必要。

古人花十年功夫磨出来的宝剑，锋利无比，削铁如泥。而我十四年“磨”出来的这本书价值几何？读者诸君最有发言权。无论您的评价如何，我都要感谢您，因为您耐心地读到了后记。

李令福

2009 年 11 月 26 日于陕西师大三号高层耪窝轩